冯契 「智慧说」 要义

冯契 著

华东师范大学哲学系 「「智慧说」引论」教学团队 编选

人民出版社

编者说明

《冯契"智慧说"要义》为华东师范大学哲学系研究生的教材。自
2013 年以来,华东师大哲学系开设了硕士研究生必修课"冯契'智慧说'
引论"(48 课时),以此作为哲学一级学科的研究生核心课程。本教材为
讲授此课程而编写,编写者是讲授该课程的 4 位教授——陈卫平、郁振
华、晋荣东、付长珍。此前该课程教材有过两个版本:一是 2013 年刚开
设此课程时,以《冯契学述》(陈卫平等整理,浙江人民出版社 1999 年
版)为教材;二是 2014 年编选的《冯契"智慧说"要义》,在内容和章节上
比前一本教材有较大的调整和补充。这次编选的教材与 2014 年版教材
不同点在于:1. 增加了具有导读性质的第一章,取代原先关于中国哲学
史论述的部分,这部分内容请研究生参见课程的辅助教材《中国哲学通
史简编》(冯契两部中国哲学史著作的缩编本,三联书店 2014 年、2019
年出版,2023 年、2024 年 Springer 和三联书店先后出版英译本)。2. 每
章后面增加了思考题和阅读链接。3. 所选内容以《冯契文集》增订本
(华东师范大学出版社 2016 年出版)为依据,标注了出处"第×卷,第×
页"。这些改动的主要目的是更有利于研究生的学习和课堂教学。

冯契(1915—1995)是新中国 70 年来重要的哲学家,在华东师大任
教 40 多年。其学术成果主要有两大类:一是以哲学史两种(《中国古代

哲学的逻辑发展》和《中国近代哲学的革命进程》)为代表的中国哲学研究论著,一是以"智慧说"三篇(《认识世界和认识自己》《逻辑思维的辩证法》《人的自由和真善美》)为核心的哲学理论论著。按照冯契"哲学是哲学史的总结、哲学史是哲学的展开"的观点,这两大类成果是互相联系的整体。本教材主要从"智慧说"三篇中辑录出最重要的论述,作为研究生阅读冯契原著的基本文献。编写者的分工如下:陈卫平负责第一章,郁振华负责第二章,晋荣东负责第三章,付长珍负责第四章。所附年表出自《冯契文集》第10卷,晋荣东先生主持了编选工作。

本教材也可以成为一般读者了解冯契哲学思想的简明读本。

感谢人民出版社方国根编审对本书出版的支持和付出的辛劳。

"冯契'智慧说'引论"教学团队

2023 年 7 月

目　　录

第一章 以心灵自由为哲学创作的源泉

冯契以心灵自由作为哲学创作的源泉。首先,心灵自由思考聚焦于对哲学道路的选择坚守,体现为把心灵自由与回答时代课题相统一,把心灵自由与保持独立人格相统一,把心灵自由与创造性对待马克思主义相统一。其次,心灵自由思考是在以往哲学传统中能入能出,冯契对此具有"通过"和"超过"相结合的认识论自觉,在中西哲学传统上,是"接着讲"和"比着讲"相结合;在古今哲学传统之间,是"节今"和"言古"相结合。心灵自由作为哲学创作的源泉,在于哲学创作本身是个性化的。

当代著名哲学家冯契(1915—1995)主要留下了两大类创造性的成果,即以《智慧说三篇》(《认识世界和认识自己》《逻辑思维的辩证法》《人的自由和真善美》)为核心的哲学理论论著,以哲学史两种(《中国古代哲学的逻辑发展》《中国近代哲学的革命进程》)为代表的中国哲学研究论著。这两大类成果贯彻了冯契所说的"哲学是哲学史的总结,哲学史是哲学的展开"①,是相互联系、相互贯通的整体。《冯契文集》第10卷中,附有一张冯契的题词手迹的照片:"不论处境如何,始终保持心灵自由思考,是爱智者的本色"。同样和类似的语句,在《冯契文集》中出现了六七次。最为凸显

---

① 冯契:《中国古代哲学的逻辑发展》下册,《冯契文集》(增订版)第六卷,华东师范大学出版社 2016 年版,第 371 页。本书引文的出处均为该版本,以下不再注明。

爱智者本色的,是他把心灵自由思考作为哲学创作的源泉:"心灵自由是一切创作的源泉。没有心灵自由便没有艺术、没有哲学、没有真正的德性。"①此话写于1991年10月,当时他的哲学史两种已经出版,正致力于完成代表其哲学体系的《智慧说三篇》。所以,这句话凝结着他一生的哲学创作的真切体会和理论概括。考察心灵自由怎样成为冯契哲学创作的源泉,会给今天的理论创新带来有益启示。

一、心灵自由与哲学道路的选择坚守

回顾冯契哲学创作的经历,可以看到心灵自由作为哲学创作的源泉,不是毫无目的的四处漫游。而是首先聚焦于哲学道路的选择和坚守。对此冯契作过这样的自白:"马克思在《资本论·序言》中引用但丁的话说:'走自己的路,不要管别人说话!'(旧译如此)。我年轻的时候,就是以此话作为座右铭的。"其实,这是他终生的座右铭。冯契对于自己选择和坚守的哲学道路,有过明确的表述:"我给自己规定了一个哲学任务,就是要根据实践唯物主义辩证法来阐明由无知到知,由知识到智慧的辩证运动。"②如果说1944年写成的《智慧》标志着他选择这条道路的"起点",那么在1995年大体完成的《智慧说三篇》,"仿佛又在向这个出发点复归"③,从"起点"到"复归"的历程是对这条道路50年的坚守。

(一) 心灵自由思考与时代课题的具体化

冯契在自由思考中"走自己的路",然而"自由思考并非随心所欲,而是

---

① 冯契:《哲学演讲录·哲学通信》,《冯契文集》(增订版)第十卷,第314页。
② 冯契:《〈智慧说三篇〉导论》,《冯契文集》(增订版)第一卷,第13、13页。
③ 冯契:《智慧的探索》,《冯契文集》(增订版)第八卷,第486页。

使自己的意识与时代精神、与真理性认识一致起来"①。《智慧说三篇》是其探讨知识和智慧关系的起点,冯契说:"当时我写好后,自己不太满意,因为它显得太学院气了。"②所谓"太学院气"主要是没有指出研究这个问题的时代意义。正是有鉴于此,20世纪50年代后他在《〈智慧说三篇〉导论》中,首先就阐述了"知识和智慧关系问题的时代意义"。他指出,就自身经历而言,中国近代空前的民族灾难和巨大的社会变革,使得"'中国向何处去'的问题成了时代的中心问题",有志之士尤其是青年"都满怀着忧患意识",为此而"苦恼、思索","因有各种不同的意见,有时争论得面红耳赤";正是在激荡着时代风云的自由思考中,冯契将自己要走的哲学之路,确定为"沿着实践唯物主义辩证法的路子前进"。对此他在50多年后追忆道:"在我开始接触马克思主义著作的时候,同时又读了许多中国的和外国的哲学著作,有了比较","我最初接触到马克思主义哲学著作,是在'一二·九'运动中。开始读的很杂,读苏联人写的书,读中国人写的书,包括李达、艾思奇等人的著作,也直接读英文版的马克思、恩格斯、列宁的著作。但最使我心悦诚服的,是在抗战期间读毛泽东的《论持久战》和《新民主主义论》";前者运用辩证逻辑,指明了中国赢得抗战胜利的必然进程;后者站在能动的革命的反映论的高度,指明了中国式民主革命的正确道路。③ 冯契描述了山西抗战前线读到《论持久战》的情形:"这本书当时给前线战士带来的兴奋和所起的思想解放作用,没有亲身经历、体验过的人是难以想象出来的。""记得读这本书的时候,我完全被吸引住了,一口气就读完了,后来又反复地读。《论持久战》特别使我感到理论的威力,它以理论的彻底性和严密性来说服人";他也谈到在昆明西南联大读到《新民主主义论》时的情形:"这本著作

① 冯契:《认识世界和认识自己》,《冯契文集》(增订版)第一卷,第185页。
② 冯契:《〈智慧说三篇〉导论》,《冯契文集》(增订版)第一卷,第7页。
③ 冯契:《〈智慧说三篇〉导论》,《冯契文集》(增订版)第一卷,第13、11—12页。

对一百多年来困扰着中国人的'中国向何处去'的问题作了一个历史的总结",从而"使得许多疑问、困惑迎刃而解"。自由思考的心灵倾听着时代的呼唤,由此自愿选择了深刻而正确回答了时代课题的马克思主义哲学:"毛泽东的著作回答了现实中面临的迫切问题,所以他的著作中所包含的哲学即对能动的革命的反映论和辩证逻辑的阐发使我觉得很亲切,也使我感到真正要搞哲学,就应该沿着辩证唯物论的路子前进。"①这里的"很亲切",充满着理论的自得感,由自得而自愿,正体现了心灵自由的品格。

"很亲切"的理论自得,在心灵自由思考中进一步深化为自身回应时代课题的哲学之路。"时代精神不是抽象的,它是通过思想家个人的遭遇和切身感受而体现出来。一个思想家,如果他真切地感受到时代的脉搏,看到了时代的矛盾(时代的问题),就会在他所从事的领域里(如哲学的某个领域里),形成某个或某些具体问题。"②就是说,心灵自由作为创作源泉,最终是把时代的问题通过个人的感受而具体化。沿着实践唯物主义辩证法的路子研究知识与智慧的关系,就是"中国向何处去"的时代问题通过冯契的自由思考形成的具体问题。《新民主主义论》开篇提出的"中国向何处去",不只是指中国政治、经济向何处去,也包含着中国文化、民族精神向何处去。冯契在跟从金岳霖学习《知识论》时,感受到要回答中国文化、民族精神向何处去,就必须在哲学领域解决 20 世纪以来,在西方和中国存在并发展着的科学主义和人文主义、实证主义和非理性主义的对立。这样才能"使中国哲学既发扬中国的民族特色,又能够会通中西,使它成为世界哲学的有机组成部分"③。也就是使中国在哲学上、精神上站立起来。"智慧说"以解决科学主义和人文主义、实证主义和非理性主义的对立为主旨,显示了冯契

---

① 冯契:《〈智慧说三篇〉导论》,《冯契文集》(增订版)第一卷,第11—13页。
② 冯契:《〈智慧说三篇〉导论》,《冯契文集》(增订版)第一卷,第5页。
③ 冯契:《〈智慧说三篇〉导论》,《冯契文集》(增订版)第一卷,第9—10页。

"走自己的路"即自己选择的哲学道路的时代意义。

（二）心灵自由思考与独立人格的德性

在冯契的心灵中,自由思考不仅是革命年代里选择哲学道路的前提,也是在革命胜利之后处于困厄之境时坚守选定的哲学道路的凭借。在 20 世纪 50 年代之后,"走自己的路"会遭受那么多的曲折磨难,是他在以此作为座右铭时不曾料想到的。如同革命在经历了挫折,才能够克服片面性而重新踏上坦途一样,"走自己的路"在遭受重重阻挡之后,心灵自由才会在新的思想高度上展现。这就是认识到保持心灵自由与保持独立人格即"保持独立的德操"的一致性。① 20 世纪 50 年代以后,一系列频繁的"左"的批判斗争,"实际上就是把马克思主义、毛泽东思想作为紧箍咒,强加在人们头上。这明显违背民主的教育的态度,使得学术自由窒息了","文化大革命"将此发展到了极点。面对如此处境,冯契说:"我被关在'牛棚'的时候,曾多次反省自己走过来的路:在 50 年代,我也受'左'的影响,做过把马克思主义当作紧箍咒套在人们头上的工作,而且还多次作自我批判,勉强自己做驯服工具。这样一来,理论工作者失去了独立人格,理论也变成了异化的力量。这有其客观的原因,但是也应该责备自己:哲学家如果不能始终保持独立人格,保持心灵自由思考,那就不可能是真正的哲学家。当然,在'文革'中,就我的当时处境而言,要保持自己的独立人格是很困难的……不过,我又想起了荀子的话:'故口可劫而使墨(默)云,形可劫而使诎(屈)申,心而不可劫而使易意,是之则受,非之则辞。'(《荀子·解蔽》)就是说,外力可以迫使形体或曲或伸,迫使嘴巴或开或闭,而心灵却不能由外力强迫改变,意志能作自由选择,认为'是'便接受,认为'非'便拒绝。所以,不论处境如

① 参见冯契:《〈智慧说三篇〉导论》,《冯契文集》(增订版)第一卷,第 363 页。

何,始终保持心灵的自由思考、自由选择是可以办到的,我认为这也应该是'爱智者'的本色。"①冯契经过这样的自我反省,认识到取消了心灵自由思考,就是丢失了独立人格;或者说,保持心灵自由思考是人格独立的德性要求。正是从这个意义上,他强调没有心灵自由,就没有真正的德性。作为独立人格的德性,心灵自由最根本的是荀子上述那段话所体现的意志的自由选择。其实,早在1956年的《匹夫不可夺志也》中,冯契已经表达了这一点。为此在当时遭到了批判。然而,在受到外来强制力量空前未有的压抑束缚的"文化大革命"中,他更加认识到主宰心灵自由的意志自由是独立人格应有的德性。冯契依此坚守了原先选定的哲学道路:在"文化大革命"之初,他"确实感到十分沮丧,心情黯然";后来意识到"只要保持心灵的自由思考,还是有条件使自己的探索继续下去。这样我终于比较平静下来了。而且经过心灵的自由思考,经过系统的反思,我觉得自己对祖国的前途、社会主义的前景,都还是有信心的。对实践唯物主义辩证法的哲学理论,我经过思考,仍然作了肯定的选择"②。在这风雨如晦处境中的心灵"平静",蕴涵着将人生理想(社会主义前景的社会理想和继续自己探索的个人理想)寄托于未来的乐观精神。这如同他赞扬的鲁迅小说里的"过客":尽管彷徨困顿,前途未卜,而且"过客的脚早已经走破了,有许多伤,流了许多血,但他决不回头,也不肯休息,他说:'有声音常在前面催促我,叫唤我,使我息不下'"③。"不为忧患、惶惑所压倒,深信自己是属于'来者'的,这是思想家、作家的乐观精神。"④这意味着意志自由作为独立人格的德性,不仅是指不被强权压服,而且还指困厄中的乐观精神。总之,自由意志成为独立人格

---

① 冯契:《〈智慧说三篇〉导论》,《冯契文集》(增订版)第一卷,第14—15页。
② 冯契:《〈智慧说三篇〉导论》,《冯契文集》(增订版)第一卷,第14—15页。
③ 冯契:《智慧的探索·补编》,《冯契文集》(增订版)第九卷,第107页。
④ 冯契:《哲学讲演录·哲学通信》,《冯契文集》(增订版)第十卷,第308页。

的德性,心灵自由就具有了自由人格的意义,就成为哲学创作的人格依恃。

（三）心灵自由思考与创造性对待马克思主义

冯契通过心灵自由思考而选择、坚守马克思主义,意味着不是把它当作教条加以迷信。应该说,他本身有着反对教条主义的性格因子:"我个人喜欢独立思考,甚至可以说喜欢标新立异。"①这使得他偏爱庄子②,因为"庄子是中国哲学史上第一个起来反对独断论和专制主义的哲学家"③。于是,在不同处境下长期保持自由思考,拒斥教条主义的性格因子就发展为创造性地对待马克思主义的理论立场和理论一贯:"我也始终相信马克思主义基本原理的正确性,不过认为应该创造性地对待它。对一种有价值的学说,后继者只有通过它才能超过它,而也只有像小鸡一样破壳而出,才真正吸取了鸡蛋的营养。"他举出了禅宗喜欢"超师之见"的弟子而盛极一时的例子;而后,他接着说:"我这种态度当然要被某些人视为离经叛道,但我既然保持心灵自由思考,当然就不赞成以马克思主义为教条。"④就是说,选择、坚守马克思主义与反对教条主义扼杀自由思考是一体两面;否则,选择就是戴紧箍咒式的变相强迫,坚守就会异化为"句句是真理"的僵化盲从。所以选择和坚守"沿着实践唯物主义辩证法的路子前进"是用自己的脚向前迈进而不是让别人把自己的脚捆缚住。

---

① 冯契:《〈智慧说三篇〉导论》,《冯契文集》(增订版)第一卷,第13页。

② 冯契对于"您最喜欢哪个或哪些哲学家"的回答是:"如果一定要举出一二个人物的话,那么庄子可以算一个。"[《智慧的探索·补编》,《冯契文集》(增订版)第九卷,第455页]。

③ 冯契:《哲学讲演录·哲学通信》,《冯契文集》(增订版)第十卷,第284页。"独断论"与"教条主义"在冯契著作中是异名而同谓,在《怎样认识世界》中有"反对独断论——教条主义"一语[《冯契文集》(增订版)第九卷,第237页],在《中国古代哲学的逻辑发展》上册中,以康德称道休谟把人们从"独断的迷梦"中唤醒过来的话评论庄子[《冯契文集》(增订版)第四卷,第193页],在《金岳霖〈论道〉讲演录》中也把"独断的迷梦"称作"教条主义迷梦"[《冯契文集》(增订版)第十卷,第99页]。

④ 冯契:《哲学讲演录·哲学通信》,《冯契文集》(增订版)第十卷,第315页。

早在 1957 年冯契就指出教条主义者,就像郑人买履寓言中不相信自己的脚的人:"教条主义者都是一些迷信'尺码'(公式)的人,有的迷信古代的'尺码',有的迷信现代的'尺码',有的迷信本国的'尺码',有的迷信外国的'尺码'。但是,他们的共同点则是:死不肯相信自己的脚。"①只有用自己的脚,才能走自己的路,这是心灵自由思考赋予冯契的理论自信。"智慧说"集中体现了这一点。他既指出"智慧说"受到"毛泽东著作的启发",同时又指出:"如何用实践唯物主义的辩证法来解决知识和智慧的关系问题,在书本上,在马克思主义著作中是找不到现成答案的";"在苏联模式的教科书中,辩证唯物主义认识论也是只讲知识理论,没有讲智慧学说"②;毛泽东"没有把认识论作为智慧学说来考察"③。这意味着"智慧说"是吸取了马克思主义哲学营养又从中破壳而出。把创造性对待马克思主义看作心灵自由思考的题中之义,使得冯契始终站在马克思主义者的行列里,但他从来不是这个行列的附庸,而是这个行列里走自己路的"单一"。

总之,保持心灵自由思考是冯契选择坚守"走自己的路"的内在动力。

二、心灵自由与哲学传统的"能入能出"

回顾冯契哲学创作的经历,还可以看到心灵自由作为哲学创作的源泉,不是在思想的一片空白上任性驰骛,而是在以往哲学传统中的能入能出。任何哲学创作都离不开前人的思想资源,就冯契而言,主要是中、西、马的哲学传统。他在简要阐明《智慧说三篇》的内容和观点时指出:"这

---

① 冯契:《智慧的探索·补编》,《冯契文集》(增订版)第九卷,第 238 页。
② 冯契:《〈智慧说三篇〉导论》,《冯契文集》(增订版)第一卷,第 11、10、13 页。
③ 冯契:《〈智慧说三篇〉导论》,《冯契文集》(增订版)第一卷,第 55 页。

些就是我在系统地研究了中国哲学史,并同西方哲学作了粗略比较后所形成的看法"①,这里包含了创造性地对待马克思主义:"我当时有一个朴素的想法,认为沿着实践唯物主义辩证法的道路前进,吸取各种哲学派别包括非马克思主义学派的一些合理因素,是能够阐明我的问题,即阐明由无知到知、由知识到智慧的认识过程的。"②在这出入于中、西、马的哲学创作中,始终贯穿着"我"的自由思考:"对任何一种哲学学说不能够迷信它,研究哲学,不能依傍门户,不能人云亦云、随声附和。对各派哲学都应持这种独立思考的态度,对马克思主义哲学也应该如此。"③这样的独立思考,从哲学创作而言,就是要在以往的哲学传统中能入能出。

(一) 能入能出的自觉:"通过—超过—通过"

所谓能入,冯契以为就是对各派哲学"首先要理解它,经过自由思考、自由讨论,经过分析比较,作出肯定的选择,这样才是真正的赞成它"。所谓能出,即不能"以为西方哲学史从苏格拉底到马克思,中国哲学史从孔子、老子到毛泽东,有那么多的天才,创造了那么多博大精深的哲学体系后人还能有什么创造呢?"要防止"一钻进哲学殿堂,很容易被前人所压倒"的偏向,但也不能"有了一点见解、心得,便狂妄自大",而是"要有宽容精神、兼收并蓄的胸怀"④。因此,"学哲学就要能入而又能出。大哲学家都是第一流的天才,有其严密的理论体系,所以'能入'难,'能出'更难。为要能出,就需要加以分析批判,多做些中西古今的比较。立足点高,眼界开阔,才能做到善出。能入而又善出,哲学史研究便有助于哲学问题的探

---

① 冯契:《〈智慧说三篇〉导论》,《冯契文集》(增订版)第一卷,第27页。
② 冯契:《〈智慧说三篇〉导论》,《冯契文集》(增订版)第一卷,第10页。
③ 冯契:《〈智慧说三篇〉导论》,《冯契文集》(增订版)第一卷,第13页。
④ 冯契:《〈智慧说三篇〉导论》,《冯契文集》(增订版)第一卷,第13、14页。

索,以至于达到用哲学家的眼光研究哲学史,借鉴哲学史来进行哲学创作的较高境界"①。学术界公认,冯契的研究成果具有如此的眼光和境界,这显然是因为他有着上述的把能入善出的自由思考作为创作源泉的自觉认识。

这样的自觉认识萌生在冯契的哲学创作之初。1941年夏,冯契到清华文科研究所学习,这是《智慧说三篇》的准备孕育时期。50多年后他在回忆这个时期时说:"我自己开了两个书单子:西方从古希腊到维也纳学派,中国从先秦到'五四',按历史顺序选读各家主要著作,有的精读,有的略读。"②那时就碰到了这样的问题:"哲学史上的大家都是当时第一流的天才,他们深刻的思想只有通过艰苦的钻研才能把握,但把握了却又易被它的魅力紧紧吸引住,难以钻出来;所以'能入'难,'能出'更难"。然而,他在汤用彤先生指导下研读佛学著作时,领悟到了"僧肇就是一个能入能出的典型",并体会到汤先生的"著作也正是能入能出的典型"③。正是这样的典型,使冯契明白了:"为了从书中汲取智慧,就要让自己的精神始终保持自由活动的精神状态,不受任何束缚。"④

在哲学创作的实践中,冯契对于能入能出的自由思考有了更为自觉的认识。这突出表现在他从认识论的角度对此作了深刻的分析。首先,他以"通过—超过—通过"来阐明能入能出的自由思考是螺旋式上升的认识过程。他指出:以往的哲学经典著作,是即成的理论形态,"这些著作对后继者来说,只有通过它才能超过它"。能入就是"通过它",即把握其体系,因其是一定阶段理论成果的代表;能出就是"超过它",即克服其体系,因其包

---

① 冯契:《〈智慧说三篇〉导论》,《冯契文集》(增订版)第一卷,第334页。
② 冯契:《智慧的探索》,《冯契文集》(增订版)第八卷,第481页。
③ 冯契:《智慧的探索》,《冯契文集》(增订版)第八卷,第483页。
④ 冯契:《智慧的探索》,《冯契文集》(增订版)第八卷,第285页。

含有否定自己的因素；"不超过它也不算通过它"①，这个"通过"就是既把握其体系又克服其体系而达到的理论新境界，即辩证的综合。其次，为了实现更为困难的"能出"，他指出了之所以更难的认识论原因。从主观上说，"哲学作为创作的一面，就是要求学哲学的人全神贯注地投入其中，才能体会到哲学的精髓，才能欣赏其理论的美"，"与自己的气质相近，领会其精神，便觉可爱"，于是容易沉溺于其中，"被其俘虏，反而成了心灵的桎梏"②；从客观上说，"在哲学史上，那些大哲学家往往是有所偏的"，从而"产生一种偏至之论"，③偏至之论凸显了其特点，而特点则是集优点和缺点于一身，因而"一个哲学体系所包含的积极因素与局限性也常常是互相联系着的"，④于是容易识其见而不识其蔽，因此，"要始终保持独立自由的思考，就必须解蔽"。⑤　就是说，冯契对于自由思考的能入能出具有认识论的自觉。

由于冯契有着这样的自觉认识，因而围绕其哲学创作的根本主题即根据实践唯物主义辩证法研究知识和智慧的关系，在实践中形成了对于哲学传统入乎其内而出乎其外的特色。

（二）出入中西："接着讲"与"比着讲"

就出入中西哲学而言，冯契的特色是以把握中国传统哲学的特点为核心，由此来比较中西哲学发展史。要阐明知识和智慧的关系，就必须把握中国传统哲学的特点。因为"智慧学说，即关于性和天道的认识，是最富于民族传统特色的，是民族哲学传统中最根深蒂固的东西。如果是单纯讲的知

---

①　冯契：《〈智慧说三篇〉导论》，《冯契文集》（增订版）第一卷，第202、229页。
②　冯契：《〈智慧说三篇〉导论》，《冯契文集》（增订版）第一卷，第334页。
③　冯契：《〈智慧说三篇〉导论》，《冯契文集》（增订版）第一卷，第80页。
④　冯契：《中国古代哲学的逻辑发展》上册，《冯契文集》（增订版）第四卷，第25页。
⑤　冯契：《〈智慧说三篇〉导论》，《冯契文集》（增订版）第一卷，第185页。

识,即客观的事实记载、科学定理等,都是无所谓民族特色的。如果讲的是贯穿于科学、道德、艺术、宗教诸文化领域中的智慧,涉及价值观念、思维方式、人生观、世界观等,归结到关于性和天道的认识,这便是最富有民族传统的特点的"。① 因此,冯契的出入中西哲学,以把握中国传统哲学的特点为核心。这无疑要以详尽考察中国古代哲学传统为基础,为此冯契写了三大册的中国古代哲学史著作,贯穿其中的就是"对中国哲学史作一鸟瞰,看中国传统哲学有哪些特点"。② 这样的"鸟瞰"就是"智慧说"对于中国传统哲学"接着讲"的基础。不过,在这中间也包含着与印度佛教相比较的"比着讲"。冯契认为,印度佛学与中国本土哲学有很多冲突,但是佛学中国化的成果,使其成为中国传统哲学的有机部分,这主要表现在:把"性寂"说改造为"性觉"说,接上了孟子的心性论;把魏晋玄学的体用不二贯彻其中,把缘起说发展为"理一分殊";把原来层次繁复的"转识成智"转化为简易直截的"顿悟"说。这些成果深刻影响了宋明理学。③ 这意味着冯契对于中国哲学特点的阐述,是将佛教对于中国哲学的影响包含于其中的,因而它们也是其"智慧说"的重要资源,他以"转识成智"来表达认识世界和认识自己过程中的认识辩证法最突出地反映了这一点。

当然,所谓中国传统哲学的特点,更主要是与西方哲学"比着讲"的。冯契专门讨论了如何"运用科学的比较法"来进行中西哲学比较,认为其中包含着"类比"和"对比"两个环节。④ 无论是系统考察中国传统哲学的"接着讲",还是与西方哲学作比较的"比着讲",都是为了把握中国传统哲学的特点。这样的出入中西哲学的自由思考,在冯契的"智慧说"中有着充分的

---

① 冯契:《〈智慧说三篇〉导论》,《冯契文集》(增订版)第一卷,第18页。
② 冯契:《中国古代哲学的逻辑发展》上册,《冯契文集》(增订版)第四卷,第26页。
③ 参见冯契:《〈智慧说三篇〉导论》,《冯契文集》(增订版)第一卷,第19—20页。
④ 参见冯契:《中国古代哲学的逻辑发展》上册,《冯契文集》(增订版)第四卷,第16页。

反映。他说:"哲学史上提出的认识论问题,大体说来可以概括为四个":感觉能否给予客观实在? 理论思维能否把握普遍有效的规律性知识? 逻辑思维能否把握具体真理? 理想人格或自由人格如何培养? 由这四个问题构成的广义认识论是"智慧说"的基本骨架。这里的"哲学史"包括了"接着讲"和"比着讲"。冯契指出:这前"三个问题,用德国古典哲学的术语来说,就是关于'感性''知性''理性'的问题";中西哲学史上都反复讨论过这四个问题,不过,相比较而言,中国哲学传统更侧重于后两个问题,而西方哲学更侧重于前两个问题,当然"不能说中国人不关心前两个问题。而就欧洲近代哲学来说,也不是只热衷于讨论前两个问题。德国古典哲学和马克思主义已经比较深入地考察了后两个问题",但与西方哲学相比较,中国传统哲学"较多和较长期地考察了上述后两个问题",其发端是先秦的名实之辨和天人之辨,而"'天人''名实'之辨贯穿于整个中国哲学史,所以正是在对这两个问题的考察上,显示出中国传统哲学的特点"。① 这就是在思维方式和自然观上,中国较早发展了"一阴一阳之谓道"的辩证逻辑和以气一元论为基础的辩证法自然观;而西方则较早发展了形式逻辑和原子论;在考察人的自由的问题上,中国传统伦理学注重自觉原则,而在美学上较早提出了言志说和意境理论,西方人则高扬自愿原则和较早提出模仿说及典型性格理论。② 以往流行的见解是:中国哲学家着重讲做人,西方哲学家着重讲求知,因而前者认识论不发达;冯契认为这样的观点是基于一种"狭义的认识论",即把认识论局限于上述的前两个问题,"这种狭义的认识论特别为实证论各流派所鼓吹"③。基于中西哲学史的广义认识论打破了中国传统哲

---

① 冯契:《中国古代哲学的逻辑发展》上册,《冯契文集》(增订版)第四卷,第32—34 页。

② 参见冯契:《中国古代哲学的逻辑发展》上册,《冯契文集》(增订版)第四卷,第35—45 页。

③ 冯契:《中国古代哲学的逻辑发展》上册,《冯契文集》(增订版)第四卷,第31—33 页。

学中认识论不占重要地位的偏见。正是"接着讲"和"比着讲"相结合的出入中西哲学,形成了"智慧说"理论阐述的运思路径,冯契说:上述四个问题包含了感性和理性、绝对和相对、客观规律和主观能动性这样对立范畴的环节,而"智慧说"就是"以上面讲的四个问题作为线索,以上面讲的三组对立范畴作为环节来阐发'认识世界和认识自己'的基本原理"。① 可见,"接着讲"和"比着讲"的能入能出,给"智慧说"奠定了植根于具有民族特点的哲学史基础,也提供了与西方哲学交流互鉴,走向世界哲学的可能。

(三) 出入古今:"节今而言古"

就出入古今哲学而言,冯契的特色是以把握中国近代哲学传统为基点,由此激活传统哲学的智慧。知识与智慧的关系问题,由 20 世纪以来科学主义和人文主义、实证主义和非理性主义的对立而凸显。冯契指出:王国维所谓"可爱与可信"的矛盾,就反映了这样的对立;"在中国,'五四'时期的中西文化论战、科学与玄学的论战,正反映了这两种思潮的对立。"②这意味着中国近代哲学是"智慧说"创作的直接背景。因此,围绕知识与智慧关系的研究,在以往哲学传统的能入能出,不得不首先着眼于中国哲学的近代传统。冯契认为,"现在人们一谈到传统,往往专指古代传统",是对待以往传统资源中需要克服的偏向。他说:"我们有五千年民族文化传统,这是足以自豪和需要批判地加以继承的,但是,构成当代人直接精神背景的,却不是原封不动的古代传统。古代文化中那些在当代仍然有生命力的东西,大多数是经过近代历史的筛选,并发生了不同程度的变形的东西。所以,批判继承民族文化传统的问题,首先应该注意的是自 1840 年以来一百余年间(主

---

① 冯契:《认识世界和认识自己》,《冯契文集》(增订版)第一卷,第 69—70 页。
② 冯契:《〈智慧说三篇〉导论》,《冯契文集》(增订版)第一卷,第 8—9 页。

要是 20 世纪)形成的近代传统。"①当然,这不是弃置古代传统,而是以把握近代传统为基点来认识和阐发古代传统在当代仍富有生命力的东西,这就是冯契经常讲的:"站在发展的高级阶段回顾历史""从近代哲学革命回顾传统哲学"②。

　　冯契在完成中国古代和近代哲学史的著作之后,再着手《智慧说三篇》的完整构思和写作就体现了这一点。他系统考察了"中国近代哲学的革命进程",肯定了"近代哲学革命的成果",认为某些成果"可以说是会通中西哲学的创造性贡献",但是,中国近代哲学革命"至今未得到全面总结,尤其表现在方法论、价值论两个方面"。③ 为了批判总结这两个方面的经验教训,他写了《逻辑思维的辩证法》和《人的自由和真善美》。然而,这两个方面的问题具有共同的依据——"依据在于认识论的原理尤其是智慧的学说。"所以,只有在智慧学说上达到新的理论境界,才能在这两个方面进行全面的批判总结。冯契指出:"中国近代在认识论上是很有成绩的",尤其是金岳霖"以得自经验之道还治经验之身"的知识论原理和毛泽东的能动的革命的反映论,不过,"不论是金岳霖还是毛泽东对智慧都没有作深入考察,都没有把认识论作为智慧学说来考察"。正是有见于中国近代认识论的得失,冯契提出了把知识和智慧统一于认识辩证过程的广义认识论,这就是《认识世界和认识自己》。于是《智慧说三篇》的"三篇著作各具相对独立性,又互相联系成一整体,《认识世界和认识自己》是其主干,而《逻辑思维的辩证法》与《人的自由和真善美》是其两翼"④。可见,《智慧说三篇》是以把握中国近代哲学传统为直接思想资源的。但在这同时也提升了传统哲学

---

① 冯契:《智慧的探索》,《冯契文集》(增订版)第八卷,第 492、493 页。
② 冯契:《中国古代哲学的逻辑发展》上册,《冯契文集》(增订版)第四卷,第 22、27 页。
③ 冯契:《〈智慧说三篇〉导论》,《冯契文集》(增订版)第一卷,第 22 页。
④ 冯契:《〈智慧说三篇〉导论》,《冯契文集》(增订版)第一卷,第 56、55、36 页。

的智慧。这里仅以《认识世界和认识自己》为例来说明。它对于广义认识论第一个问题的回答,融进了传统哲学"体用不二"的智慧,肯定感觉的内容(用)和感觉的对象(体)合而为一;在回答第二个问题时,阐发了传统哲学"类、故、理"的逻辑范畴的价值;对于第三个问题的回答,则强调《易传》"同归而殊途,一致而百虑",体现了思维的矛盾运动的规律;在回答第四个问题时,以传统哲学的"转识成智"来说明由知识到智慧的飞跃。①显然,这些传统哲学的智慧在批判总结中国近代哲学传统中得到了更深层的开显。

如此地出入古今传统,借用冯契赞赏的荀子名言"善言古者必有节于今"(《荀子·性恶》),可以概括为"节今而言古",即从批判总结近代传统为基点,激活传统哲学的当代生命力。冯契对于自己有直接影响的师辈,也是这般地"节今而言古"。如前所述,在清华文科研究所时期,冯契给自己开了两张学习中西哲学典籍的书单,"通常,有关西方哲学的问题,我去问金先生;有关中国哲学的问题,我去问冯先生和汤先生"②。对于冯契创作"智慧说"影响最大的,是金岳霖的知识论。前者对于后者就是"通过而超过"的"超师之见"。而要"通过"金岳霖,须从近代哲学传统着眼。他指出:对于金岳霖的理论,"我们不仅要结合中国古代的'大传统'来理解,但更重要的是结合中国近代的'小传统'来认识,因为金先生毕竟是中国近代哲学家,他所要面对和回答的问题也必然是近代的"③。从近代"小传统"入手,他指出金岳霖的"内心有一个矛盾,有点类似王国维所谓'可爱与可信'的矛盾",而且"始终没有解决这个矛盾",④他由此尝试解决这一矛盾,最终

① 参见冯契:《认识世界和认识自己》,《冯契文集》(增订版)第一卷,第97、151、176、334页。

② 冯契:《智慧的探索》,《冯契文集》(增订版)第八卷,第481页。

③ 冯契:《哲学讲演录·哲学通信》,《冯契文集》(增订版)第十卷,第158页。

④ 冯契:《〈智慧说三篇〉导论》,《冯契文集》(增订版)第一卷,第8页。

如他当年的同学赵俪生所说:"从金岳霖身上翻了个身"①。同时又从"大传统"来理解金岳霖的知识论"是中国古代的认识论传统发展的结果"②。

从上述不难看到,对于哲学传统能入能出的自由思考贯穿于冯契的哲学创作过程。

三、冯契哲学原创的启示

冯契是当代中国哲学创新的典范,始终保持心灵自由是他哲学创作的不竭源泉。这对我们有哪些启发呢?

上述对于心灵自由与哲学道路的选择坚守的考察,使我们认识到如下的三个统一:首先,心灵自由思考与回答时代课题是统一的,没有前者,不可能把后者化作具有时代意义的自己之路,不关注后者,前者就没有明确的凝聚方向;其次,心灵自由思考与独立人格是统一的,哲学理论成果作为自由思考的产物,也是哲学家淬炼独立人格的德性自证;再次,心灵自由思考与创造性对待马克思主义是统一的,没有自由思考,马克思主义必定被教条主义吞噬,自由思考不只是解除教条主义的蒙蔽,更是要获得"超师之见"。

上述对于心灵自由与哲学传统的能入能出的考察,使我们认识到要做到三个结合:首先,在主体和对象之间,做到"通过"与"超过"相结合,前者是后者的前提,否则后者是虚妄的,后者是前者的目标,否则前者会沦为被俘虏的"心奴";其次,在中国哲学和西方哲学之间,做到"接着讲"与"比着讲"相结合,唯此才能揭示中国哲学富有民族特色的智慧所在,使得当代中国哲学创作发扬民族特色而走向世界哲学;再次,在古代传统和近代传统之

---

① 赵俪生:《记王瑶与冯契》,《赵俪生高昭一夫妇回忆录》,山西人民出版社2010年版,第186页。

② 冯契:《中国近代哲学的革命进程》,《冯契文集》(增订版)第七卷,第513页。

间,做到"节今"与"言古"相结合,以把握近代传统作为当代中国哲学创作的直接背景,由此来阐释古代传统,当代的哲学创作就有了对以往哲学传统批判总结的意义,传统也在当代中国哲学中给人以新的魅力。

更值得我们重视的,是冯契指出了心灵自由作为哲学创作源泉的根柢,在于哲学创作本身是个性化的。上述的哲学道路的选择坚守和哲学传统的能入能出,其实都表现了哲学创作的个性色彩,即"自开生面,说自己的话"①。前面提到冯契在说了"心灵自由是一切创作的源泉"之后,特别强调"没有心灵自由便没有艺术、没有哲学"。这是注意到了哲学创作和艺术创作相似,而与科学发明创造有所不同。心灵自由固然也是后者的源泉,但科学家要尽量在其研究结果中排除自己的个性。但是哲学创作不是这样。冯契说:"在历史上真正有重大影响的哲学体系都是创作。孔、老、墨是创作,柏拉图、亚里士多德也是创作。就创作来说,哲学类似于艺术,尤其类似语言艺术,一切真正的创作都是人的德性(人的本质力量和个性)的表现。《论语》《老子》《墨子》都体现了哲学家的个性色彩,文如其人,各有其面目,有其后人不能重复的东西。从第一流的哲学著作都能见到哲学家的个性。""哲学不仅在于发现事实和规律,而且还是独特的创作。历史上那些大哲学家的体系,都是在一定条件下求穷通的一次尝试,一个富于个性色彩的创作"。"哲学著作中所包含的智慧是哲学家个性的表现"②。就是说,哲学创作的个性化决定了心灵自由是其源泉。这给予我们的启示是:没有对于哲学创作个性化的自觉,就不可能使得心灵自由成为其源泉。

以心灵自由作为创作源泉而形成的"智慧说",不仅是一种哲学体系,而且表现了冯契的个性。因此,在他去世近30年之后,读他的著作,其个性依然鲜活地存在于我们中间。

---

① 冯契:《认识世界和认识自己》,《冯契文集》(增订版)第一卷,第78页。
② 冯契:《认识世界和认识自己》,《冯契文集》(增订版)第一卷,第333、334页。

思考题

1. 冯契如何阐述知识和智慧关系问题的时代意义?

2. 冯契如何在哲学创作中出入中西古今的哲学传统?

阅读链接

1.《〈智慧说三篇〉导论》,《冯契文集》(增订版)第一卷。

2.《"通古今之变"与回顾 20 世纪中国哲学》,《冯契文集》(增订版)第八卷。

3. 本教材所附"冯契年表"。

第二章 广义认识论:认识世界和认识自己

《智慧说三篇》由《认识世界和认识自己》《逻辑思维的辩证法》和《人的自由和真善美》组成。《认识世界和认识自己》是智慧说体系的主干,《逻辑思维的辩证法》和《人的自由和真善美》是其两翼。在《认识世界和认识自己》中,冯契提出了广义认识论的主张,认为认识论不仅要研究知识如何可能,而且要研究智慧如何可能。他从中外哲学史上概括出四个主要的认识论问题:1)感觉能否给予客观实在? 2)普遍有效的规律性知识如何可能? 3)逻辑思维能否把握具体真理(首先是世界统一原理和发展原理)? 4)理想人格或自由人格如何培养? 立足于实践唯物主义辩证法,冯契先生对四个问题都作了肯定的回答,阐明了从无知到知、从知识到智慧的辩证运动。广义认识论认为,通过实践基础上认识世界和认识自己的交互作用,实现"转识成智"的飞跃,获得关于性与天道的真理性认识是可能的。

我把《认识世界和认识自己》《逻辑思维的辩证法》和《人的自由和真善美》合称为《智慧说三篇》。三篇著作各具相对独立性,又互相联系成一个整体,《认识世界和认识自己》是其主干,而《逻辑思维的辩证法》与《人的自由和真善美》是其两翼。我的智慧学说是以广义认识论为理论主干的。因此,我的智慧说首先是考察广义认识论的基本问题。这在我的《认识世界和认识自己》这部著作中得到了比较充分的论述。

首先要说明的是,对认识论,哲学家们有不同的理解,可以从不同的角度来研究。西方近现代的哲学家特别是实证论者,把认识论理解为研究实证科学知识之所以可能的哲学理论,这是一种狭义认识论的观点。这种观点把智慧、价值这些问题排除在外。我这里对认识论作广义的理解,不仅把认识论看作是关于知识,而且也是关于智慧的理论。智慧是关于宇宙人生的一种真理性认识,它与人的自由发展是内在联系着的。从智慧这个角度来考察认识论,就要着重讲认识世界和认识自己两者之间的关系。因此,我的广义认识论的主旨在讲基于实践的认识过程的辩证法,特别是如何通过"转识成智"的飞跃,获得关于性与天道的认识。

我从哲学史研究中作出概括,以为认识论的主要问题有四个,广义认识论就是围绕着对这四个问题的回答而展开。

（以上选自第一卷,第 3、46 页;第 36—39、51 页）

一、以心物、知行关系为出发点

在中国的传统哲学里,认识论上的论争,起初与天人之辨、名实之辨密切结合着。讲天和人即自然和人为的关系,其中就包含着心和物的关系。讲名和实即名言和实在的关系,其中也包含有心和物的关系。从佛教传入之后,心物之辨就进一步突出了,许多哲学家着重考察心和物（万法）的关系,到了宋明,心物之辨和知行之辨又密切结合,所以我把它概括为心物、知行之辨。

（一）中国哲学史上的心物、知行之辨

心和物的关系是认识的最基本的关系,它实际上包含着三项:物质世界（认识对象）、精神（认识主体）,以及物质世界在人的头脑中的反映（概念、

范畴、规律）即所知的内容。这三项在宋明哲学中就是气、心、理三者及其关系的问题，所以在当时的哲学界形成了气一元论、心一元论和理一元论这些派别。这种哲学对立是认识论上的对立，也是天道观上的对立。当时从认识论来说，心物之辨和知行之辨密切地联系着，心和物即精神和物质相互间的关系表现为知和行之间反复的活动，因而当时在知行问题上展开了广泛的争论。从孔子、墨子、荀子以下一直到宋明哲学家，中国传统哲学的一个主流就是通过心物、知行之辨的考察，大体肯定了世界可以认识，认识是一个主观和客观、知和行、感性和理性对立统一的运动过程。许多哲学家也肯定，通过不同意见的争论，通过解蔽，正确地运用范畴，是能够达到比较全面的真理的。对于言和意能否把握道这个问题，许多哲学家都给予了肯定的回答。

中国近代哲学讲认识论，仍然以心物、知行之辨作为中枢，不过它有个近代的特点，即为了回答时代的中心问题——"中国向何处去"，认识论和历史观开始结合起来。后来毛泽东用能动的革命的反映论来解决认识论和历史观中的心物之辨，使近代哲学达到总结阶段。能动的革命的反映论不同于旧的唯物论的反映论，就在于它以社会实践为认识的基础。这样就从人的社会性和人的历史发展来考察认识问题，认识论和历史观在能动的革命的反映论这一点上结合起来，把认识过程看作是客观过程的反映和人的主观能动性的作用，把人类历史看作是社会存在和社会意识的辩证运动。能动的革命的反映论反映了时代的精神，毛泽东根据这样的观点对认识运动的秩序作了新的理论概括。毛泽东阐明了实践和认识的反复，个别和一般的反复，认识论和群众路线的统一，从这些方面来说明认识运动的秩序，确实是哲学史上新的贡献。这种时代的精神也体现在金岳霖讲的"以经验之所得还治经验"，这也是把认识看作是客观过程的反映和人的主观能动性的作用。金岳霖融合中西哲学，他的整个知识论讲了在实在论基础上的感性和理性、事和理的统一,概括为"以得自经验者还治经验",这既继承了中国的传统,也会通了中西。中国近代哲学在认识论上是很有成绩的,但这并不意味着一切问题都已解决,哲学家们对智慧都没有作深入考察,都没有把认识论作为智慧学说来考察。

(以上选自第一卷,第 52—55 页)

(二) 能动的革命的反映论与心物、知行之辨

能动的革命的反映论作为辩证唯物论,与传统的唯物论的不同,主要在于它的实践观点。过去有许多哲学家强调行对知是第一位的,认识由行动来检验,但是过去的哲学家不懂得唯物史观,因此也没有辩证唯物论的实践观点。我们现在讲的实践观点,和过去朴素的实践观点不同,至少包括三点:

第一,是社会实践。社会实践是社会的人们改造世界的活动,其中最重要的是劳动生产,其次是阶级斗争和科学实验。人们在劳动生产中变革自然,进行能量的变换,把自然的材料变成人们社会生活所必需的物质财富,这是人最基本的实践活动,它决定了其他的一切活动。正是在劳动生产中,人们结成了社会生产关系,以之为基础,建立起庞大的上层建筑。按照历史唯物主义,社会存在决定社会意识,经济基础决定上层建筑,归根到底,全部社会实践是以劳动生产为基础的。

第二,是革命的实践。从历史的辩证法来看,社会的变革是一个不断新陈代谢的过程,人的实践活动展开为由过去、现在奔向未来的过程。正因为实践是革命的实践,所以李大钊说:"一切过去,都是供我们利用的材料。我们的将来,是我们凭借过去的材料、现在的劳作创造出来的。"①"现在的

① 李大钊:《史学要论》,《李大钊全集》第 4 卷,人民出版社 2006 年版,第 567 页。

劳作"即现在的实践是用过去的材料创造未来的革命活动,所以他提出"崇今"的学说,提出"今是生活,今是动力,今是行为,今是创作"①这样的论点。从这种观点来看,"今"即现在不是一个割裂过去和现在的一条线或一个点,不是没有内容、刹那生灭的时刻。"今"是当前人们抓得住的生活实践,也就是行为。每一个实践活动都是现在的、现实的,如李大钊所说的是个"引的行为",推动历史的过去趋向未来,所以"今"是动力。它凭过去的材料创造未来,所以"今"是创作。按照这种观点,历史就被理解为那些投身于现实的人们的创造活动,实践推动着历史前进。推动着人的认识不断前进,这是把实践作为革命的实践来理解。

第三,要强调一点,人的实践在本质上是要求自由的活动。人的本质就是要求自由。一方面,劳动实践就像马克思说的,劳动过程结束时的结果从劳动过程开始时就在劳动者的头脑里形成了,这种观念取得了理想形态,作为目标来指导人的实践,人就能支配自然,获得自由,这是对自然的控制;另一方面,人在成为自然的主人的基础上,以发展自己的能力为目的的活动就开始了。在认识必然、改造世界、获得自由的基础上,以人本身为目的来发展人的能力、德性,使人成为自由的个性。人的自由包括有支配自然和成为自由个性这两个方面。动物只能凭本能生产,它并不自由,但是人能够按照每个物种的尺度来进行生产。人的生产是自由的,或者说,本质上是要求自由的。同时,劳动不仅为主体生产了对象,也为对象生产了主体。在人能普遍地按照物种的尺度进行自由生产的同时,人的能力获得了解放,得到了锻炼、培养,也越来越自由了。当然这是个过程,自由是历史的产物。不论是对自然的支配还是培养自由的个性,都是历史的产物。人的发展的趋向就是成为自由的人,人的实践本质上是要求自由的活动。

---

① 李大钊:《时》,《李大钊全集》第4卷,人民出版社2016年版,第251页。

　　这样一种实践的观点,以前的哲学家没有那么明确,只是到了马克思才明确地提出来。正是这样的实践观点才成为我们讲认识论的第一的和基本的观点,我们把这种实践叫做存在和意识之间的桥梁、自然界和精神交互作用的基础。在这个基础上展开人类认识的辩证运动,自然界就不断地由自在之物化为为我之物,人的认识能力就凭着相应的对象即凭着为我之物不断地由自在而自为地发展,就具有越来越大的主观能动性。大家从马克思的《费尔巴哈论纲》中,可以了解到,这确实是辩证唯物论和旧唯物论根本不同的地方。但是辩证唯物论它还是唯物论,唯物论无非要按照世界的本来面目来了解世界,不附带任何外加的成分。这种唯物论主张也是常识、科学所具有的。是一种实在论的态度。辩证唯物论和传统的唯物论、一般的实在论的不同,就在于它以实践为认识的基础。认识世界和认识自己,是在实践的基础上辩证统一的,所以可以叫做实践的唯物主义。

　　从实践的观点来考察心和物的关系,我们还应当考察形和神、能和所的关系。从中国哲学来看,心和物一开始就表现为两层关系,即形和神的关系、神和物的关系。对这两层关系,中国过去的唯物主义哲学家用体用范畴来加以解释。而我们现在引入了实践观点,对于形和神、能和所关系的考察就有了一个新的角度、一种新的观点。就形神关系来说,传统的形质神用的观点是正确的,但有了唯物史观、有了"劳动创造人"的观点,这一问题可以获得更深刻的理解。另外,现代心理学、人类学、语言学的新进展,现代对原始心理、儿童心理以及对结构和功能关系的研究,使形神关系问题有了更丰富的内容,需要我们进一步去研究。

　　能所关系和形神关系有所不同,"所"作为认识的对象它必定实有其体,而"能"是功用,它本身不是"体",所以说"知无体,以物为体"。因为"以物为体",所以认识是客观实在的反映,在这个意义上,主体是被动的。仅仅就这个认识关系来说,能和所、主体和对象之间的关系可以说是外在的关系。但是能和所不仅是认识的关系,而且是实践中间的关系,人们通过劳动与客观对象进行物质的变换,改变着物质的形态,在这个实践过程中也改变着人类自己。从这个意义上讲,在实践中间能和所的关系是内在的关系。这里"内在"即 internal,"外在"即 external,用的是英国哲学家的术语。所谓内在的关系,就是指彼此相关联的两个项目,如果一个改变了质态则另一个也有相应的改变。在实践中间能所关系是内在的,而在认识中间能所关系是外在的。所谓外在,那就是说客观的对象并不因为被认识而改变,它还是离开人的意识而独立的。这样来讲内在和外在,是使用分析的说法,可以从逻辑上加以分析;但在实际上,实践和认识、知和行不能割裂开来,而且是相互联系着的。只有在实践中和对象发生内在的关系,才能够在认识中和对象发生外在的关系。而只有在认识上和对象发生外在关系,观念如实地反映对象,才能有效地指导实践,在实践中变革对象。① 实践上的内在关系和认识上的外在关系是互为条件的。一方面,人类运用工具进行劳动生产,在实践中运用技术手段改变自然,这样就使得自然的奥秘被揭露出来,越来越多的客观规律被发现了;而另一方面,也只有当人们的理性能按现实的本来面目来了解它,因而运用规律性认识指导行动(其本质无非让事物按其本性运动),才能改变事物以实现人的目的。正是通过这样一种实践和认识辩证统一的过程,主观和客观的矛盾得到解决,主体的力量越来越得到发展。

从能动的革命的反映论来看,主体的能动性主要包括几个方面:首先,基于实践的认识是能动的反映;其次,主体的能动性表现在文化的创造;再次,主体能动性表现在认识过程本身的矛盾发展即认识的辩证运动;最后,主体的能动性表现在精神在造就自我的过程中间认识自我。

---

① 参见《智慧说三篇》之二——《逻辑思维的辩证法》中的有关论述。

心物、知行关系是认识的原始的基本的关系，是认识运动的根据。这个原始的基本的关系展开为人类的认识运动，就是认识过程的辩证法。

（以上选自第一卷，第57—66页）

（三）认识论与本体论的统一

我把这样的辩证认识过程看作从无知到有知，从知识到智慧的过程。对这个认识运动应该做动态的考察，而不能仅作静态的分析。对知识要揭示它包含有智慧的萌芽，对智慧要指出它不能脱离知识经验。整个认识运动是世界和我、自然和人的交互作用，也就是在实践基础上认识世界和认识自己的辩证统一的过程。我提出过一个看法，认为中国传统哲学的特点就在于天与人的交互作用、认识世界和认识自己的统一。

哲学认识论是讲人类认识世界与认识自己的基本理论，即知识和智慧的一般原理。它的研究当然不能离开一些具体的科学部门，但是它并不能从具体科学获得方法论。要研究认识论的基本原理，一方面要研究人类认识史，运用逻辑和历史统一的方法来研究哲学史和科学史，系统地考察人类的历史遗产；另一方面要提高自己的认识、觉悟，要在培养自己、造就自己中来认识自己。研究认识论还必须坚持本体论和认识论的统一，认识论和本体论二者互为前提，认识论应该以本体论为出发点、为依据，而认识论也就是本体论的导论。哲学的最核心的部分就是本体论和认识论的统一。

（以上选自第一卷，第70—84页）

二、感性直观与理论思维

人们在实践中接触客观事物，通过感官的门窗接受了形形色色的对象，于是就获得了关于客观世界的各种各样的信息，就有了感性直观。这是认识的开始,是由无知到知的第一步。

(一) 所与是客观的呈现

对于感觉经验能否给予客观实在,从常识来说当然毫无问题,实在论、朴素的唯物论也都给予肯定的回答。墨子对感觉经验抱有非常天真的信赖,但是由此他引导到了狭隘经验论去了,他以为大家看到、听到的就是有的。当时许多人都讲看到过鬼,于是他就凭这一点论证鬼神是存在的,这显然是错误的。感觉经验是否一定即为客观实在,这是可以怀疑的。在经验中有幻觉、梦觉和错觉,这都说明感觉并不是无条件地可以信赖的。庄子就提出了质疑,古希腊的怀疑论者也对感觉提出了许多的责难,就认为感觉不可靠。到了近代,洛克及其以后的经验论者都认为应该从感觉出发,没有天赋观念。他们认为人生来并没有知识,人的知识都是从感觉中获得的。这些哲学家从此时此地的感觉呈现出发,即从当前的直接经验出发,以建立他们认识论的体系。他们提出了一个问题(从贝克莱、休谟到近代的实证论者):当前的呈现和外物的关系到底如何? 感觉的内容和感觉的对象之间的关系到底如何? 旧的唯物论者对此通常是用因果说、代表说来解释的,就是说感觉的印象是外物的代表,感觉是外物引起的,外物是原因,感觉是结果。当唯物论者提出这种学说的时候,原因(外物)和结果(呈现),或代表者(呈现)和被代表者(外物),被看作是两个项目或两个个体,两个 entity。这种唯物论的学说遭到许多人的责难,特别是贝克莱、休谟以及后来的实证论者等,他们责问道:既然外物和呈现是两个项目,呈现是在意识之中(呈现是感觉到的),而外物在意识之外,那么你怎么能证明感觉是由外物引起,而不是由别的原因引起的? 一个在意识之内,一个在意识之外,在意识之外就是超越的。超越的是在彼岸的,那你怎么能够说它是引起感觉内容的原因呢? 而且你怎么能够说颜色、声音这些观念(内容)是事物的摹本而和对象一致？这些问题,应该由经验来回答,但是经验无法回答。在他们看来,人的认识不能越出经验的范围,感觉为人的认识划了一个界限,超越这个界限是非法的,所以经验就不能在意识和对象(外物)之间建立任何直接的联系。

对于以上责难,金岳霖在《知识论》中作出了回答。他认为,知识论还是应该从常识出发。首先要肯定常识。无论你怎样地批评、修改常识,最后还是得回到它那里。他说近代西方认识论的主流之所以陷入困境,就是因为他们违背了常识。他们用"此时此地的感觉现象"作为出发点,这种认识论的出发方式被金岳霖称作"唯主方式",即主观唯心论的方式。这种唯主方式有两个大缺点:第一是得不到共同的、客观的真假,即得不到客观真理,必然导致否认知识大厦有它的客观基础;第二是从主观经验无法推论出或建立外物之有,无法推论出外物是独立存在的,必然导致否认现实世界的存在。所以金岳霖以为应该改变这种出发的方式,他主张从常识出发、从朴素的实在论出发,肯定经验能够获得对象的实在感,以之作为前提。他所谓对象的实在感包括三层意思。第一,对象的存在不依赖于人的意识,存在和知道存在是两件事情。某对象你知道它或不知道它,并不影响它的客观存在。第二,对象的性质虽然是在关系之中,即在一定的关系网里边,颜色、声音、气味,这些都是相对于某一类感官来说的,虽然有这么一种相对的关系,可是对象的性质还是独立于感觉者的意识的,还是客观的。第三,被知的对象有它自身绵延的同一性,即对象有它时间的绵延,因此前后有同一性。他举了个例子:去买一幅画,讲好价钱,去拿的时候假使已换了一幅,这幅画没有绵延的同一性,我就不会买它。又如认识一个人,前后在不同场合见面,因他有绵延的同一性,我认识的他是同一个人。这种同一性不是知识所能创造的。金岳霖的这种理论已经突破了一般的实证论的界限,有鲜明的唯物论的倾向。他这里所说的也是一种论证,论证的是,不承认客观实在和客观真理,是与人类的科学知识和常识相违背的。按照常识和科学知识的观点,就要承认感觉能给予人客观实在。不过他在写《知识论》的时候,还没有明确的实践观点,他还不懂得对象的实在感首先是由实践取得的。我们把人的感性活动了解为实践,因而实践和感性直观是统一的,人在变革世界的活动中感知外物,因此我们就在社会实践基础上来阐明感觉能给予客观实在。

我们讲感觉能给予客观实在,是指正常的感觉。金岳霖称之为"正觉"。正觉有别于错觉、幻觉和梦觉。金岳霖在《知识论》中提出"所与是客观的呈现"的理论。"所与"即感觉所给予的颜色、声音等,它是客观事物在人们正常感觉活动中的呈现,是知识最基本的材料。金岳霖称正觉的呈现为"所与",以别于其他官能活动(错觉、幻觉、梦觉等)的呈现。他说:"所与就是外物或外物底一部分。所与有两方面的位置,它是内容,同时也是对象;就内容说,它是呈现,就对象说,它是具有对象性的外物或外物底一部分。内容和对象在正觉底所与上合一。"①就是说,在正常的感觉活动中,人们看到的形色、听到的声音以及感觉到的身体的平衡、运动,等等,它既是所见所闻的内容又是所见所闻的对象,既是呈现又是外物。所谓"所与是客观的呈现",这个"客观"是说所与本身就是外物的一部分,不过这种外物是相对于感觉类或官能类的外物,因为它是被人感觉到的所与。颜色、声音这一些外界的现象,它们都处于与官能类相对的关系之中,因此金岳霖说,所与之为客观的呈现,不是"无观"而是"类观"。意思是说,是在这一类的眼界之中。相对于正常官能的人类,"耳得之而为声,目遇之而成色"②,这个"之"指客观的事物,这个"声"和"色"还是客观事物的一部分,但它是相对于人类公共的呈现,是在关系之中(即相对于人类的关系之中),因此,它是在人类的眼界之中,它不是"无观"(没有观)而是"类观"(人类的眼界)。

---

① 金岳霖:《知识论》,《金岳霖全集》第 3 卷(上),人民出版社 2013 年版,第 147 页。
② 金岳霖引用的两句话,出于苏轼《前赤壁赋》。

这种感性性质(颜色、声音、运动、静止以及种种关系),都不是感觉者所能创造的,而是客观的、独立的。"耳得之而为声,目遇之而成色",这样一种所与,不是知觉者凭意志、心思所能左右的。很显然,并不是我想看到什么颜色就是什么颜色,一定有一个客观的"之",然后才"耳得之而为声,目遇之而成色"。

依据马克思主义的实践观点,借鉴金岳霖先生的理论,我们对此问题的回答有两个要点。第一是实践经验能够给予人以对象的实在感。如果没有它,那么人类的知识大厦确实是建立在沙滩上。人有对象实在感,开始有所知了,可是这个对象作为实体,它的形态、性质、关系等还在黑暗里。这是无知和知的矛盾的开端。第二是"所与是客观的呈现",感觉经验给人以颜色、声音、前后、运动、静止等性质、关系,这就是所与。在对象实在感的基础上,所与本身就是外物的一部分,但又具有类观的形式。同样的感觉在同样的条件下把握同一对象的内容,所以所与是客观的呈现,是存在的内容与类观的形式的统一。有了上述两点,肯定人们在实践经验中能获得对象的实在感,进而再说明了所与是客观的呈现,就回答了种种责难,肯定了"感觉能给予客观实在"的唯物主义命题。

(以上选自第一卷,第88—99页)

(二) 感性经验的超越、复归与概念的双重作用

实践给予客观实在感,这种实在感是每个人在亲身实践、集体劳动中都能体验到的。在正常的感觉中,所与是客观的呈现,而所谓客观就是实在内容和类观形式的统一。有亲身体验,为类观形式所把握,便意味着为主体所经验到。"经验"这个词的含义很复杂,我们这里把实践视作感性活动,经验是指感性经验、感觉经验。经验一词在这里就是在这个意义上来使用的,在别的场合也可能在另外的意义上使用,会讲到知识经验、审美经验、道德

经验等,但都以感性经验为其基础。人们在生活实践中接触客观存在的事物,通过肉体感官获得感性的认识,这种认识为主体所把握、保存、积累起来,就是感性经验。感性经验或感觉经验是最基本的经验。

人的直接经验包括感觉、知觉和表象。物质世界的各种能量变化分别地反映在主体的各种感觉之中,使主体获得形形色色的感觉材料,也就是所与。这是感觉。而知觉则是进而识别这个和那个,作彼此的区分,把握感性性质和个体的联结,化所与为事实。这是知觉。在感觉、知觉的同时形成表象,即直接获得的印象。印象保存在记忆里,被加工成为意象。直接经验大致就包括这三项。直接经验是直接对外在对象的把握,是主体亲身的经验,是现在的、此时此地的感受,所以它是亲切的、具体的、生动的,一切的知识、一切的价值归根到底都要和直接经验相联系,方有亲切感。

高等动物都有感觉器官和头脑,都有感觉、知觉和表象,在这种意义上说,都可以说有经验。狗认得主人,狐狸很狡猾,这就说明它们有经验。但是,由于人的感性活动是社会实践,这就决定了人的感性经验与动物有本质的区别。首先,人不仅通过劳动促进手、脚、感官、头脑的发展,而且由于工具的进步,促使人的感觉能力进步了,突破了自然的限制,可以说在宏观、微观的领域,人间接地都可以有所见、有所闻。其次,人因劳动的需要产生了语言,有了语言以及文字作为交流的工具,经验就成为社会性的了,社会把个人有限的经验用语言文字积累、保存起来,一代一代流传下去就变得无限丰富了。由于经验成为社会性的,使用语言文字,就使得概念、理论思维发展起来。最后,人通过劳动改造了自然,也改造了自己。物质对象的改变使人的感觉能力、感觉经验日新月异,使得人的耳朵能够欣赏乐曲,人的眼睛能欣赏形式美。总之,人的感性经验不但有生物学上的依据,它在实践过程中的发展也是无限的。

感性经验中既包含着主体被动性的一面,又体现着主体的能动性。这种能动性可以从两个方面来看,一个是认知,一个是情意。就认知(cognition)方面来说,主体能动性首先表现为人能够把感性经验中间的正觉与错觉、幻觉、梦觉加以区分,通过比较使错觉得到校正,把幻觉排除在经验之外,在此基础上形成习惯,并对头脑里保留下来的意象(image)进行加工,这种加工表现为不仅有记忆作用,而且还有联想、想象作用。从情意方面看,感觉经验中总是掺杂有注意(attention),有主体的欲望、意志、情感在其中起作用。注意一方面使感觉有了中心,另一方面使感觉有所选择。即使与本能相联系的“好好色、恶恶臭”,也不仅对颜色、臭味有认知,而且包含了权衡、选择和评价,而这又是和人的需要相联系的。感觉经验不仅是对客观实在的认识的基础,也是对事物和人的需要之间关系的体验。

　　感觉是主观与客观的桥梁,它不是自我封闭的,而是向外物开放的。感觉可以说是分析的,把物质对象的各种属性、颜色、声音、形状分解开来。而知觉可以说是综合的,它把对象的各种属性结合起来,即把握它的完整的形象,区分这个那个,又把握性质、关系与个体之间的联结,这样就化所与为事实。感觉提供了材料,知觉方真正获得了知识。主体从所与之所得还治所与,这样就有对个体的识别,对事实的感知,而知觉具有时空关系。这样一种感性经验,就是整个知识和智慧大厦的基础。说它是基础,是说一切的科学知识,哲学的智慧以及人的才能、德性的培养都离不开感性经验的基础。从动态考察来讲,“基础”包括有几层意思:第一,感官是认识的门窗,一切原料都来自感官,即在实践中由感官提供的。这种感觉材料经头脑的加工而有理论,再经精神的创造而有价值。不仅科学而且文化的各个领域,包括神话、想象的东西,其原料都是来自经验。第二,认识的每一个进步、每一个飞跃都要受经验的检验、印证。客观实在感是来自实践、来自感性经验的,所以只有诉之于感性直观、得到验证,人们才会感到真实、感到亲切。科学的理论要和感性经验保持巩固的联系。第三,人和自然、性和天道的交互作用都要以感性经验为媒介。人的德性、才能要通过习行的反复即实践、行动的反复来培养,艺术的意境要用想象力,形象思维在创作中展开为具体形象的运动。真、善、美的具体把握都是离不开感性具体或者类似感性具体的。整个知识、智慧大厦以感性经验为基础。因此始终保持感觉的灵敏是一件很重要的事情。

人的知识是趋于抽象的,而智慧则要求把握具体。所以一定要博学,见多才能识广。知识的每一个进步都要与感觉保持巩固的联系,但是它的发展趋势,确实是不断地超越感性经验。而智慧是要把握具体,要由辩证思维、理性直观来把握,所以智慧虽然不断地超越经验,但又不断地复归具体。

源源不绝的感觉经验给大脑加工提供了原料,从中就发展出理论思维来。以理论思维的方式来把握世界,是科学认识的特点。

用理论思维的方式来掌握世界就是用概念来把握现实,或者说以概念、判断和推理的方式来把握现实。感觉经验是具体的、特殊的;知觉获得关于个体的事实,这些事实都具有特殊的存在形式,概念是抽象的、普遍的、不受特殊时空的限制,具有超越经验的特点。概念形成的过程就是理论思维的抽象作用的过程。抽象作用首先表现在以类行杂,把杂多的现象归于一类,以类型来应付杂多的所与。这个"以类行杂",金岳霖在《知识论》中分为两个步骤:即"执一以范多,执型以范实"。以一类似具体的意象为典型来应付杂多,这典型由意象跳到概念,才是真正实现了抽象的程序,这大体也即是经过毛泽东讲的"去粗取精,去伪存真"的工夫而抓住一类事物的典型特征,并用一个词来表达,于是形成了概念。真正要做到"以类行杂"还需要做到"以微知著",以本质来把握现象。因此,不但需要比较同和异,即"去粗取精,去伪存真",而且还需要"由此及彼,由表及里",把现象联系起来,深入把握其本质。

一般说来,抽象作用离不开语言文字。虽然也可以用手势、图画来帮助抽象，虽然在科学领域，特别是在逻辑、数学等领域，人们越来越多地运用一些专门的符号，即人工语言；但一般讲，理论思维主要用语言文字作符号。《墨经》上说："以名举实，以辞抒意，以说出故。"（《墨子·小取》）名、辞、说三者都兼指思维内容和表达形式而言。以概念摹写实物，用名词表达，就是以名举实；以判断表述意思，用语句表示，就是以辞说意；以推理说明理由，用论辩形式，就是以说出故。概念、判断和推理都离不开语言。

　　抽象有科学的合理的抽象，也有形而上学的抽象，怎样加以区分呢？关键在于是否与经验和现实保持巩固的联系。这种联系可以从两个方面来理解：其一，抽象要以经验为基础，科学研究要求在占有丰富的感性材料基础上，用"去粗取精、去伪存真、由此及彼、由表及里"的工夫，进行理论概括，而不能从某种公式教条出发，定个框框去硬套。其二，作出理论概括，形成概念论点之后，还要经过逻辑的论证和推导，设计实验（或类似实验方式）进行检验，以求证实或否证，如果不是这样保持与经验的联系，一下子跳到经验的彼岸，超出可以论证和证实的领域，那就要陷入形而上学的抽象。形而上学者把抽象所得加以绝对化，并以之作为第一原理，当作构成世界的原素，来推演出现实历程，所以导致谬误。

　　金岳霖在《知识论》中提出概念对所与具有摹状与规律双重作用，大体相当英文的 description 和 prescription。我把这双重作用称作摹写与规范。摹写与规范两者兼备是抽象概念的功能，也可以说，二者的统一即是抽象活动。这里的摹写是指抽象的摹写，就是把所与符号化地安排在一定的意念图案中。我用"意念"一词，包括意象和概念。概念都是意念图案，既具有互相关联的抽象结构，又总是和特定意象相联系着。不过我们现在讲"符号化地安排"，注意的是其抽象结构，而忽视其具体意象。概念，都是有结构的，每一概念都是一概念结构（即意念图案中的抽象结构）。比如说，小孩指着当前一所与说"那是水果"，便是用"水果"作符号，把当前的所与安排在有水分的、可以吃的、甜的等构成的意念图案或概念结构中了。抽象地摹写不同于具体地识别(虽然在知觉中二者是不可分割的):对个体的识别,主要利用意象。就像照相那样,相片和对象相符合,相片是具体的形象,而非抽象地摹写;抽象地摹写则通常以语言文字作工具,利用意念图案中的抽象结构即概念间的关联,来安排所与。

这里我用"规范"一词,是广义的。法律、道德等规范,用作行为准则,包含有社会的人们的主观要求,属于评价的领域。这里是讲认识领域中的规范,即概念是具体事物的规矩、尺度。圆的概念是所有圆形的规范,方的概念是所有方形的规范。因为概念是规矩、尺度,所以它是接受方式,我们可以用概念来接受所与。如小孩有了水果的概念,尽管它是前科学的,他可以用它作为接受方式,如用它来接受他从来未见过的葡萄等。当他有了果实这个科学概念时,就可以更有效地来接受事物,如用它作为尺度来区分果实与非果实等。

概念的摹写和规范作用是不可分割的。摹写就是把所与符号化,安排在意念图案之中,在这样摹写的同时,也就是用概念对所与作了规范;规范就是用概念作接受方式来应付所与,在这样规范的同时,也就是对所与作了摹写。只有正确地摹写,才能有效地规范,只有在规范现实的过程中,才能进一步更正确地摹写。通过规范和摹写的交互作用,就使概念由粗糙发展到精确,由前科学的发展到科学的。正是这种概念对所与的双重作用,体现了以自经验之所得还治经验这样的认识运动。

认识主体知觉到一事实,无非是以得自所与者还治所与。所与加上既摹写又规范的关系就成为事实。所与化为事实就使得所与得以保存和传达。这样,所与就保存在概念中,成为主体经验中的事实,并且主体能运用命题加以陈述,得以传达。保存和传达都要通过意念图案,把所与安排在一个意念图案里就成为知识经验。

从概念对所与、理论对经验的关系来说,理论和概念都具有后验性,也都具有先验性。概念的双重作用正说明人的理论思维的本质包含有矛盾。从摹写作用来说,概念、理论思维有被动的一面,思维之所得正来自经验,摹写必须是如实地摹写,因此总具有后验性。从规范作用来说,概念、理论思维又具有能动的一面,人们用概念作工具,就可以以此作规矩、尺度来整理经验,赋予经验以秩序,因此总具有先验性。从整个人类认识秩序和认识发展来说,行动模式先于思维模式,行动逻辑先于思维逻辑,认识最终来源于经验和客观事物,所以就来源说,理论思维具有后验性,但转过来,人们以思维模式、逻辑来规范经验,使经验井然有序,并能遵循条理以推知可能性,依据可能性来创造价值,从这种能动作用方面来说,理论思维又具有先验性。这里的先验就是先于经验,后验就是后于经验,不能从其他意义上来理解。

规范和摹写是统一的,先验和后验也是统一的,二者相互促进,相辅相成。经验论和先验论对于概念的双重作用各有所偏,他们把规范和摹写割裂开来,各执一端,夸大了一面。经验论有见于概念的后验性,片面强调知识来源于经验;先验论则偏执于概念的先验性,片面强调概念赋予经验以秩序。这样都导致形而上学。

(以上选自第一卷,第99—131页)

(三) 思维内容及其实践检验

对于思维,可以从能所关系来考虑。能,即主体所具有的思维能力,能思;所,就是思维的内容和对象,所思。就感觉来说,在正常感觉中,感觉内容和对象合一。这就是客观的呈现即所与,正是在这个意义上,可以说感觉给予客观实在。就思维领域来说,思维内容与思维对象就不是一回事了。思维内容在思维活动之中,思维对象却在思维活动之外。思维内容可以笼统地称为意念(idea)。意念包括概念和意象,二者可以区分,但不可分割。

概念是从感觉、意象抽象出来的。抽象并不是和意象完全割裂开来,概念的
摹写和规范作用实际上是离不开意象的,理论思维实际上离不开形象思维。
分别开来说,理论思维之所思是 concept,科学理论作为概念的结构是事物
之间本质联系的反映;形象思维以意象为内容,包括联想、幻想和想象等。

　　思维内容不仅包括概念和意象,还包括意向、意味即具有情意成分。概
念不仅反映事物的属性,有认知意义,而且反映人的需要与事物属性之间的
关系,有评价意义。概念本来就离不开意向,而具有动力性质的意向更需要
主体凭着想象力把其实现过程构想出来。意象和想象的东西总是和人的感
情密切联系着,它使思维的内容带有某种情调和意味,这在形象思维和诗歌
创作中是很重要的,在涉及价值领域的人文科学和哲学里,也至关重要。

　　在辩证唯物论看来,思维内容和对象是可以一致的,但是否一致要通过
实践来解决。在实践的基础上,生动的直观上升为抽象的概念,事实之间的
联系为思维所把握,这就是从实践到理论。正如毛泽东在《实践论》中所说
的,源于实践的认识还要回到实践中去。理论回到实践,就是用理论来指导
实践,在这个过程中就显示出理论的巨大能动作用。这种能动作用包括以
下几个方面:(1)为实践指出明确目的。理论包括科学预见,科学预见就
在于把可能的、为人所需要的东西作为自己奋斗的目的,鼓舞我们前进。
(2)为行动制订计划。计划一方面要根据一般的理论,另一方面要根据具
体的情况,二者结合起来,才能形成行动的计划。(3)在理论指导下来总结
自己和别人的经验,从中获得更多的理论。(4)理论能说服人,提高行动者
的自觉性。

　　毛泽东在《实践论》里讲:"实践、认识、再实践、再认识,这种形式,循环
往复以至无穷,而实践和认识之每一循环的内容,都比较地进到了高一级的
程度。"这是人类认识的总过程。实践、认识的循环往复运动,也是观察和
思维、特殊和一般的循环往复的运动。感性经验把握的是事物的许多个别

特征、个别现象，理论认识进一步解决事物的本质问题，而对于事物的本质的认识还是通过普遍、特殊的反复而展开的。理论把握事物的若干特殊本质，才更进一步概括出共同的本质；又以这个共同本质的认识为指导，再去研究其他事物的特殊本质，通过如此地多次反复，就能越来越深刻、越来越全面地揭示事物变化发展的规律，以至达到宇宙人生的一般原理，达到哲学的智慧。但这又是个"既济、未济"的过程。

（以上选自第一卷，第132—141页）

三、科学知识与接受总则

感性知觉发展成为理论性思维，这样就建立起科学知识的大厦，科学知识是感性和理性、事实和理论的体系。科学从对事实的经验和认识中概括出条理和规律性的知识，这种知识具有普遍有效性。

（一）普遍有效的规律性知识何以可能

科学知识的特点在于它有普遍有效性。科学研究活动就是要揭示事实之间的秩序，获得具有普遍有效性的知识。科学知识不是那种普通的常识，它超出于大杂烩般的常识、优于单纯的感性经验的地方，就在于科学法则在它起作用的范围内，是普遍有效的。

一般说来，科学研究就是运用一定的科学方法，从对事实的分析中作出理论的概括。事实用特殊命题表示，理论用普遍命题表示。这些命题互相联系，构成一个有机的整体，揭示出事实之间的条理、秩序。从动态来分析，科学概念、结构是知识经验的内容及成果，认识世界实际上是"以得自现实之道还治现实之身"的过程。人们不断地在事中求理，又在理中求事，从大量事实中概括出条理或规律性知识，又以理论为武器去发现新事实。这样，科学就日新月异地向前发展,科学命题的结构就不断得到改进:数量上丰富起来,质量上也不断地提高。

科学知识是普遍有效的规律性的知识,这是被普遍认同的看法。但在哲学家那里,却早有人提出怀疑,并长期发生争论。中国先秦的庄子就已怀疑了,他认为人们的思维、辩论、论证,并不能给人以确定的客观性的知识,并不能给人以科学真理。这就倒向怀疑论那里去了。在西方近代,休谟提出的怀疑使这个问题尖锐化起来。休谟认为,关于事实和存在的命题可以用经验来证实;关于数和量的抽象理论可以用逻辑来证明;而普通的科学理论即一般的规律性的知识都是可以怀疑的。数和量的理论只是关于概念之间的联系,对事实并无断定,因而是必然的,由经验的积累而概括出的科学规律、科学定理、普遍命题则不能证明和证实,都是可以怀疑的。如根据以往的经验,太阳每天早晨上升,但是没有理由断定太阳明天一定上升,"太阳明天将上升"与"太阳明天将不上升",都没有逻辑矛盾,都可以理解。因此照他看来,所谓"科学提供了普遍有效的知识",是没办法证明的。

康德说,休谟把他从独断论的迷梦中唤醒。但他的看法和休谟不同,他认为应当肯定数学、物理学的定理都是普遍有效的、必然的。这些知识是否可能? 如何可能呢? 康德首先进行判断的分析。他把判断按其是否独立于经验而分为"先天的"与"后天的"两大类,又按主宾词间的联系分为"分析的"和"综合的"两大类。分析判断都具有先天性,因为它是观念之间的必然联系。所谓"综合判断",是指宾词概念不包含在主词概念之内的判断(虽然主、宾词确实在联系之中),如历史事实命题,如物理学上说的"物体是有重量的"等。综合判断是和经验相连的,它不像逻辑命题那样只是观念之间的联系。但是物理学的定理确实是普遍有效的,具有必然性的,亦即独立于经验,具有先天性的。康德研究的结果,认为有一种先天综合判断,它普遍有效又与经验相联系。从来源来讲,它一方面是与经验相联系的,另一方面又是先天的。按照康德的考察,原来需要回答的问题,就转换成"先天综合判断如何可能"的问题,他的先验逻辑就是解决这个问题的。康德提出的问题,确实是近代科学、哲学中的重大问题。因为到了近代,牛顿力学等产生了巨大的威力,哲学就要回答它何以能这样。休谟已经怀疑了,康德则力图给这个问题以肯定的回答。从休谟、康德以来,主要的哲学家无不讨论这个问题。虽然休谟是个怀疑论者、康德是先验唯心论者,但他们提出的问题却产生了深远的影响。

我对这个问题的提法是,普遍有效的规律性知识何以可能? 为什么这样提呢? 因为康德的提法(即"先天综合判断何以可能")以为知识不仅有经验的来源而且有先天的来源,本身就包含着唯心的观点,我不同意。但是康德说的先天综合判断具有先天的性质,指独立于经验而有普遍性和必然性,这有其合理之处,但我把康德提法中的"必然"这个词去掉,代之以"规律性"。这是因为有相当一部分逻辑学者和哲学上的逻辑经验论者把必然仅限制于形式逻辑的必然,认为此外没有别的必然;康德讲的必然则包括科学的必然,是指自然科学知识是有必然性的,是决定论的。我用"必然"一词,近乎康德,包括逻辑的必然和科学的必然。但康德所理解的必然规律主要是因果决定论的规律,而现代科学讲规律,超出了因果决定论的范围。例如,统计规律作为规律是有普遍有效性的,但这不是因果性的必然。所以,鉴于以上诸种情况,我把这个问题的提法改为"普遍有效的规律性知识何以可能"。

对这个问题,可以从人的认识能力和思维形式两个角度来加以考察。前面我们已经说过:我们肯定在社会实践基础上感觉能给予客观实在,所与是客观的呈现;进而肯定由感觉到概念的抽象是个飞跃,概念对经验具有摹写和规范的双重作用;科学知识就是以得自经验之道还治经验之身或说以得自现实之道还治现实之身——上述说法已包含着对普遍有效的规律性知识何以可能的问题的肯定的回答,并且也包含有对休谟的怀疑论和康德的二元论的否定。我们用"以类行杂""以微知著"来解释抽象作用,有了抽象概念,就能抽象地摹写和规范所与,化所与为事实,并揭示出事实间的一般性的本质的联系。所以,从人类的认识能力的角度来考察,人不仅能在实践中获得关于客观实在的感性直观,而且能用理论思维来获得关于事实间的本质联系,亦即普遍有效的规律性知识。这是我们从考察人的智力的个体发育和人类的认识发展史中得出的见解。就认识能力方面说,我们已对上述问题作了肯定的回答。

但是人们仍然要问:既然从感觉到概念是个飞跃,理论和事实具有质的差别(理论是普遍的,事实是特殊的),你怎么能担保理论对事实普遍有效呢?康德归之于先天的来源,导致唯心论。我们从唯物论出发,以实践为基础来说明认识运动,也需要从思维形式方面回答这个问题。科学所揭示的秩序、条理有理论上的担保吗?换个提法,普遍有效的科学知识在逻辑上的必要条件是什么?如果经过考察,确认逻辑上的必要条件是具备的,那就可以说明科学知识的普遍有效性在理论上是有担保的。我的提问方式与康德有相似之处,基本上是金岳霖先生在《知识论》中的提法,即承认知识经验提供了普遍有效的规律性知识,而从思维形式上、逻辑上来说明这种普遍有效性在理论上的担保。不过,金先生讲逻辑和归纳原则,有先验论倾向。我们则克服这种倾向,引进马克思主义的实践观点,运用辩证法来解决这个问题。

我们认为,一切知识按其来源说都发源于实践,都是经验的、后天的,但在经验的积累中可以获得不受经验限制的、普遍有效的知识,这种普遍有效性在逻辑上是有担保的。这是因为,人的思维本性既遵守形式逻辑的同一原则,又遵守辩证逻辑"以得自现实之道还治现实"的原则。这些逻辑原则是知识经验的必要条件,对于人的知识经验来说具有先验性,不过,它归根到底来源于实践经验。

(以上选自第一卷,第 142—147 页)

(二) 时空形式和逻辑范畴

从思维形式方面考察科学知识的结构,就需要考察命题之间的联系。最一般的联系有两种,即直观的时空形式和概念的逻辑形式。

在知识经验中,对个体、事实的客观实在感,都与时空关系不可分割,个体、事实总是安排在时空秩序中。事物的个体化、事实的特殊性,都与特殊的时空位置相联系。

时空概念本身也有后验性和先验性。但从知识经验来说,我们不妨把时空形式看作经验与概念之间的媒介。经验与概念结合总包含有时空形式,概念对所与的摹写和规范,都以时空为必要环节。作为安排经验事实的形式,时空有经验的实在性,这种实在性是实践经验提供的。这是从摹写方面说的。从规范方面来说,运用概念于所与一定要有时空秩序,因为一定要运用想象力,使概念寄托于意象而具体化才能规范。用理论来指导实践,一定要使概念取得理想形态。如建筑师设计建筑蓝图,工程师制定出工作程序等,都是把概念图式化(模式化),图式便是借助图像把概念展开了。在蓝图、工作方案中,有前后、上下、快慢等规定,也就是展开为时空秩序,从这方面来说,时空秩序有先验的理想性。化所与为事实,就是被安排在历史的框架中,有其一定的时与位,而概念具有理想形态,就是被图式化而展开,具有可想象的时空秩序。所以时空秩序是经验的实在性和先验的理想性的统一。

在中国和西方哲学史中,无论是墨子、荀子,还是亚里士多德和康德,都从思维形式(概念、判断、推理)概括出逻辑范畴,提出不同的范畴学说。我

43

认为中国古代哲学,特别是墨子和荀子已提供了逻辑范畴体系的雏形,这就是以类、故、理为骨干的逻辑范畴体系。而康德在《纯粹理性批判》中提出的四组范畴,也大体与此对应。人类的认识不论从个体或是类来说,它的主要环节就是察类、求故和明理。察类就是指知其然,求故就在于知其所以然,明理就是知其必然和当然。因此类、故、理作为逻辑范畴体系的骨干,正反映了认识运动的秩序,这种秩序可以在哲学、科学的历史发展中认识到。

运用概念于经验事实,总同时包含有时空的安排和逻辑范畴的引用,这是不可分割的。范畴与时空形式相结合,凭借想象力而形成思维模式或图式(schema),这是康德首先提出的。康德说知性概念和感性直观不同质,需要一个第三者作中介。这个第三者既是感性的又是知性的,这就是作为想象的产物的思维模式。思维模式有不同的层次。各门科学可被视为统一的知识经验的分化,各有其领域而有其在时空关系上的特点,各有一套用以摹写和规范现实的概念、范畴。而逻辑范畴(类、故、理等)是所有的科学共同使用的范畴,逻辑秩序和时空形式结合,是贯穿于所有科学的一般的思维模式。

（以上选自第一卷,第 147—155 页）

（三） 知识经验的必要条件和逻辑思维的主体

思维按其本性来说遵循形式逻辑规律,遵循"以得自现实之道还治现实之身"的接受总则,这是科学知识之所以具有普遍有效性的保证或前提。思维要遵循形式逻辑的规律、规则,其中最主要的是同一律、排中律、矛盾律。金岳霖先生说:"同一是意义的条件,矛盾是逻辑之所舍,必然是逻辑之所取。"[1]这样来说形式逻辑的基本规律的性质,是很深刻的。

---

① 参见金岳霖:《逻辑》,生活·读书·新知三联书店 1961 年版,第 238—261 页;金岳霖:《知识论》,商务印书馆 1983 年版,第 414—416 页。

引用一个概念于所与,同时就是引用一个概念的结构,当然也包括引用逻辑(因为逻辑是概念结构的基本脉络,是概念作为接收方式的必要条件)。但仅仅是形式逻辑的联系,对事实的秩序无所肯定;而用概念结构来接受事实,是"以得自经验者还治经验",它是对事实作了摹写和规范,对事实的秩序是有所肯定的。概念或概念结构,不只要遵守形式逻辑,而且在现实地作为接受方式时,它还遵守着"以得自现实之道还治现实"的接受总则。"道"即事实之间的秩序,事实界的自然、所以然、必然和当然的秩序,也就是科学的规律性。科学的规律性知识之所以可能,其必要条件在于:第一,思维遵守形式逻辑;第二,遵守"以得自现实之道还治现实"的接受总则。这里,我们有必要把形式逻辑的必然和科学的必然区别开来。逻辑命题不受时空条件限制,形式逻辑的必然可以化为重言式来表示。而自然科学的规律通常有一个起作用的范围,有一定的时空秩序(不过,在这个范围内,它不受特殊时空的限制)。科学的规律有待于证实或否证,也要借助逻辑的论证,但仅靠逻辑的证明是不够的,逻辑命题的必然性只需逻辑证明,通常不需要证实。要发现科学的规律,遵循逻辑是必要的,但更要遵循"以得自现实之道还治现实之身"的原则。

在我看来,接受总则即"以得自现实之道还治现实",虽包含归纳,但不仅是归纳而且是演绎。显然,以概念规范事实,也包含由普遍到特殊的演绎。概念作为接受方式运用于所与已具体而微地体现了归纳和演绎、分析和综合、逻辑和历史的统一的辩证运动,认识的辩证法无非是"以得自现实之道还治现实",而这里所谓"现实之道"即客观的辩证法。认识过程本身也是个自然历史过程。以认识之道(认识的辩证法)还治认识过程本身,这就有了辩证逻辑。认识过程作为自然过程,是在实践基础上发展的现实的运动,本身是现实世界中的一种运动形态,这种运动形态的本质特点即在于以"得自现实之道还治现实"。而主体以此"得自现实之道还治现实"的认

识之道来还治认识过程,便是辩证逻辑。所以在以得自所与的概念还治所
与的日常经验中就已有了辩证逻辑的胚胎。当然,胚胎是有待于发展的。
经过不同意见的争论,经过分析批判,经过如荀子所谓"解蔽",再综合起来
才能达到逻辑和历史、主观辩证法和客观辩证法的统一。

由以上论述可知,形式逻辑和辩证逻辑是知识经验的必要条件。思维
按它的本性,遵守形式逻辑的原则,遵循"以得自现实之道还治现实"的原
则。这就使科学知识所揭示的规律性有理论上的担保,这就是普遍有效的
规律性知识之所以可能的条件。

知识经验领域,有时空秩序,有逻辑的联系。正因为遵循这种时空秩序
和逻辑原则,所以科学知识是可证的,即可以论证、证实或否证的。时空秩
序与逻辑范畴相结合为思维模式,内在于经验又超越于经验,有两重性。正
是由于这种内在而又超越的两重性,科学的普遍命题,既可以遵循逻辑联系
进行论证(或驳斥),又因其与经验相联系而可以得到事实的验证(证实或
否证)。科学命题的普遍有效性可以论证又可以验证,正说明它在理论上
是有担保的,在经验上是有现实根据的。

逻辑是概念、判断、推理的一般形式,是正确进行思维的结构。引用概
念于所与,就是对所思作判断。知识由判断构成,知识经验就是对事实及事
实间的条理作判断。这种判断尽管千差万别,但总遵循着逻辑,总有个逻辑
结构。这正是意识的综合统一性的表现。

人与其他生物不同,人的意识不仅是生理结构的功能,而且具有综合统
一性,成为与对象相对的主体即"我"。笛卡尔的"我思"就其内容来说,是
存在的反映。而内容离不开形式,主体运用一定的形式把握内容,正是这种
形式使得内容有结构而有条不紊。思想的最一般的结构就是逻辑,"我思"
就是运用逻辑形式来把握思想内容。统觉一方面是特定的生理结构的功
能,但另一方面,也是主体运用逻辑结构来把握思想内容,所以意识的综合

统一性就在于逻辑结构。一句话,统觉即"我思"是意识的综合统一性,是人脑的独特功能,是主体运用逻辑结构把握世界。

逻辑是思维模式的结构。根据皮亚杰的发生认识论,行动模式先于思维模式。皮亚杰对儿童智力的发展作了有价值的实证研究。他区分了经验知识和逻辑—数学的知识,认为逻辑—数学的知识不是来源于客体的知识,而是主体自身的行动的结果。例如,当儿童把一些卵石进行分类、排列、计数等活动的时候,儿童发现的并不是卵石的物理性质,而是在于他以那些石子作为工具,对自己的行动的模式进行实验,或者说对概括化了的行动进行试验。如儿童把 10 个卵石排成一行或围成一圈,不管其顺序如何,数一数总是 10 个;这样的运算或操作,重要的不在客体的特性,而在于主体的动作,在于发现主体的动作有一定的图式(模式)。皮亚杰就此作了好多实验,发现随着儿童智力的发展,这种动作的图式就转变为或者说内化为思维模式。皮亚杰数十年的考察发现,儿童的动作的图式的内化,大约两岁到四岁时就开始了。八到十岁,分类、序列化、一一对应等运算能力得到了发展。这一类的"具体运算"都离不开客体本身,而且在运算时常常有自言自语的习惯。十一岁到十四岁时,就达到了"形式运算"的水平。由具体运算到形式运算,总是要有语言的帮助,有声语言转化为无声语言,就是形式运算了。皮亚杰关于逻辑、数学的框架是行动模式内化的学说,是很有启发性的,包含有合理因素。皮亚杰强调,人们的知觉描述和实验科学都要以逻辑—数学框架为前提,这是正确的。但他认为逻辑—数学的知识不是来源于对客观事物的知觉,而是来源于动作的图式,而这种图式有其内在的根源,即主体本身有种逻辑建构的能力,这就引导到唯心论去了。皮亚杰没有社会实践的观点,他不是把实践理解为感性活动,而是把感觉和行动截然割裂开来。他自己讲他反对那种认为"科学知识起源于感觉的神话"。皮亚杰强调主体的智力结构、先验形式决定人对现实的认识,近乎康德主义。所以皮亚杰的发生认识论有见亦有蔽。

在我们看来,行动模式内化为思维模式,这种模式有它的逻辑结构,正说明逻辑按其来源来说,是后验的。实践经验不仅提供了事实,提供了概念,而且行动的重复促进了概括化的趋势,这种概括化的动作的模式借助语言,内化为思维模式——皮亚杰所谓"逻辑—数学结构"。这种结构或思维模式确实是贯穿了超越于经验、不受特殊时空限制的逻辑原则:形式逻辑的最基本原则是同一律,辩证逻辑的基本原则是"以得自现实之道还治现实"。这些逻辑原则是独立于经验、决不会被经验所推翻的,是知识经验的必要条件,是科学知识的普遍有效性在理论上的担保。可以说,它具有先验性。这样说并不能否定逻辑原则在来源上的后验性。思维模式是行动的模式的内化,又借助有声语言内化为无声语言,所以,归根到底,逻辑原则来源于实践,我们承认逻辑原则的先验性,但反对先验论。先验论把先验原则归之于形而上学的理念世界或归结为自我固有的,是唯心论观点。我们认为,实践是认识的基础,知识都来源于实践经验。正因为概念、逻辑都来源于实践经验,所以它可以有效地还治经验。不过,经验中间有飞跃,从感性直观到抽象概念是飞跃,由行动的模式内化为逻辑结构,也是飞跃。飞跃即是超越,但认识的超越性并不是和经验相隔绝的,它必须和经验保持着联系。只有这样,既超越又内在于经验,人的认识才能由现象达到本质。所以,并没有超验的形而上学的逻辑原则,逻辑原则有其客观基础。同一原则的客观根据,在于概念和对象有一一对应关系,因而思想有其相对稳定状态,正如客观现实的运动有相对静止一样。而"以得自现实之道还治现实"则是实践基础上的认识运动的接受总则,它与客观世界的辩证运动是相一致的,正是通过主与客、实践与认识的交互作用的运动(即以得自经验者还治经验的辩证运动),人们越来越深入地把握了现实之道(即客观世界的辩证运动)。

作为主体的人不仅运用逻辑框架来把握事物之间的联系,而且以思维自身为对象进行思维,即反思。由于反思,人把握了逻辑规律和逻辑方法,也是由于反思,人的自我意识发展了。人凭意识之光不仅照亮外在世界而且用来反照自己,提高了人心的自觉性,加深了对人的本性的认识,"我思"之"我"是在"思"中建立起来,向前发展的。这个"我"可以说是由混沌达到有序,由自发达到自觉,以至于发展到具有"一以贯之"的观点,成为自由人格。

(以上选自第一卷,第 156—171 页)

四、一致百虑与真理的辩证发展

对人类认识运动从动态来考察,我们就会看到思维是充满着矛盾的。知与无知互相纠缠,正确与错误难分难解,通常要通过不同意见的争论、不同观点的斗争,问题才能解决,才能分清正确与错误的界限。这样一种思维的矛盾运动体现了《易传》所说的"同归而殊涂(途),一致而百虑"的规律。

(一) 问题、意见和观点的斗争

从孔子、苏格拉底以来,不论中国哲学还是西方哲学,很多人都说过,思想开始于疑问。孔子说,"疑,思问"(《论语·季民》);苏格拉底讲,"惊诧是思想之母";《中庸》用"博学之,审问之,慎思之,明辨之,笃行之"表述认识的过程,把审问看作是博学和思辨之间的必要环节。通过博学获得了丰富的直接知识和间接知识,而且进一步提出问题来,才能够促进思维活动,促进论辩。通过思辨来辨明是非,获得正确的结论以指导行动。可见,疑问是个很重要的环节。思维可以说是一个从发现问题到解决问题的过程。从认识论来说,疑问作为认识活动的环节,是包含有知与无知的矛盾的意识。一方面,有疑问就是表示对对象的无知;另一方面,既然发现问题了,就是有所知。完全无知就不会提出疑问,如果满足于自己的知识,没有意识到自己的无知,也不会发现问题。解决了问题,就是用知代替了无知,认识或实际生活中的矛盾得到了解决。认识随着实践的发展不断前进,问题不断地发生,不断地得到解决,人类认识的领域就不断地扩大。

有了疑难和问题,人们就会有不同意见的争论。古代的哲学家们就已经发现:展开不同意见之间的争论,揭露人们思维中的矛盾(人们之间的和个人头脑中的矛盾),然后引导到正确的结论,这是人们获得真理的具体途径。辩证法的原始意义就是如此,即通过论辩来寻求真理。

意见是由判断组成的,判断以命题作为内容,命题由语句来表达、陈述。命题因是否符合事实而有真假之分。判定真命题为真、假命题为假,是正确的判断;断定真命题为假、假命题为真,是错误的判断。命题论真假,判断论对错。人们发表意见,就是作了若干判断。但人们在讨论某个问题时,各人发表意见,真假、对错的界限往往是不够分明的,意见不一致的情况经常发生。每当人们对某个新问题提出意见时,常用谦虚的口吻说"这是我的主观看法,是个人意见……",这表明他对自己意见的正误心中无数。为了明辨是非,划清真与假、对与错的界限,就需要展开不同意见的争论。在辩论中运用逻辑论证,运用事实检验,以至达到比较正确的结论,然后付诸实践,看能否达到预期的结果。这样,终于辨明了是非,于是回过头来看,我们作判断说:甲的意见基本正确,乙的意见基本错误,丙的意见哪几分正确、哪几分错误,等等。当人们把意见的正误分清楚时,事实上已经是事后诸葛了。

人们之间意见的分歧是各式各样的。有的是细微的差别,有的是原则的分歧;有时是各有所见各有所蔽,有时是一个正确一个错误;有时是两人都错误,有时是两人都正确,但因为彼此不了解,引起争论……这是很复杂的。通过意见争论来达到正确的结论,这也只能说是达到了一定条件下的正确,不能绝对化,新的事实出现了,原来认为正确的结论可能显得不完备或包含有错误。特别是在一些重大问题上,意见分歧多、争议多,不宜匆忙地下结论，即便下了结论，也不能把它绝对化，以为是一劳永逸的了。人类思维的领域，老是有不同意见的分歧，总是有不同意见互相纠缠着、矛盾着，难分难解，这也是人类认识过程的一个基本的事实。

《易传》提出"同归而殊途，一致而百虑"，就是说通过不同意见的争论而达到一致，通过不同途径而达到共同目标。行动上"同归而殊途"，思想上"一致而百虑"，两者互有联系。不过我这里着重讲"一致而百虑"的思维矛盾运动。我们把"一致而百虑"理解为"一致"和"百虑"不断反复地前进上升的运动。对此，我们要反对两种倾向，首先是反对独断论，其次是反对相对主义。

人们提出种种意见来进行讨论时，往往是非界限不够分明，正确和错误要通过争论才能分清楚。所以，古代哲学已提出了要区分意见和真理（古希腊的德谟克利特、柏拉图都讲到这点）。若一个人把自己的意见当作真理，把不同于自己的意见一律视为谬论，把真理和错误的界限说成是截然分明的，那就陷入了独断论。当然，一个人对自己的真知灼见要有自信，自己的创造性见解要勇于坚持，这是必要的。但坚持自己的意见，要建立在论证和证实的基础上，要经过和别人意见的比较、讨论、反复推敲。一个人如果过于自信，过于坚持自己的意见，就难免犯独断论的错误。孔子、孟子这样的大哲学家就有这种倾向。孔子说："文王既没，文不在兹乎？"（《论语·子罕》）孟子说："如欲平治天下，当今之世，舍我其谁也？"（《孟子·公孙丑下》）他们都很自负，以为自己所把握的"道"就是治国、平天下的唯一正确道路。后来的正统派儒学变本加厉，把儒家学说变成经学独断论，在中国历史上造成了极大的危害。从认识论上来说，经学独断论的错误就像戴震所批评的："尽以意见误名之曰理"[1]，"任其意见，执之为理义"[2]。他们把意

---

① 戴震：《与段若膺书》，《戴震全集》第一卷，清华大学出版社1991年版，第228页。
② 戴震：《孟子字义疏证·理》，《戴震集》，上海古籍出版社2009年版，第267页。

见当作必然的真理与道德准则,于是"凭在己之意见,是其所是而非其所非"①。主观武断地拿自己的意见作为判断是非的标准并强加于人,要所有的人以自己所理解的孔孟之道为真理,以孔子之是非为是非。道学家的这种做法导致了理性专制主义、"以理杀人"。反对经学独断论,是中国近代特别是五四以来的中国哲学家的一个主要任务,这个工作至今还远未完成。

除独断论倾向外,还要反对相对主义。拿先秦哲学来说,孔孟、法家都有独断论倾向,与之相对,庄子则反对"一曲之士",反对以意见为真理,却导向了相对主义。《齐物论》说"此亦一是非,彼亦一是非",以为是非无法辩明,"仁义之端,是非之途,樊然淆乱,吾恶能知其辩?"(《庄子·齐物论》)各种意见的分歧是没办法分辨清楚的。他举例说,假如甲、乙两人争论时,有个第三者来作评判,他是否能评判谁是谁非呢? 他或者同乙的意见一致,或者同甲的意见一致,或者同甲、乙的意见都不同,或者同甲、乙意见都相同。无论哪种情况,第三者都不能够对甲、乙的意见分歧作出正确的评判,谁是谁非没有客观标准。这是相对主义的论调。对此,墨家从形式逻辑作了批驳,这就是墨辩所说的:"谓辩无胜,必不当。"(《墨子·经下》)荀子进一步从辩证法的角度阐明了"辩"的本质。荀子说:"辩说也者,不异实名以喻动静之道也。"(《荀子·正名》)"不异实名"即辩论中不能偷换概念,要遵守同一律;而为了"喻动静之道",把握矛盾运动,辩说就要有种正确的态度:"以仁心说,以学心听,以公心辩。"(《墨子·经下》)就是说,论辩中一要出于仁心,与人为善,帮助别人;二要虚心学习,听取别人的意见;三要站在客观公正的立场上,不掺杂一点私心。以这种态度辩论,进行"辩合""符验",经过分析、综合,并用事实验证,就可达到"辩则尽故"(《墨子·经下》),即达到全面地把握所以然之故。荀子说"君子必辩"(《荀子·非

---

① 戴震:《孟子字义疏证·理》,《戴震集》,上海古籍出版社 2009 年版,第 268 页。

相》),对辩论抱着乐观的积极的态度,富于辩证法的精神。不过,荀子也有独断论的倾向,他说:"言辩而逆,古之大禁也。"(《荀子·非十二子》)主张运用行政手段来取缔奸言、邪说,这是封建专制主义的立场。与荀子相比,《易传》比较有宽容精神,说:"天下何思何虑? 天下同归而殊途,一致而百虑。"(《易传·系辞下》)是说思虑(思维)展开表现为"同归而殊涂(途),一致而百虑"的矛盾运动。人们在认识过程中通过意见的争论,达到了一致的结论,通过不同途径达到了共同的目标,而"一致"又产生"百虑",同时又引起不同的意见分歧,于是又有新的争论……由于这样的"一致"和"百虑"的循环往复运动,认识就表现为不断地产生问题、又不断地解决问题的过程,这就是思维的矛盾运动的普遍规律。

一次真正地解决问题的会议,一次富有成果的学术讨论,以至于近代围绕"中国向何处去"这个重大问题展开的百家争鸣,都遵循着这个"一致而百虑"的规律。对一个特定问题,许多人从不同角度提出自己的意见,起初显得很分歧,经过论辩,互相启发、互相补充、互相纠正,最后集中起来,达到比较一致的结论。这个把分散的意见集中起来的过程,也就是分析和综合的过程。在讨论和争辩中,人们把彼此的意见作比较、分析,揭露出各人思维中存在着的矛盾和相互之间的矛盾,分辨出其中什么是正确的成分,什么是错误的成分,分析出是原则分歧还是偶然差异,是主要的还是次要的等;于是去粗取精,去伪存真,由此及彼,由表及里,最后达到比较正确、比较全面的结论。这就是一次完整的"一致而百虑"的矛盾运动。人类的认识过程就是由无数的"一致"和"百虑"往复、错综交织成的前进上升的过程。

意见分歧不一定是观点的分歧。观点统一,也会产生意见分歧,但在意见分歧中,又往往包含有观点的差异,尤其是在一些重大问题上。

所谓观点,就是指一贯性的看法,它贯穿在意见之中,统率着各种意见。观点是观念结构,但这种观念结构通常是意念图案与社会意识的结合,这在人文领域是很明显的。

观点可以区分为不同的领域,不同的层次。作为观察问题的视角就是人们的意识掌握世界的方式,包括有政治、经济、道德、宗教、艺术和理论思维(科学、哲学)等领域的种种观点。从性质上说,有两种相对立的观点,一是实事求是全面看问题的观点,一是主观片面的观点。

真正实事求是的态度就是一定要求如实地而且全面地看问题(不全面就不是真正如实)。古代哲学家早已认识到对片面性的观点要进行分析批判。宋妍、尹文提出了"别宥",庄子批驳了"一曲之士",荀子发展了宋、尹"别宥"和庄子反对"曲士"的思想,提出了"解蔽"的学说,后来戴震反对道学家,也着重讲了"解蔽"。西方近代那些启蒙思想家也强调解除人们思想的束缚,如培根提出的破除"四假相"说,笛卡尔提出的"普遍怀疑"的原则,都是为了"解蔽"。近代中国,梁启超提出要"破心奴",即破除人们精神上的奴隶,强调要有别开生面、自由独立的精神,不傍门户、不拾唾余的气概,在当时有极大的启蒙作用。

全面客观地看问题,是整个哲学史、人类认识史所要追求的目标。历史上的哲学家都力图全面地把握现实之道,实现"以道观之"。但他们都以为自己的世界观、人生观是道,因而免不了"各道其所道非吾所谓道也"的情况。事实上,哲学家的"以道观之"本身就是一个"一致而百虑"的辩证运动。"道"在过程中展开,经历许多阶段、许多环节而表现为前进上升的运动,奔向如实地、全面地把握现实之道的目标,因此哲学家的每种学说都只是相对的,都免不了局限性,也都有其合理因素,构成哲学发展的必要环节。

(以上选自第一卷,第172—186页)

(二) 认识论中的群己之辨

我们所说的"以道观之"包括两个方面,在认知领域要如实地、全面地看问题,在价值领域也要如实地、全面地看问题。评价涉及人的需要和人性的发展。人作为评价者,既是个体,又是群体,这就涉及群己关系问题。因此认识论就不仅要正确地解决心物关系而且要解决群己关系。这样才能真正以正确的观点来统率评价标准。

群己关系问题涉及许多领域,既有人生观方面,又有认识论方面。后者已引起以往哲学家的注意。在中国近代,哲学家们经过"物""我"的关系考察,使群己之辨明确起来,并且也使群己之辨和心物之辨结合起来。梁启超明确提出物我有两重关系,一是我与人、己与群的关系,一是指心与物,即精神与物质的关系。他还考察了社会心理与个人心理之间的关系。这都包含有合理的因素。从马克思主义哲学来说,只有把唯物史观贯彻到认识论中,才能从人的社会性和人的历史发展去观察认识问题;也只有把辩证唯物主义认识论贯彻到社会历史领域,才能对社会存在和社会意识的关系作出科学的规定。我们首先应该看到:观点具有社会意识的性质,观点的斗争不仅有认识论的意义,而且有社会学的意义。不论是政治的、伦理的、美学的、哲学的观点还是宗教观点,都是在人类的认识过程中形成的,有它的认识论上的根源。但同时,这些观点又是主体在社会关系中的意识,是在一定社会条件下的社会存在的反映。其次,还应该看到:观点作为社会意识,必然涉及群体意识和个别精神的关系问题。群体意识就是指社会心理、国民精神、阶级意识等,个别精神指各有个性特点的精神主体。个别精神与群体意识是不能分割的,精神主体有其独特个性同时又表现了群体意识。群体意识与个别精神两相联系,又常是矛盾着的。群体意识形成后为思想体系取得物质的外壳,并建立组织、制度,形成一种传统的力量。这种传统可能产生惰性,阻碍社会的进步,特别是社会变革的时期,许多旧观点、旧意识往往借"群体""正义"之类的名目,借传统的权威,对个性发展起束缚作用。当然,我们不能因此就完全否认传统的价值,忽视传统的积极方面,否则就会导向虚无主义、怀疑论。当相对主义、怀疑论成为流行的群体意识时,就同权威主义一样束缚个性的发展。社会在发展,时代精神也在发展,意识要同时代发展方向一致,把握时代的脉搏,才能发挥它的积极力量,唤起群众,推动历史前进。精神主体只有同时代精神相一致,才是真正自由的。不过,即使是符合历史发展规律的真理性认识,先进的观点和群体意识,也不能采取强加于人的态度,而是要通过个人的自由思考和群众之间的自由讨论,使先进的群体意识为许多人掌握、认同,这就需要在讨论中自尊也尊重别人。这样来获得一致的结论,先进的群体意识就能成为群众的共同的指导思想。

"一致而百虑,殊涂(途)而同归"这样一种思维运动所达到的成果是理论的体系化,或说体系化的理论。任何一门学问,任何一种有价值的学说,作为思维成果,都是一个理论体系。理论的体系化,要求理论本身是融会贯通的,具有百虑一致的品格,具有多样性。这种多样性不是杂拌的、拼拼凑凑的,不是折中、调和的,而是多样统一的。它有贯通性,这种贯通性、体系化,就表现为在这种理论中有贯穿其中的宗旨、主旨或像王阳明所说的"学问头脑"。宗旨在哲学家说来是指其哲学体系的纲领,或用黄宗羲的话说,就是"要领"。有了"要领",在哲学或科学的理论体系中,它所阐明的观点、各种意见、判断结合成有机的整体,给人以一种四通八达之感。

观点具有科学理论与社会意识的双重性,理论体系化也具有此两重性。不过在不同学科,两者的比例不一样。一般说来,人文科学比之自然科学有较多的社会意识的性质,一般都属于意识形态领域。在这个领域,最基本的问题是社会存在与社会意识的关系问题。这个领域的理论体系,我们把它叫做社会意识形态。

无论哲学还是科学,一方面要求体系化,要一以贯之;另一方面,任何个人、社会集团都会有所偏,所以整个的文化传统就表现为一致而百虑、百虑而一致的反复过程。从总的辩证发展的观点来看,百虑不应忘记一致,以免导致怀疑论和相对主义；一致也不应该排除百虑，以免导致独断论、折中主义。一致而百虑的认识规律要求把一致和百虑、绝对和相对统一起来。独断论片面强调绝对，相对主义片面强调相对，它们都把认识的两个环节割裂开来，违反了认识的客观规律。从世界范围来看，我们现在正处于中西文化互相影响、趋于合流的时代，这过程必然表现为百家争鸣，必然要通过"同归而殊涂（途），一致而百虑"的辩证运动来实现。

一致而百虑使得理论有生命力，使理论工作成为有创造性的劳动。就每个理论工作者来说，无论从事哲学还是某一学科领域的研究，当然要把握前人已经达到的成果。前人的成绩被总结成理论形态，被写进体系化的著作中，这些著作对后继者来说，只有通过它才能超过它，只有站在前人的肩膀上才能超过前人，所以基本理论不能忽视。有些具有里程碑性质的著作总结了在一定阶段上的理论成绩，有长远的生命力，后人不能漠视它，置之一旁。这些重要著作的理论成绩不仅在于它作了总结，达到了百虑而一致，而且还在于其理论的生命力，它包含有一些萌芽状态的东西，包含有否定自己的因素，它能随着实践的发展而改变其形态，能开拓未来。这正如鸡蛋包含胚胎，胚胎能育成小鸡，它吸取蛋里的营养长成后就破壳而出，通过它又超过了它。要超过前人，就要批判、创新，敢于提出问题，敢于怀疑。一种理论如果不能作自我批评，不作新的理论概括，就可能成为僵死的、灰色的。因而，掌握前人的体系化的基本理论是重要的，但同时也需要培养一种自由讨论的学风，使人们敢于怀疑，敢于创新，敢于自由思考。只有把以上两者结合起来，理论才富有生命力。

（以上选自第一卷，第188—202页）

（三）逻辑思维如何把握具体真理

中国哲学史上的言意之辨，涉及"言"能否达"意"，特别是言、意能否把握道。用今天的话，就是逻辑思维能否把握世界统一原理和发展原理的问题？在西方，"真理"一词大写等同于"逻各斯""上帝"；在中国，讲"大理"，也即是天道。在这个意义上，真理实际上就是指世界统一原理、宇宙的发展法则。因此，言、意能否把握道，也就是逻辑思维能否把握无所不包的真理。哲学家们对此作了几千年的争论，在这过程中产生了辩证法关于具体真理的学说。

在中国的先秦，墨家、荀子都肯定要遵循同一律，批评诡辩，这都是讲言、意与实在之间要有对应关系。辩者、道家则揭露了逻辑思维中的种种"矛盾"（辩证法意义上的矛盾），对言、意关系及言、意能否把握道的问题，提出种种责难。老子首先说："道可道，非常道；名可名，非常名。"（《老子·一章》）认为可以用普通的名言、概念来表达的"道"，就不是恒常的道。"道隐无名"（《老子·四十一章》），常道是无言无名的，概念不足以表达它。庄子更明确、更尖锐地提出了言、意能否把握道的问题。庄子认为言和意的关系就如筌和鱼的关系："筌者所以在鱼，得鱼而忘筌……言者所以在意，得意而忘言。"（《庄子·外物》）名言是表意的工具，达到"意"就把工具抛弃了。他强调了言和意的矛盾，而且进一步说，言和意都不能把握道，"可以言论者，物之粗也；可以意致者，物之精也。言之所不能论，意之所不能察致者，不期粗精焉"。（《庄子·秋水》）。言论能表达物之粗略，思想可以达到物之精微，但都限于有形有限的领域；而道是无形无限的，那言、意又怎么能把握道呢？"无形者，数之所不能分也；不可围者，数之所不能穷也。"（《庄子·秋水》）用言、意来把握现实事物，就是对之作分析、穷究，以明其数度、条理。但若你对大道（无形而不可围者）要用"数"来作分析、穷究，那便立刻会陷入悖论。庄子说："道未始有封，言未始有常。"（《庄子·齐物论》）人们的语言、概念总是进行抽象，把具体事物分割、剖析开来把握，而道是不可分割的。一经分割，"有左有右，有伦有义，有分有辩，有竞有争"（《庄子·齐物论》)。从区分左右的界限,到求物理和人事规范,越是分辨便越争竞不休,樊然殽乱。这正说明运用抽象、分析的办法只能造成混乱,更不用说把握大道了。庄子又说:"夫言非吹也,言者有言,其所言者特未定也。"(《庄子·齐物论》)言有"所言者",即对象。语言概念表达对象要建立一种对应关系,那是种相对静止的关系,而具体对象却是不确定的、瞬息万变的。客观实在的道是"无动而不变,无时而不移"(《庄子·秋水》),其运动变化是绝对的,庄子把它比为"天籁"。既然言、意与对象的关系总是相对静止的,用静止的概念怎么能把握大道呢?庄子的责难尽管引导到了怀疑论、不可知论去了,但他揭露了逻辑思维中包含有抽象和具体、静止与运动、有限和无限的矛盾,这是有重要意义的。魏晋时期,玄学家们通过"言不尽意"与"言尽意"的争论,对逻辑思维能否把握道的问题的探讨深入了。总之,通过言意之辨,用概念、名言来把握世界统一原理和发展原理的困难就被揭示出来了,这促使哲学得以进入辩证思维的领域。

哲学进入辩证思维发展阶段的标志之一,就在于否定原理的提出。老子提出"道可道,非常道;名可名,非常名"(《老子·一章》)之后,进而提出"反者道之动"(《老子·四十章》)、"正言若反"(《老子·七十八章》)的原理,并说:"正复为奇,善复为妖"(《老子·五十八章》),"祸兮福之所倚,福兮祸之所伏"(《老子·五十八章》),等等。老子用朴素的辩证法语言表述了否定原理,还得出"天下万物生于有,有生于无"(《老子·四十一章》)的结论,即他认为世界第一原理是"无"。"无"非言意所能把握,非感觉思维所能达到。老子还把"为学"与"为道"区分开来,说:"为学日益,为道日损。损之又损,以至于无为。"(《老子·四十八章》)认为只有破除一切知识、名言,用破("损之又损")的办法才能达到"无名"的领域。

庄子发展了老子的学说,更深入而全面地揭示了逻辑思维能否把握天道问题的难点。他也认为只有用"损之又损",即"忘"的办法才能达到"无名"的领域。庄子所说的"心斋""坐忘",就是"损之又损"的具体途径。《齐物论》里说:"古之人,其知有所至矣。恶乎至? 有以为未始有物者,至矣,尽矣,不可以加矣。(郭注:此忘天地,遗万物,外不察乎宇宙,内不觉其一身,故能旷然无累,与物俱往,而无所不应也)其次以为有物矣,而未始有封也。(郭注:虽未都忘,犹能忘其彼此)再次以为有封焉,而未始有是非也。(郭注:虽未能忘彼此,犹能忘彼此之是非也)"这里讲了三点,我们把它颠倒过来,就成了"损之又损"的三种境界:第一,"未始有是非",即忘了彼此间之是非;第二,"未始有封",即忘了彼此的分别;第三,"有以为未始有物者,至矣,尽矣,不可以加矣",即忘了能所、主客、内外浑然一体,用郭象的注,就是"忘天地,遗万物,外不察乎宇宙,内不觉其一身",我和世界、主体和客体的对立全都泯除了。在《庄子·庚桑楚》里有类似的一段话,郭注说:"或有而无之,或有而一之,或分而齐之,故谓三也。此三者虽有尽与不尽,然俱能无是非于胸中。""分而齐之"就是说虽有分别(存在着彼此的界限),但能齐是非;"有而一之"是说有物(以宇宙整体为对象,但还存在着主客的差别),但能忘彼此的界限;"有而无之"就是忘能所、主客,这样就达到"天地与我并生,而万物与我为一"的境界。庄子与郭象讲的"忘",就包括这三个阶段(忘是非、忘彼此、忘能所),而首先在于破除是非。庄子把否定原理绝对化了,引导到了相对主义。但庄子、郭象讲的"忘",就是说要把握大道,就必须超越是与非、彼与我、能与所的对立,这有其合理之处。以后我们还会说明:这里实际上是由知识到智慧的飞跃问题。知识领域是有是非、彼此、能所的界限的,而智慧则要求超越、泯除这些界限。庄、郭所说,已涉及"转识成智"的飞跃的机制。

"言意能否把握道"的问题,包括两层意思:一是能否认识;二是能否表达。当然,两层意思是不可分割的。郭象说:"夫言意者有也,而所言所意者无也。故求之于言意之表,而入乎无言无意之域而后至焉。"①这是要求超越知识,泯除对立,入乎无言无意之域,才达到了大道。这是就认识说的。那么达到了无言无意之域,是否就真的无言,什么都不说了吗?不可说,还是要说。"无名"也是名,"无言"也是言。郭象说:"若不能因彼而立言以齐之,则我与万物复不齐耳。"②所以,不能把"有名"和"无名"截然对立起来,而要善于"因彼立言以齐之"。这是就表达说的。

那么,对这无言无意之域或超越的认识(智慧)怎样来表达呢?庄子提出一套办法,即"以卮言为曼衍,以重言为真,以寓言为广"(《庄子·天下》)。即借重古人、老人的"重言",以及寄托于故事的寓言,实际上就是用诗的语言来表达道,把哲理体现在艺术形象之中,也就是用形象思维的方式来表现哲理境界。这是一种办法。但从哲学作为理论思维来说,更为重要的是,"卮言日出,和以天倪"(《庄子·寓言》)。所谓"卮言",就如郭象所说的"因彼立言以齐之"③,人家怎么说,我就利用人家的话来齐是非、均彼我,于是达到自然平衡(天倪)。《庄子·秋水》篇说的"以差观之""以功观之""以趣观之"可以作为例子:"以差观之,因其所大而大之,则万物莫不大;因其所小而小之,则万物莫不小。知天地之为稊米也,知毫末之为丘山也,则差数睹矣。"就各类事物之间的差异说,一般人都说天地大,稊米小,丘山大,毫末小。现在"以道观之",仍然利用大家使用的"小"和"大",但改变其涵义,如郭象所说:"所谓大者,至足也,故秋毫无以累乎天地矣;所

---

① 郭象:《庄子注》,郭庆藩著,王孝鱼点校:《庄子集释》,中华书局2012年版,第572—573页。

② 郭象:《庄子注》,郭庆藩著,王孝鱼点校:《庄子集释》,中华书局2012年版,第942—943页。

③ 郭象:《庄子注》,郭庆藩著,王孝鱼点校:《庄子集释》,中华书局2012年版,第942—943页。

谓小者,无余也,故天地无以过乎秋毫矣。"①这里把"大"定义为"至足",把小定义为"无余",这样天地、丘山也可以说无余而称为"小",梯米、秋毫也可以说至足(足于其性)而称为"大",当然就没有小大的差别了。这样一种"卮言",实际上就是用大家用的语言("小"和"大"等),把它们的意义改变成可以引用于天地万物的"达名",这样的"达名"都以天地万物为外延,而其内涵又是相互联系的。物量的大小、时间的久暂、性分的得失、变化的生灭等,都可以把它们改变为达名所表示的范畴,而这些范畴都是对生、互有、相反而不可相无的。在庄、郭看来,运用这些范畴,表达为卮言,乃是可以破除一切对待,而又以范畴的对生、互有来揭示无名的大道。

以上着重讲了庄子、郭象的辩证法的否定,即通过否定的办法来把握道。在中国哲学史上,否定、"破"是个很重要的传统。后来的禅宗基本上是顺着这个路子前进的,陆王心学的办法也与之类似。

就言意之辨来说,言意有矛盾,这一点儒家的孟子、荀子和《易传》都注意到了。言意能否把握道呢? 儒家给予肯定的回答,不同于道家。荀子还提出"解蔽"说。由于事物客观上有矛盾,有欲和恶、始和终、远和近、博和浅、古和今等等的差异,因而人容易只见一面而看不到另一面,有所见往往就有所蔽;从人本身来说,主观上又往往对自己的知识和经验有偏爱。于是,人们往往"蔽于一曲而暗于大理"。因此,要掌握大理,就要打破一曲之蔽。那么,怎样来解蔽呢? 使心灵"虚一而静"(《荀子·解蔽》),用辨合、符验的方法进行分析批判,这样是可以把握客观的全面的真理的。

《易传》进一步提出"天下同归而殊途,一致而百虑"(《易传·系辞下》)的思想,也认为殊途、百虑之学各有偏至,仁者见仁,智者见智,不过经

---

① 郭象:《庄子注》,郭庆藩著,王孝鱼点校:《庄子集释》,中华书局 2012 年版,第 565—566 页。

过批判、检验,是可以克服片面性,达到比较一致、比较全面的真理的。《易传》也指出了言意本身包含的矛盾,说"书不尽言,言不尽意"(《易传·系辞上》)。就是说,书不能把所有的话都说清楚,言不能把全部真意表达清楚,那么"圣人之意其不可见乎"? 不是的。"圣人立象以尽意,设卦以尽情伪,系辞焉以尽其言,变而通之以尽利,鼓之舞之以尽神。"(《易传·系辞上》)这段话指出了,虽然言、意有矛盾,语言形式有其限制,确实不能完全表达意蕴,但是圣人还是要用言意来把握道。主要的办法是两条:一是"立象以尽意",一是"系辞焉以尽其言"。

《易传》认为,《易》的卦象是根据"仰观""俯察"即"仰则观象于天,俯则观法于地","近取诸身,远取诸物"(《易传·系辞下》)而得来的。从人类自己以及客观世界概括出了卦象,于是构成一种世界图式,这种世界图式是对事物的情伪(现象)的归类,形成后转过来又成为人们效法的规矩。《易传》讲了好多"取象"的例子,如:渔猎,"盖取诸'离'";耕种,"盖取诸'益'";交易,"盖取诸'噬嗑'";造房子,"盖取诸'大壮'";以书契代替结绳,"盖取诸'夬'"(《易传·系辞下》)。这种卦象归结起来,就是《易传》所说的,"易有太极,是生两仪。两仪生四象,四象生八卦"(《易传·系辞上》),八卦两两重叠,而有六十四卦。这样一个体系贯彻了对立统一原理,归结为"乾坤成列,而易立乎其中矣"(《易传·系辞上》),即归结为乾坤、阴阳的对立统一构成天地万物的变易。正因为这样,这个体系才可以"类万物之情"(《易传·系辞下》),"察幽明之故","弥纶天地之道"(《易传·系辞上》)。不过,《易》的体系并非凝固不变的。它认为一切是变动不居的,并无固定不变的模式。《易》的体系作为图式、模型,有它的抽象、静止的性质,但它又是灵活生动的,"寂然不动,感而遂通天下之故"(《易传·系辞上》)。《易》是个既抽象又具体、既寂然不动又唯变所适的象数体系。《易传》认为,用这种抽象与具体、静与动的统一的世界图式的体系,是可以全面地把握真理的。

与"立象以尽意,设卦以尽情伪"联系在一起的,是"系辞焉以尽其言"(《易传·系辞上》),即在卦象下面作很多判断来解释。与庄子不同,《易传》认为"系辞焉而命之,动在其中矣"(《易传·系辞下》),认为系辞、判断联系起来就可以表达运动变化。那么,用什么样的辞来"拟议以成其变化"?《易传》用的辩证法语言,是"一阴一阳之谓道""一阖一辟之谓变""刚柔相推而生变化"(《易传·系辞上》)等等。与"系辞尽言"相联系,《易传》还讲"变通尽利"。何为变?何为通?"化而裁之谓之变,推而行之谓之通。"(《易传·系辞上》)《易传》本身对这两句话的解释不多,后来到了张载、王夫之那里,就发展为一种判断推理的学说。"化而裁之谓之变",按照张载、王夫之的解释,"裁"即裁断,"化"就是客观世界的绝对运动,把绝对运动划分为相对静止的形态、过程、阶段,各种各样的物体用不同的名称、概念加以指别,作出裁断(判断),这样来把握运动形态与过程、阶段中的转化,就是"化而裁之谓之变"。"推而行之谓之通","推"即根据相通之理进行推理。"推其情之所必至,势之所必反"①,根据必然规律来推理,对事物发展的趋势,既见其所必至,也测其所必反。根据这样的推理,就可以正确地指导行动,这就是"推而行之谓之通"。总之,按照《易传》的学说,言、意虽有不足以表达"道"的一面,"言不尽意";但用"立象""系辞"的方法,运用对立统一原理,还是可以表达的。《易传》在这个问题上的看法大致如此,这种理论对后世影响很大。

老庄的辩证法的否定原理和《易传》提出的对立统一原理,可以说是代表了辩证思维的破的方法和立的方法。

就中国哲学史而言,通过言意之辨,哲学家们考察了言、意能否把握道

---

① 王夫之:《张子正蒙·天道篇》,《船山全书》第十二卷,岳麓书社2011年版,第72页。

的问题。老庄与荀子、《易传》用不同的办法作出回答。老子讲"反者道之动"(《老子·四十章》)、"正言若反"(《老子·七十八章》);庄子说的"忘"的办法,有见于辩证思维要"从肯定到否定"这一环节。他们认为,道处于"无名"的领域,世界统一原理是"无",只有用"为道日损,损之又损"的否定的方法才能达到。但老子这种辩证法是半途而废的,庄子陷入了相对主义和怀疑论。荀子、《易传》比老庄前进了一步。荀子讲"辨合""解蔽",要求全面地看问题。《易传》讲卦的转化是辩证的运动,如:"困乎上者必反下,故受之以井。井道不可不革,故受之以革。革物者莫若鼎,故受之以鼎。""剥者剥也。物不可以终尽,剥穷上反下,故受之以复。复则不妄,故受之以无妄。有无妄物然后可畜,故受之以大畜。"(《易传·序卦》)这样一种卦的辩证的推移,是肯定与否定的反复的运动,它表现为"穷则变,变则通,通则久"(《易传·系辞下》)。《易传》讲的"乾坤成列,而易立乎其中矣","一阴一阳之谓道"(《易传·系辞上》),比较完整地表达了"从肯定到否定、从否定到肯定的统一",它确实比较好地表达了对立统一原理,虽然是朴素的。后来到了张载、王夫之那里,更发展成为一个"汇象以成易,举易而皆象"[1]的体系。

《易传》比起老庄来更全面些,而且富于积极进取的精神。与老子讲的"为道日损""弱者道之用"相比,《易传》更显得刚健、积极,这是很可贵的。不过,《易传》也有局限性,它过分强调了"立"的办法,以致把象数体系形而上学化;其中,有一种把《易》本身说成是包罗万象的终极真理的倾向,这就成了形而上学的、束缚人的框框。所以不能只讲立的方法,破的方法、辩证法的否定精神是必要的。后来,中国哲学史发展的总趋势是儒道合一、易老相通,哲学家力图把破与立统一起来,但在不同时期,在不同的哲学家那里,

---

① 王夫之:《周易外传》,《船山全书》第一卷,岳麓书社 2011 年版,第 1039 页。

仍总有所偏,如玄学、禅宗偏于破的方法,理学则偏于立的方法。

哲学的发展近似于一串圆圈。用这种观点来进行中西哲学的比较,我们就会看到中西哲学史上都有一种相似的重复现象:在真正的辩证法出现以前,往往会出现怀疑论、相对主义来反对独断论。怀疑论、相对主义的进步意义,在于它善于揭露矛盾,提出诘难,促使人们去思考。正是通过这一环节,辩证法才能发展起来。同中国古代的辩者、庄子所处的环节相似,西方古代有芝诺,近代有康德。康德认为人的感性、知性只能把握现象世界,而自在之物、本体界是超验的。理性要求从有条件的知识中找出无条件的东西以达到本体界,这种要求很自然地而且不可避免地会陷入所谓"先验的幻相"。康德提出了著名的四个二律背反,以此揭露出理性思维中包含有有限和无限、复杂和单一、自由与必然等矛盾。康德实际上揭露出了思维本身的矛盾,但他得出的"纯粹理性不能把握自在之物"的结论却导向了不可知论。黑格尔对此进行了批判。他指出:每个概念、范畴都包含二律背反,矛盾是理性固有的本质,理性正是通过矛盾运动,由自在而自为来把握理念(本体)。在黑格尔看来,真理是个过程,它在自己运动的过程中展开为阶段、环节,表现为有机的系统,成为多样统一的具体。

马克思、恩格斯批判了黑格尔的唯心主义,吸取了其合理的见解,把具体概念、具体真理的学说放在唯物主义的基础上。马克思的贡献尤其在于他提出了认识由具体到抽象、由抽象再上升到具体的规律。《政治经济学批判·导言》对此作了概括说明,而《资本论》及《剩余价值学说史》就体现了认识由具体到抽象,又由抽象上升到具体的规律。

人们在实践中接触和变革的对象是具体事物,所以认识总是开始于具体,然后随着实践的深入、经验的丰富,经过科学的分析、比较、研究,就逐步揭露出事物的本质属性和因果联系。这样就在人类头脑中形成抽象概念,这就是由具体到抽象。但抽象的东西是包含着矛盾的:一方面,因为抽象,所以它比低级的具体的认识能更深刻地反映现实;另一方面也因为它是抽象的,所以容易变成枯槁的、僵死的东西,导致形而上学化。所以认识需要由具体到抽象,又由抽象再回到具体,这样就使得具体事物的研究由于有了科学的抽象概念的指导而避免了盲目性,而抽象的东西也由于充实了生动的内容而变得具体化。这样,概念就具有了比较完备的客观性,就达到了主观与客观的具体的历史的统一。随着认识运动的不断反复和深入,就会越来越接近真理。

在唯物辩证法看来,真理是具体的。真理的具体性主要表现在三点:首先,真理是在过程中趋向客观的完备性,由片面发展到全面;其次,真理的具体性是指主观与客观的一致是个过程,是通过实践与理论的反复而实现的;再次,真理的具体性指历史性。真理是受具体历史条件制约的,每一具体真理的完备的客观性都是在一定历史条件下的"完成",又都包含着"未完成"。

那么,如何才能达到具体真理?从逻辑上说,就是要运用辩证思维的形式——具体概念,就是要运用辩证逻辑,即逻辑思维的辩证法。从历史上来看,辩证法经历了由朴素的辩证法到自觉的辩证法的发展过程。黑格尔在《哲学史讲演录》中把辩证法区分为三种形态。在他看来,真正的客观的辩证法是对于对象的内在矛盾的揭示,是就对象本身来把握对象,人们完全进入事物的本质,在对象的本质自身中揭露其固有的矛盾。这种见解无疑是合理的。人们只有自觉地运用辩证法,由外在的考察到内在的揭示,才能把握具体存在和本质联系,才能达到具体真理。当然,要真正达到具体真理,特别是达到对性与天道(即西方所谓逻各斯或大写的真理)的认识,还必须通过天人交互作用中的转识成智才能实现。

（以上选自第一卷,第212—236页）

五、自然界及其秩序与认识自己

人们运用辩证思维可以获得具体真理,可以获得关于宇宙人生的真理性的认识,亦即把握关于性与天道的智慧。而人们对于天道的认识,或者说对"自然界及其秩序"的认识,涉及的问题包括世界的统一原理和发展原理,包括本然界、事实界、可能界和价值界之间的联系。

(一) 本然界、事实界、可能界和价值界

人类认识世界就是不断地化自在之物为为我之物的过程。所谓自在之物,有这样几层涵义:第一,它是离开人的意识而独立存在的,故说是"自在"的;第二,它以自身为原因,即庄子说的"自本自根",它自己运动,动力因在自身;第三,具有自然的必然性,在这个意义上,它就是"必然王国"。自在之物化为为我之物就成了相对于人的自然界。我们用"为我之物"这个范畴,其涵义包括:第一,它是相对于人的意识的世界,相对于"能"的"所",是人的认识的对象和内容;第二,它是与人的有目的的活动相联系的,目的因指导着它的发展方向;第三,它或多或少地展现了人的自由本质,要求成为自由王国。当然,自在之物和为我之物在涵义上的这种区别只有相对的意义,自在之物相对于人的精神,就是为我之物。自在之物一进入人的认识领域就化为为我之物,因此它们的界限是不断地变动着的。

就物质性或客观实在性说,自在之物与为我之物并无原则的差别,二者有同一性。不过,既然为我之物是相对于"我"、相对于人的自然界,那么,它与自在之物还是有区别的。这种区别正如王夫之所说的,自在之物是"天之天",为我之物是"人之天"(《诗广传·大雅》)。世界上一旦有了人,就出现了主与客、能与所的对立,就有通过认识与实践的反复而不断地化自

在之物为为我之物的运动。自在之物正如混沌被凿开了,黑暗被照亮了,转化为为我之物。这一转化是对自在之物的远离,可同时也是在不断地逼近、深入自在之物。人类认识的进步,就在于越来越深入、越来越全面地使自在之物转化为为我之物。但是,人所把握的为我之物总有它的局限性:一则人之所知总是很有限的,它只是自在之物的一小部分;二则所知总有不足之处,可能掺杂错误。思维的内容与对象并不一定相符,感觉中也有幻觉、错觉。在正常感觉和正确的思想中,内容与对象的统一也是有条件的。而这种条件可能没有被揭示,真假的界限就不够分明。当然,上述局限性都是可以被克服的,但永远不能完全被克服。在任何时候任何条件下,认识总有待于深化。这种深化包括量的扩大和质的提高,要通过实践和认识、感性和理性的交互作用,通过一致和百虑的反复,不断地克服表面性、片面性和主观盲目性,从而使人的认识在总体上日趋全面,并逐步深入地把握客观实在,达到具体真理(当然是一定条件下的具体真理)。这样一个认识过程,是不断地化自在之物为为我之物的过程,也可以说是一个自在与自为的辩证的运动。

通过认识的辩证运动,人能够把握具体真理,这也意味着人能够把握世界统一原理和发展原理。世界统一原理和发展原理的统一就是天道。我们用天、自然界、客观实在、实体、物质或宇宙这些词表示世界统一原理,表示这个至大无外的自然界整体。这些都是用总名来表示的本体论范畴,或者说元学的理论。这些本体论范畴,其外延都与宇宙同样广大,不能用形式逻辑的属加种差的方法下定义,只能通过范畴之间的互相联系来加以说明。

按照唯物论或实在论的观点,物质或实在作为本体论范畴,就是实体。实体以自身为原因,自己运动,并与现象相对。实体的运动表现为现象,现象是实体自己运动的表现。按照中国哲学家的话,就是体用不二;按辩证唯物论的用语,就是物质与运动是统一的。世界的终极的原因就是物质及其固有的运动。物质的运动从其表现来说,是无数的运动形态、无数的发展过程的相互作用,现实世界就是一个相互作用的网,包含有无限丰富的运动、变化、发展。而这个永恒运动又无限多样的现实世界就是自然界。自然界是多样统一的,统一的物质运动是自然,分化为万物亦即自然。这里"自然"一词的涵义是包括认识论的和本体论的。从认识论来说,"自然"与"人为"相对,自然物是独立于人的意识的存在,不是人的有目的的活动的产物。从本体论来说,中国哲学把自然而然叫作"莫为",它和"或使"相对。自然就是自己而然,非有或使之者。实体自己运动,以自身为动力因,并非有个造物者来创造天地万物或其他外在的动力来推动世界。

自然的秩序、原理我们可称之为道。而讲自然秩序,就离不开时空形式,道也就是在时空中展开的秩序。作为自然界的秩序,它可分可合。总起来说,天道就是世界统一原理和发展原理的统一,就是自然界演变总秩序和宇宙的总的发展原理;而分开来说,各种物质运动形态、各个发展过程、万事万物都各有其道、各有其条理、规律。故"道"与"理"往往通用,但道更多的指总的原理、秩序,理更多的指分的条理、规律。

人们在实践基础上认识世界,以得自现实之道还治现实,这里所谓现实之道即自然界的秩序。自然是客观实在,认识者在实践中与它接触,获得客观实在感,在感性直观中取得所与,进而形成抽象概念,以得自所与者还治所与,于是就化所与为事实。这个过程就是知识经验的程序,这一程序之所知就是知识经验的领域,就是事实界。知识经验化本然界为事实界,事实总是为我之物,是人所认识的、经验到的对象和内容。事实界由无数的事实构成,事实之间的联系是自然界的秩序的表现。

事实界的最一般的秩序有两条:一条是现实并行不悖,一条是现实矛盾发展。现实并行不悖表现在事实界不违背逻辑而有自然均衡的秩序,这正说明现实世界是能以理通,即能用理性去把握的世界。现实矛盾发展是指事实界的均衡、秩序，总是相对的、有条件的，"并行"是有一定时空范围的。个别的运动虽趋向平衡，而总的运动又破坏这种平衡。各个过程之间、个体之间不仅在一定条件下并行不悖，而且还互相影响、互相作用。更重要的，事物、过程、运动形态本身都包含有差异、矛盾，都是对立统一物。因此，"现实并行不悖而矛盾发展"才是完整地表述了现实原则，故广义的逻辑，包括形式逻辑和辩证逻辑，都有其客观基础。

事实界不仅有一般秩序，而且从分化、万殊这方面说，各种运动形态、各个发展过程、万事万物还各有其特殊的规律——它们是不同层次上的本质联系——在不同的领域、范围里起作用。特殊与一般是相对的，相对于最一般的秩序——逻辑秩序来说，各种运动形态以至万事万物的规律都是特殊的，而任何特殊规律在其起作用的范围内也有普遍性，也是共相的关联。

事实界的秩序或规律即事实间的本质联系，亦即理。理在事中，没有在事实界之外的柏拉图式的理论世界，没有在事实之上的理（像程朱讲的"理在气先"的理）。理在事中，道不离器，这是唯物论的观点。

事实界是事与理、殊相与共相的统一，这是知识经验的领域。思想的内容不限于事和理，它往往超出现实的范围。思想的领域是个可能的领域。各个人的思想活动都有差别，但思维的领域总是可能的，或者说可能的就是可以思议的。可能领域的界限似乎很不确定，但形式逻辑的矛盾它总是排拒的，因为思想矛盾即是"不可能的"。一切可能的都是可以思议的。现实的事和理当然都是可能，但可能的并不就是现实的。可能界比起事实界来，其界限不分明，而且比事实界广阔得多。可能界虽似漫无边际，不过从否定方面说，它首先排除逻辑矛盾，这确实是个界限。其次，它排除无意义的，保留有意义的，有意义的才可成为思议的对象。

只有一个现实世界，可能性依存于现实，是由现实事物之间的联系提供的。事实界的联系是多种多样的,有本质联系、非本质联系;有必然联系、偶然联系;有内在根据、外在条件;等等。因为联系是如此多种多样,所以,事实界的联系所提供的可能性也是多种多样的。对此必须运用辩证法进行具体分析。一般说来,偶然性的、非本质的联系也是客观的。偶然联系所提供的可能性也是有意义的,但从认识论的角度来看,要重视本质的、规律性的联系及其所提供的可能性,这样的可能性我们称其为现实的可能性——具有现实性的可能性、可以合乎规律地由可能化为现实的可能性。现实的规律提供某种可能性,这种可能随着条件的变化而发展,由隐而显,由可能的有转化为现实的有。这现实的有又包含有新的可能性,又将经历新的化可能为现实的过程……如此不断前进,这个过程就是"势"——即由可能之有到现实之有的趋势。

自然必然性所提供的现实可能性和人的需要相结合,才有人的活动的合理的目的,才产生服牛乘马之类的作为、实践,才有人化自然的过程。通过改造自然的活动,使自然界人化了,自然物对人来说就成了有价值的,就进入了价值界。一般地讲,人把有利于自己的可能性作为目的来指导行动、来改造自然,使自然人化,就创造了价值。于是,化自在之物为为我之物,就不仅有事实界、可能界,而且有价值界。价值界就是经过人的劳作、活动(社会实践)而改变了面貌的自然界,是人在自然上加人工的结果,就是对人有利的、有价值的种种可能性的实现。

价值界就是人化的自然,也就是广义的文化。文化是人的社会实践、人的劳作的产物,是人在社会实践中各种各样的创造,包括物质生产、社会组织和制度、各种意识形态、科学、艺术、道德等等。文化都是人在自然物上加工的结果。这里所谓加工,不能狭隘地理解,有些自然物虽并不是人的创造,它是现成的,但由于人的移情作用它与人类文化有机地联系起来,这样也就成了文化现象。比如日月星辰及自然风景,由于人的移情作用,也成了一种文化现象,成了对人有审美意义的价值载体。

价值界是人化自然的领域,在这个领域,目的确实就是动力因。在创造价值的活动中,人意识到他的目的,并且以这个目的作为法则来规定活动的样式、方法。如果人的目的是以客观规律为依据,又符合进步人类的需要,那么,目的就是正当的;由正当的目的所规定的活动规则,我们把它叫作当然之则——即怎样运用手段、创造条件使理想化为现实,使目的得以实现的准则、规则,它们都是"当然之则"。具有历史的合理性的当然之则,通过人的反复的实践,就可以习以成性、习惯成自然。习惯成自然,人道就自然化了。所以价值界是人化的自然,也是人道的自然化。人通过劳动、斗争,达到一定条件下的人和自然的统一,就创造了价值、获得了自由。之所以能如此,是因为人道(当然之则)和天道(自然界的秩序)结合为一了。

总之,整个人类的文化,就是在自然上面加上人工,因而它既有自然的必然性,又有理所当然的人道,是两者的结合。人归根到底是不能违背自然规律的,人道与自然的必然之理有矛盾,但归根到底它需要合乎自然。只有人的劳动、社会生活所建立的秩序和自然界的秩序相一致而又不违背人的自然本性时,才能达到人和自然的统一,获得人的自由。而人类化自在之物为为我之物,其终极目标,就在于由必然王国进入自由王国。自由王国作为终极目标,完满地体现了人的本质力量,是真善美统一的理想境界。从辩证法的观点来看,这种理想境界并不是完全超越的彼岸的东西,相对之中有绝对,绝对的真善美和自由就是在相对的精神创造的过程中逐步展开的。所以人所关怀的终极目标并不是永远达不到的,不应该把现实和终极目标割裂开来。人能够用真善美来克服假恶丑,能够创造出越来越多的价值,获得越来越多的自由。

(以上选自第一卷,第 237—280 页)

（二）心、性和认识自己

人们在认识世界（认识自然界的秩序）的同时认识自己。认识自己就是指认识作为精神主体的人类（包括群体与个体）的本性。精神主体就是心灵。人性是一个由天性发展为德性的过程，它和精神由自在而自为的过程相联系着。换句话说，认识自己也就是认识自己的心灵、德性及两者之间的关系。

心，在日常用语中意义很复杂。作为哲学范畴来讲，它是相对于物质、存在而言的。在这个意义上，心灵、精神、意识等词往往可以通用。我们这里所说的"心"，专指人的心灵即人作为精神主体的自我。人的精神活动的本质特点用中国传统哲学的话来说，就在于灵明觉知，灵明觉知的主体就是心。这里所谓主体，就是在精神活动中间的一贯之体，不是说在灵明觉知的精神活动之外另有个主体。心的灵明表现在觉（意识）和知（认识），人有意识即有所觉、有所知，就是说主体有认识并且意识到自己有认识。人的精神活动包括有意识的和无意识的。就意识领域来说，主体不仅对知（认识）有所觉，而且还有情感、意志等等。就认识来说，也不只是理论理性的活动，还包含有评价，而评价又与人的需要结合着，与人的情、意想联系着。所以心灵是种复杂的结构。

在哲学中，"性"这一范畴的用法也很复杂，它既被用来指属性（attributes），也被用来指本性（nature）。就后一意义来说，本质表现为现象，本性表现为情态。按中国传统哲学的用法，性与情为一对范畴。情，不仅指情感，而且泛指情态。性与情的关系类似体与用的关系。不过在这里，我讲的"性"仅限于人性，包括人的天性与德性。人无疑有生物性、动物性，人性当然与这些属性联系着。不过讲人性着重注意的是人类之所异于禽兽的类的本质、特征，如理性、意识、进行劳动、建立社会制度和有伦理道德等等——

这是人类所有的,是人所具有的共相、共性。

有的哲学家把心和性等同起来,认为人的本性就在于人有灵明觉知,心和性是一回事。事实上,人的本质、本性,不仅是有灵明觉知,而且还包括无意识、非理性的力量,还有劳动、社会性、要求自由等特征。而人的意识,即灵明觉知,不仅要把握人性本身,还要对自然界及其秩序进行认识和评价。所以心和性是不同的范畴。但对心和性关系的考察,却确实是"认识自己"的根本问题。

人有意识,有"觉",不仅能对事实有所知,而且它还能够回光返照,即用理性的光辉进行内省,从而意识到自我,即能知之主体。这就是由自在而自为,开始有自觉了。所知的为我之物既指外在对象,又指认识内容;与此相应的,能知的自觉既指自觉为主体又指自觉有主观。所谓自觉有主观就是能自觉到以一定的主观形式来把握所知内容。不论自觉为主体还是自觉有主观,都是就心来说的。但认识自己不仅指作为主体的自觉,也指人以自己(主体本身)为对象来探究其本质力量——包括人的意识与无意识能力、理性与非理性,也包括人类进行劳动、形成社会关系等等。而且人不仅探究自身的本质力量,同时能动地以天性为基础来塑造自己的德性,自我由自在而自为的过程,既是作为精神主体(心灵)的自觉,同时也是人的本质力量(天性化为德性)的自证由发展。所以,人对自己的认识,包括对心和性以及二者关系的认识。随着社会历史的演进和人类对自然界认识的进步,人的灵明觉知之心在发展着,人性在发展着,心性关系也在发展着。

与化自在之物为为我之物的过程相联系,自我即主体本身经历着由自在而自为的运动。这个由自在而自为的过程,既是精神主体(即心灵)的逐步自觉,也是人的本质力量和个性的逐步解放,以求自由发展。我们把自在之物化为为我之物的过程看作是一个辩证运动,即:由本然界化为事实界,而事实界的规律性的联系提供可能界,人根据这种可能的现实与人的需要来创造价值,故有价值界。

与自然界及其秩序相联系,与化自在之物为为我之物的过程相联系,人的心灵和德性也有个演变和发展的过程,这个过程中,首先应考察的就是与事实界及其规律相联系着的人的主体意识与类的本质。

化本然界为事实界就是知识经验,知识经验的意识的综合统一性就在于统觉(我思)。"我"作为意识主体具有思维(思想)的职能,这种职能统摄着知识经验的领域,因而"我"就具有主体意识。孟子以"心"为思想器官,说"心之官则思"(《孟子·告子上》),以为心之官的职能就是思想。通常认为,头脑有思维能力,大脑是思维的器官,思想活动就在头脑中进行。这种把"心"等同于"脑"的看法是否妥当,这里不讨论,但在知识经验的领域,我们讲的心灵通常就是指主体意识。换句话说,主体意识就在于主体有思维能力,以统觉(我思)统帅着知识经验的领域。我能够进行思维,能对感觉所提供的材料进行抽象、形成概念,并且能以得自所与者还治所与,化所与为事实,并进而把握事实之间的规律性的联系,以事求理,以理求事。这就是理论思维的活动,而思维能力就贯穿在(显现于)这种活动之中。人的思维能力强与弱、敏捷或迟钝的生理基础的问题,将来科学发展了,可能会有更好的理解;现在,还只能用控制论的黑箱方法,从功能、从思维活动及其表现来看人的思维能力如何——如在讨论问题时反应是否迅速,其思维的成果(譬如说一篇科学论文)是否有创见等。总之,主体的思维能力即内在于思维活动之中,思维能力与思维活动的统一就是心灵,就是主体意识。

我们在前面已说过,就知识经验领域来说,意识的综合的统一性——统觉就在于逻辑结构。所谓统觉,就是以逻辑范畴来统摄思想内容,就是用形式逻辑的原则和以得自现实之道还治现实的接受总则来把握世界——也即用理论思维的方式来把握世界,这也是科学、哲学的特点。以理论思维的方式来把握世界,就是运用逻辑和接受总则来统摄知识经验的领域。这里当然涉及理论思维和感性直观的关系。理论思维当然不能没有感性材料,概念是从感性材料中抽象出来的,人的知觉就在于以得自所与者(从感性经验中抽象出概念)来还治所与。如果仅仅是感性直观,那就不足以把人与动物区别开来,也还不能够说有知识经验、有觉、有意识。人的知觉是以得自所与者(概念)还治所与,包含有抽象概念,并能用语言来传达,这才真正叫作有意识或者叫"觉"。单纯的官能活动(如果是视而不见,听而不闻)还没有进入意识的领域,那只能说是"无知""无心"。感性只有与理性相结合,才为心灵所统摄,只有受逻辑原则的规范,才进入知识经验的领域。这是从认知、从狭义的理性活动及理论理性来说的统觉。

但意识活动不仅是认知,还有情意的作用,也就是说,人的认识不仅是理论理性的活动,还包含有评价。评价是与人的需要、情感、欲望、意志相联系着的。我们不仅以理论思维的方式来把握世界,而且以审美活动的方式、伦理实践的方式、宗教信仰的方式等来把握世界。

心灵(自我)是整个的,心具有的思维能力是理性的,但不能忽视理性与非理性的联系,要把认知与评价、理性与非理性联系起来看。人的情感、意志、直觉本来是非理性的,但在精神的发展过程中越来越沾上了理性的色彩,或者说理性化了。所以说理性照亮了这些领域,故我们可以谈实践理性、审美理性、理性直觉等等。主体意识是理性和非理性的统一,其中,感性与理性、情与意都是互相联系着的,不过理性是主导的方面。

意识主体的特点不仅在于有意识、有理性与非理性的活动,而且还在于它能以思维活动本身为对象来进行反思。由于反思,"我"这个主体就能够认识自己如何运用逻辑形式来统摄思想内容,如何凭借理性之光来照亮情、意、直觉等活动。同时,也是由于这样的反思,意识主体就能够从与他人的交往中(即社会交往中),从语言交流活动中来自证其为主体。这样,就有了越来越明确的自我意识。主体意识到有个"我"贯穿在自己的思维活动中,意识到有个"我"作为主体在与他人交换意见,从而确证自己是主体。人有了自我意识,就有了一种绵延的同一性,昨天的我与今天的我是一贯的。尽管思维活动经常变化多端,尽管人有时心不在焉,对自己的活动当时并未意识到,但一经反省,人就会意识到有个"我"贯穿在这些意识活动中间。自我在本质上要求自作主宰,这个"我"就像荀子说的,"心者,形之君也,而神明之主也,出令而无所受令。自禁也,自使也,自夺也,自取也,自行也,自止也"(《荀子·解蔽》)。荀子讲"神明之主"的心,即意志,它能自主选择,或禁或使,或夺或取,或行或止,都可自作主宰。外力可以强迫形体屈伸,强迫嘴巴开闭,但"心不可劫而使易意,是之则受,非之则辞"(《荀子·解蔽》)。它有一种自作主宰、自主选择的意志。正因为有意志,所以心灵"其择也无禁"(《荀子·解蔽》),并专一不二,能成为形体的主宰,而人就能自觉地塑造、发展自己。

哲学史上,相当多的哲学家认为心灵就是人性,人之所以异于禽兽者,就在于人能思维、有意识。孟子承认"大体"和"小体"、理性和感性都是天之所予我者,但以为人之所以异于禽兽者,在于"心之官则思"。就心灵来说,心之所好、思之所得就是理和义。这是孟子的学说,是一种典型的理性主义者的理论,也是中国儒家学说的主要倾向之一。理性主义者认为,人是有理性的生物,理性是人类最本质的特征。在西方近代,欧洲大陆的理性主义者,如笛卡尔等也持这种主张,直到康德、黑格尔,都有这种倾向。

但经验论者则强调人的感性方面。告子说:"生之谓性","食色,性也"。他注意了人与其他动物的共同点。荀子讲人生而好利,生而有耳目之欲等,也承认人的感性是人的天性,他由此导向了性恶论。在西方近代,许多唯物论者把人类看作是生物进化链条中的一环,从生物学、人类学的观点来看人性,都重视人的感性存在。费尔巴哈反对黑格尔的学说时,强调的就是人的感性存在。

马克思批评了费尔巴哈,说:"费尔巴哈不满意抽象的思维而喜欢直观;但是他把感性不是看作实践的、人的感性的活动。"①马克思认为,人的感性应该是实践着的人的感性的活动,它首先是劳动生产——它使得人与其他动物区别开来。就像恩格斯说的,劳动"是一切人类生活的第一个基本条件,而且达到这样的程度,以致我们在某种意义上不得不说:劳动创造了人本身"②。从马克思的观点看,人之所以异于禽兽者,人的最本质的特征,首先是在于劳动。这种观点在古代哲学家那里也有萌芽,如墨子就强调了人与动物的不同——人不能像牛羊一样以水草为食物,人也不能够像鸟类那样有羽毛来御寒,人只有从事农耕、纺织才能够生活。荀子也有这样一个思想,即人必须"假物以为用",服牛乘马以从事社会生产,"财(裁)非其类以养其类"(《荀子·天论》)。显然,他们已有了把生产劳动作为人区别于动物的本质特点的思想的萌芽。不过,明确提出社会实践的范畴,把它看作是人与动物的界限,这是马克思主义的贡献。社会实践的范畴,是马克思主义历史观、认识论的第一的基本的观点,其人性论就是建立在此基础上的。在劳动生产以及其他的社会实践的基础上,人的肉体感官随社会历史的进步也发生变化,使得人的感性活动与动物的感性区别开来。在社会交往中产生了语言,人类抽象思维的能力也逐渐培养起来了。有了抽象思维的能力,人就有了日益清晰的意识,意识转过来又促进了实践的发展。人的意识与理论思维使得劳动有了明确的目标和计划,使得劳动过程能够合乎规律地进行,这样人就取得了支配自然的自由。劳动生产本来是出于人类天性(自然本性)的需要,人必须"假物以为用",人类要生存就一定要劳动,

---

①　马克思:《关于费尔巴哈的提纲》,《马克思恩格斯选集》第 1 卷,人民出版社 1995 年版,第 56 页。

②　恩格斯:《劳动在从猿到人的转变中的作用》,《马克思恩格斯选集》第 4 卷,人民出版社 1995 年版,第 373—374 页。

劳动就要合群,要形成群体来进行,这都是出于自然规律的必需。劳动本来是出于人的自然本性的需要,后来在此基础上发展起来了理论思维、意识,劳动的对象就越来越多地由自在之物化为为我之物了;人本身、人的劳动也逐步地自在而自为,即日益成为自由的人。按劳动发展的方向来说,它要求成为自由的,自由劳动使得人类与动物界有了真正的本质的区别。自由劳动是劳动与意识、感性活动与理性思维的有机的统一,这就是人的类本质。

认识是个"同归而殊途、一致而百虑"的辩证运动。通过一致而百虑的反复,才能揭示可能界的多样性,把握由可能化为现实的过程。与可能界及其实现过程相联系着,我们要注意主体的社会意识与人的社会本质。

"一致而百虑"就是通过不同意见的争论而获得正确的结论。每个意见表示一种可能,意见的分歧说明可能性的多样。一方面,现实发展的趋势的可能性是多样化的;另一方面,主体对现实可能性的认识也是多样化的。在这里,意识主体就不仅是作为类的分子的自我,而且总是社会关系中的自我,主体意识总是包含有社会意识。这样我们就把群己之辨的问题引入了认识论。

意识者是一个一个的主体,各具独立性,他能够通过反思自证其为主体。这种自我意识是独特的,有些经验只有自己体验到,有些独特的感受也是无法交换的,就像人们常常说的"哑巴吃黄连,有苦说不出"。但是,离开了他人、离开了群体就无所谓自我,我是在与你、与他人的交往中,在参与社会群体的活动中才意识到自己的主体性。没有他人与我相比较、相交往,不参与社会生活、群体活动,便不可能有自我意识。自我意识固然是对个别精神的自证,但个别精神不能离开群体意识,它总是渗透、反映了群体意识,比如民族心理、国民意识、时代精神、阶级意识等等。中国人受民族文化传统的熏陶,就具有一种中国人特有的国民意识;农民有农民阶级的意识;基督徒信仰上帝,有基督徒的思想意识。这种群体意识是人们在社会集团中、文化传统中通过社会交往而形成的,体现在各个人的身上,一方面是个性化了——因每个人经历不同,所以千差万别;另一方面,它作为共性,作为社会传统的力量、习惯势力,往往在人身上有一种先入之见的稳固性,成为人们观察问题的视角、处理问题的态度。所以,意识主体不仅具有统觉(用逻辑原则统摄思想内容),同时,主体意识又以一定的社会意识作为观察问题的视角。观察问题所用的观点,总是理论认识与社会意识的结合,总是通过考察现实的可能性来展望生活的前景、未来,来判断某种活动的价值等等。每个主体总是从他的角度、从"以我观之"来表示意见。这种意见总是与个人的感受、教养、经历有关,同时又总是自觉不自觉地接受了某种社会意识的结果。讲到一个人的自我的时候,它是指彼此有别的独特的小我,也同时反映了一个人的大我,如民族精神、阶级意识、国民心理等等。我们不妨说,我总是小我与大我的结合。平时说一个人的觉悟程度的时候,如说"这个人无知""那个人一点不自觉"等,说的都是主体意识的明觉的程度。不过,侧重点不一样,有的是从个人来说的,有的是从群体来讲的。主体总是个别的,但个别精神总是运用一定的观点来观察现实、讨论问题、处理事务的,所以它总是程度不同地表现了群体意识。

　　统觉(我思)是对事实条理作判断时起统率作用的。而当讨论问题、发表意见、进行辩论时,这样的"我思"总包含有一种观点。我们可以把观点的综合叫作"综观"。我的意见包含有我对问题(讨论对象)的观点、态度,而这种观点总是对现实的认识与社会意识的结合,此即综观。在发表观点的时候,意识主体总是大我、小我结合在一起的,它当然有其个性特色,同时它总是反映了某种社会意识。"我"不仅是一般意识的主体,而且是在社会交往中的"我",是社会意识的主体。综观统率着意见,当然它也可以是多样化的。有的人意见可能很散漫、杂乱、多变,也可能随风倒,显得缺乏主见,但这种多变散漫也是一种综观;有的人独断专横,主观很强、很固执,当然也是一种综观。"观"总是有主观性,每个人都"以我观之",从自己的角度来看问题,但假如仅以一孔之见看问题,那就会陷入主观盲目性。哲学家力图"以道观之",但以道观之也往往是有见有蔽。如《荀子·非十二子》上讲的,诸子百家各有所见、各有所蔽,见、蔽是联系在一起的。但不论是个人的主观盲目性的观,还是哲学家的以道观之的观,都是综观。我们应力求以实事求是的态度来克服主观盲目性,以全面看问题的观点来克服片面性,这就是唯物辩证法的以道观之——它要求比较自觉的综观,以实事求是的全面的态度来反观自己,力求解蔽,不使心灵蒙上尘垢,以便如实地、全面地观察和研究现实生活,这样就有利于把握现实的可能性。当一个人能这样地反观自己的时候,他就意识到自我是个综观的主体。这种自我意识不仅自觉自己有个性,而且自觉自己代表着一定的群体意识,如自觉地表现出爱国主义的精神等等。

主体意识、综观,不管是自觉的还是不自觉的,总是以社会实践为基础的。观点不仅是理论认识,而且总是有社会意识的性质。社会意识是社会存在的反映。所谓社会存在,不仅是指客观的社会实践、社会物质生活,也指在社会中活动着的人们本身。这些人都是有意识的,所以社会意识既是客观物质生活的反映,同时也是社会的人们作为主体的作用的表现。人们在社会实践中结成各种社会关系,形成不同的社会集团,所以马克思说:"人的本质不是单个人所固有的抽象物,在其现实性上,它是一切社会关系的总和。"①把握人类的本质是必要的,但不能只停在这里,人不仅是人类学上的人,他也是社会学上的人。马克思批评费尔巴哈讲抽象的人性论,说费尔巴哈撇开历史进程,仅从自然联系而非社会联系上来孤立地考察人的个体,把人仅理解为类,这是不对的。马克思认为,人的真正的本质不仅是人

---

① 马克思:《关于费尔巴哈的提纲》,《马克思恩格斯选集》第 1 卷,人民出版社 1995 年版,第 56 页。

类个体的抽象,不只是个人之间的自然联系,而是一切社会关系的总和。这种作为人的社会关系总和的本质是历史地演变着的,所以不能离开历史的进程来抽象地谈人性。从这个意义上来说,没有抽象的人性,只有具体的人性。但是,马克思的这句话长期以来受到本质主义的曲解,表现在两个方面:一是教条主义者把阶级关系绝对化了,把人的本质属性理解为阶级性,这种看法显然不符合马克思的原意。马克思讲的是一切社会关系,它包括人们在社会实践中的各种交往方式,其中最基本的是生产关系。阶级关系只与人类社会历史的一定阶段相联系,而且,即使在这一定阶段中,阶级关系也只是主要的社会关系,而不是社会关系的全部。在生产关系的基础上形成的社会结合是多种多样的,包括家庭、教育组织、劳动组织、国家、民族等,应从各种社会关系的联系中、从社会历史的演变中来具体地把握人的本质。另一方面,本质主义的特点就在于把本质与存在、共性与个性割裂开来,把本质、共性形而上学化,于是本质就成了抽象的东西,失去了具体性。有种流行的思维方式就是以为一般即本质,个别只是一般本质的一个例子或殊相,于是就把个别与特殊(单一与殊相)等同起来。当然,个别有特殊的时空关系,有不同于其他个别的殊相,但是,如果个别只被看作是许多殊相的集合体,那是把个别抽象化了,个别就失去了真实存在的性质。真实存在都是具体的,都是本质与存在的统一。人的本质是社会关系的总和,而社会关系是许多个别人们之间的关系,本质不能脱离一个一个的人,不能脱离个性而独立存在。所以,不要把单一和特殊混淆起来,本质主义者把单一看成只是特殊,这是不对的。

随着实践的发展和社会历史的演变,主体意识(作为个别意识与社会意识的统一)也由自在而自为地发展着,经历异化和克服异化,发展为自由意识。主体的自由意识,是与价值的创造、自然的人化相联系着的。除人以外,动物没有严格意义的意识,没有主客观的对立,当然也就无所谓自由与被迫。在文学创作中,我们用"鸢飞鱼跃"来形容自由,这是由于人的移情作用。自由意识是人在创造价值、改造自然、发展自我中的主体意识,是所有人都有的。可以说在儿童的游戏中,自由意识已经有了萌芽。正如黑格尔举例说的,当一个小孩把石子抛进池塘,欣赏水波一圈圈散开时,他就是在欣赏自己创作的欢乐,在这样的活动中,已有了自由意识的萌芽。庄子"庖丁解牛""轮扁斫轮"等寓言,讲的都是些创造价值的活动。庖丁在解牛时达到的"游刃有余"、合乎音乐节奏的境界,他本人有种踌躇满志的精神状态,这就是自由。轮扁斫轮,不徐不疾,得之于手而应于心,这才是真正自由的劳动。这样一种自由意识,是在创造价值的活动中的主客观统一的意识。从物我关系而言,人在自然上面加工,总有人与自然的对立,自然力对于人是一种外在的力量,对人的活动是一种限制。所以,人必须经过斗争、克服困难和障碍(内在和外在的),并在劳动实践中锻炼了自己的才干,逐步使自己的能力发展起来,进而达到主客统一,使人的理想或预期的目标得到实现,而主体也从中获得了创造的乐趣,有了自由。自由意识首先是主体作为主宰者、主人翁的意识,即自由人格的意识。人们在改造自然的活动中逐渐认识了自然,培育、锻炼了支配自然的能力,力求成为自然的主人。人们在改造社会的实践中也逐渐认识了社会,培育、锻炼了支配社会的能力,力求成为社会的主人。这里用"主人"一词,首先指群体而言。但群体是由个体构成的,每个人在参与群体活动中,由自在而自为地(即逐步自觉地)塑造自己、发展自己,成为自由的个性和人格,这样的个性当然是历史的产物。

哲学家讲的自由人格、理想人格,古今不同。孔子说他"五十而知天命","七十而从心所欲,不逾矩"(《论语·为政》),他所理解的自由,就在于人与天命合一。庄子讲的自由,是"独与天地精神往来"(《庄子·天下》)的逍遥,"至人"是无己、无功、无名的无待之人。道家、儒家讲的自由显然有别。另有些哲学家,特别强调了人与自然的对立、人(个性)与社会的对立,强调通过对立的斗争才能获得自由。荀子讲的"制天命而用之"就有这个意思,黄宗羲讲的豪杰精神,也是一种与天命、与束缚自己的异化力量抗争的精神,因而自由就在于通过斗争克服困难、解脱束缚达到精神上的升华。以上都是古代的自由观,他们讲的圣人、豪杰,都只是极少数的杰出人物。我们讲的自由人格,则是一种平民化的、多数人可以达到的人格。这样的自由意识并不是高不可及的,而是一般人在其创造性活动中都能达到、获得的意识。任何一个"我"作为创作者,不论是做工、种田,还是作画、雕塑、从事科学研究,都可以自觉地在自己的创造性劳动中改造自然、培养自己的能力,于是自作主宰,获得自由。就是说,劳动者不仅能自觉地主宰自然,而且能在改造自然的基础上培养自己的才能、德性,自作主宰。他既能主宰外在的自然,也能主宰自己内在的自然(天性)。当然,这样的自由有两个前提:一是在一定意义上克服劳动的异化;二是主体要有正确的世界观、人生观。从客观历史的发展来说,完全消除对人、对物的依赖,彻底克服人的异化,那是共产主义的理想。就当前中国社会来说,对人、对权力的依赖的习惯势力还普遍存在,表现为权力迷信;在目前的市场经济条件下,对物的依赖更不可避免,因而产生拜金主义和商品拜物教。当然,这不是说人现在不可能有自由。树立一种比较正确的世界观、人生观来指导自己的活动,在自己所从事的创造性活动中获得内在的价值,以此为乐生要素,因而把权力、物欲看得淡些,这还是做得到的。特别是学哲学的,更当注意此点。

人之所以为人者,首先,在于劳动与意识;其次,在于人的本质在其现实性上是社会关系的总和,人性是历史地发展着的;第三,人类按其发展方向来说,本质上要求自由,在人与自然、性与天道的交互作用中,发展他的自由的德性。价值的创造、自然的人化,就是人与自然的交互作用。这种交互作用以感性实践活动为桥梁,正是通过感性实践活动,道转化成为人的德性,人的德性体现于道。王夫之说:"道恶乎察,察于天地。性恶乎著,著于形色。"①只有通过形色等感性性质来接触天地万物,才能察见"天道""人道",显现"人性"。他说:"色声味之授我也以道,吾之受之也以性。吾授色声味也以性,色声味之受我也各以其道。"②我们把王夫之的命题置于实践的基础上来理解:正是在实践活动中,客观现实事物的色、声等感性性质授予我以"道"(客观规律和当然之则),我根据性之所近、习之所惯加以接受,使我的性得到培育而"日生日成";转过来,我通过实践活动而使性得以显现,具有色、声等感性性质的客观事物各以其道(不同的途径和规律)而使人的"性"对象化,亦即成为人化的自然。这也就是性与道交互作用的过程。"道"包括天道与人道,二者在人化的自然是统一的。凭着人化的自然或价值界,人的德性发展起来:一方面是人化自然给予的影响,另一方面也是出于主体的权衡、选择。这是一个凝道而成德、显性以弘道的日新不已的过程。道,本是现实固有之理和当然之则,反映在典籍和传统中,通过实践和教育为人们所把握,就是世界观和人生观。"君子深造之以道,欲其自得之也。"(《孟子·离娄下》)"造道"是在实践中受教育的活动,起初不免把天与人、道与性分为二物,只有经过凝道成德、显性弘道的反复不已,道凝成为自己的德性,德性又显现于实践而使道得以弘扬。这才是自得,才是自由。

这里讲的"造道""凝道""弘道",是世界观、人生观所谓的"道",是总起来说的天道、人道、认识过程之道,而非分开来说的"道"。分开来说,则各个领域、各个过程各有其道(理),工业与农业、政治与道德、科学与艺术等各部门各有其道。因此,从事每一领域的人们各有其才能、德性,全知全能的人是没有的。现在社会需要各种专门人才,从事某项专业,便需要精

① 王夫之:《尚书引义·洪范三》,《船山全书》第 2 卷,岳麓书社 2011 年版,第 352 页。
② 王夫之:《尚书引义·顾命》,《船山全书》第 2 卷,岳麓书社 2011 年版,第 409 页。

通这项业务，掌握其熟练技巧，以至达到得心应手。不过，作为世界观的哲学，即总起来说的天道、人道、认识过程之道，是每个人都需要的。有实事求是之意，无哗众取宠之心；能比较全面地、从发展观点看问题，而不是以静止、孤立的态度对待事物；能通过实践和学习，使这样的"道"（实事求是态度和全面、发展观点）成为自己的德性，于是主体在从事某项劳动、某项工作中有了一种比较正确的态度，就比较自由了。

张载说："性与天道合一存乎诚。"①诚即真诚、实有，而非虚假之物。我有真诚的德性，便体会到与天道合一，而性显现为情，便又能在色、声等情态中直观自身，这就是由诚而明。而转过来，结合感性实践活动来认识和把握（天道与人道），经存养而使之凝而成性，这就是由明而诚。在"自诚明"与"自明诚"的反复中，觉悟提高了，凝道而成德、显性以弘道，天道成了自己的德性，亲切体会到了我的德性与天道为一，而"我"作为"德之主，性情之所持"②者，便是自由人格。

（以上选自第一卷，第283—326页）

（三）"转识成智"的飞跃

人类在实践的基础上认识世界和认识自己。一方面，要认识自然界（包括社会）的发展秩序，这就是天道与人道；另一方面，又要认识自己的心灵和德性。性和天道交互作用，构成了人类从无知到知、从知识到智慧的辩证发展过程，而智慧与自由内在地联系着，是认识所要达到的目标。

"转识成智"这一传统术语可以被借用来表示由知识到智慧的转化。何谓知识？这里是广义的用法，即是与无知相对，把常识和科学都包括在内的。从认识的程序讲，感觉提供所与，以得自所与者还治所与，化所与为事

---

① 张载：《正蒙·诚明》，《张载集》，中华书局1978年版，第20页。
② 王夫之：《诗广传·大雅》，《船山全书》第3册，岳麓书社2011年版，第448页。

实,进而把握事实界的种种联系,揭示发展的可能性以及可能的实现的过程,并考察这种客观联系与过程和人的需要之间的关系而进行评价、指导行动等。这些都属知识经验,是名言之所能达的领域。何谓智慧?日常用法中其意义比较含混,涵义很广泛。我这里取中国古代讲"圣智",以"智慧"译佛家的"般若",以及希腊人以哲学为"爱智"等所含的意思。"智慧"一语指一种哲理,即有关宇宙人生根本原理的认识,关于性与天道的整体理论。

知识与智慧都以理论思维的方式来把握世界,但二者是有区别的。知识所把握的不是宇宙的究竟、大全或整体,不是最高的境界。知识所注重的是彼此有分别的领域,是通过区分这个那个、这种那种等等,进而分别地用命题加以陈述的名言之域。而智慧则以"求穷通"为特征,"穷"就是穷究,要求探究第一因和最高境界,即探究宇宙万物的第一因、自由因是什么,宇宙的演变、人类的进化要达到何等最高境界,也就是终极关怀是什么的问题。"通"就是会通,融会贯通。认识自然界、人类社会的秩序,要求把握其无所不包的道,也就是贯穿于自然、人生之中无不通也、无不由也的道;并要求会通天人、物我,达到与天地合其德,获得真正的自由。哲学家总要求达到如斯境界,要求穷究会通。这其实也是出于人的天性、人的思维的本性。比如说,聪明的孩子喜欢打破砂锅问到底,你告诉他盘古开天地,他就会问盘古从哪儿来的;你告诉他头上是天,他就会问天上是什么。这就已经是要求穷究会通的萌芽了。可见,求穷通是人类思维本性的要求,也是有哲学兴趣的人所不可避免地要关心的问题。

在知识经验领域,不论是常识还是科学,思维总是用抽象概念来把握事和理。用得自所与的概念还治所与,就是事实;把握概念之间的联系,就是道理、条理。无论事与理,都离不开抽象概念。运用抽象概念来把握事与理,内容就是分开来说的思想,对象就是分别地来把握的现实。不论是普遍命题,还是特殊命题,命题的真总是有条件的、有限的、相对的。而求穷通则要把握无条件的、绝对的、无限的东西。无不通也、无不由也的"道",天人合一的境界,会通天人的德性,都是无条件的、绝对的、无限的,所以,这就是难以言传的超名言之域了。哲学当然有一部分属于名言之域,是用普遍命题来表达的,但哲学家作为爱智者总是要穷究第一因、穷究最高境界,要求会通天人,把握无所不包的"道"。

和知识智慧的区别相应,哲学也不同于科学。哲学固然与科学联系着,有其属于发现、属于名言之域的部分,但哲学的意义不止于此。哲学的根本意义又在于求穷通,要求把握天道,综合人的本质力量,贯通天人。所以哲学不仅要区分真假,有属于分析和发现的一面,哲学也有属于综合和创作的一面。历史上那些大哲学家的体系,都是一定历史条件下求穷通的一次尝试、一个富于个性色彩的创作,不仅是认识发展过程的一个环节,还有其不为后人所能重复的特色。因为作为创作,哲学类似于艺术,尤其类似于语言艺术,而一切真正的创作都是人的德性(人的本质力量和个性)的表现。

知识和智慧的差别意味着由知识到智慧的转化,包含着飞跃。知识重分析、抽象,智慧重综合,以把握整体。由知识到智慧的飞跃亦即由名言之域到超名言之域的飞跃。这种飞跃是不可否认的事实,这可以从三点来说明:首先,智慧是关于天道、人道的根本原理的认识,是关于整体的认识,这种认识是具体的。把部分相加不等于整体,只有通过飞跃,才能顿然地全面、具体把握关于整体的认识。其次,智慧是自得的,是德性的自由的表现,也就是人的本质力量和个性的自由表现。人的本质力量有人类共同的东西,但又是个性的,是自得之德。作为自由德性表现的智慧,总有其"非受之于人,而忽自有之"的东西,有顿然之感。最后,从人性与天道通过感性活动交互作用来说,转识成智是一种理性的直觉。理性的直觉即领悟,在科学、艺术、德行等领域中也都具有,都是在理性的照耀下给人以豁然贯通之感的直觉。从知识到智慧也是这样,它是在理论思维领域中的豁然贯通而体验到无限、绝对的东西。这种体验是具体的、直觉到的,这也说明了这是飞跃。当然,飞跃不是割裂,它总是保持着与知识经验的联系,因此不能把知识和智慧割裂开来。

精神活动的各个领域,无论是艺术、科学、德行、宗教经验,都大量存在着理性的直觉。理性的直觉是感性和理性的统一,一下子把握到主客的统一,给人以顿悟、豁然贯通之感。由于这总是出于自己意料之外的,所以也就给人以神秘之感,但不能因此得出神秘主义的结论。事实上,人类从开始脱离动物界、具有理性思维之时起,理性就与感性直观相联系着。原始思维有直观性、形象性、具体性的特色,真实与想象不分,天人交感,人与自然、主观与客观互相感应,都可说是原始思维的特点。随着人类的进步,人的精神活动的领域分化了,分为实践精神、理论思维、审美活动、宗教信仰等,人类就是用这些不同的方式来把握世界,并且因为社会分工形成了不同的传统。但在各个精神领域中,仍然不同程度地保持着原始思维的上述特色,这样那样地发展着理性直觉的活动。当然,各领域各有其特点,情况也各不相同,科学的领悟、艺术的灵感、德行中的良知、宗教的神秘体验等等,它们之间的差异很大,但都保持着原始思维留下的感性与理性为一、人与自然交互作用的特点。

哲学领域中的理性直觉有其特点。哲学是综合地求穷通,求大写的"真理"与真善美统一的自由境界。绝对的、无条件的、无限的东西是哲学理论思维所探究的东西。在探究中,通过转识成智的飞跃,顿然之间抓住了,就是"悟",就是哲学上的理性直觉。人类精神活动的其他领域,如艺术、科学、德行、宗教以及功业等从不同的途径追求绝对的、无限的东西,都可以进入哲理的境界,都可通向哲学。但是哲学作为一门学问,是以理论思维方式来求穷通的,哲学上的理性直觉也总是与思辨的方式结合在一起,与德性的培养结合在一起。

在哲学领域,讲理性直觉就要讲如何能具体地、生动地把握绝对的、无条件的、无限的东西。这里涉及有限和无限的辩证法,从哲学史上考察,关于无限的范畴,有经验论和唯理论的争论,黑格尔批评了康德及其以前哲学家们的观点,反对把有限与无限割裂开来,而要加以辩证的解决,认为在有限之中可以把握无限。但他自己是唯理论者,贬低经验论的无限观,称之为"恶的无限性"。恩格斯进一步批评了黑格尔,认为"恶的无限性"一词正好说明了无限的前进运动还在黑格尔的视野之外。从客观辩证法说来,物质运动是无限的,个别物体的运动是有限的,无限与有限的矛盾展开为物质世界的无限发展过程。从认识的辩证法说,"一方面,人的思维的性质必然被看作是绝对的,另一方面,人的思维又是在完全有限地思维着的个人中实现的。这个矛盾只有在无限的前进过程中,在至少对我们来说实际上是无止境的人类世代更迭中才能得到解决"①。因此,无限的、绝对的天道以及与道合一的自由的德性,不是可望而不可即的,而是在无限前进运动中逐步展开的,是人的理性直觉能把握住的。理性直觉不是别的东西,就是体现了性与天道交互作用的直觉活动,是理性的观照和具体亲切的体验的统一。在此活动之中,人们感到在瞬间把握到永恒,亲身体验到性与天道的统一,揭示出有限中的无限,达到"天地与我并生,万物与我为一"的境界。

从哲学史上看,对于如何转识成智、用理性直觉把握无限这问题,有着不同的观点和思路。有的哲学家从"破"的方面入手,有的哲学家从"立"的方面入手,途径各不相同。道家从破的方面入手,老、庄以为只有破除知识经验、有限,才能超名言之域,使绝对、无限显示出来。儒家从立的方面入手,孟、荀都讲修养的积累和认识的提高。事实上,强调破或强调立,未免各

① 恩格斯:《反杜林论》,《马克思恩格斯选集》第 3 卷,人民出版社 1995 年版,第427 页。

有所偏。在中国哲学史上,先秦以后很多哲学家试图把二者结合起来。破和立不可分割,破就是破除所待,超越相对;立就是揭示绝对即在相对之中,在相对者的联系、对立面的统一之中就有绝对。只有把这两个方面结合起来,才能实现由知识向智慧的飞跃。

理性直觉的所得是超名言之域,超出知识经验的领域,当然是不可思议、不可言说的。无限的天道、自由的德性、物我两忘的境界都是非名言可达的。在名言之域中,言必有所言,知则有所待,离不开物我、能所的对待。而理性直觉所把握的是"无动而不变,无时而不移"的日新之流,是无所待的,这就不是言意所能传达的。但是,说不得还是要说。从逻辑上看,哲学就是通过达名的辩证综合来表示总名。所谓达名,就是名言之域之名,它所表示的是最高的类,因而也就是哲学范畴,可以运用于天地万物,如物、性、时、空、类、故、理等等。这些范畴按外延来说都指天地万物,是一样的,属同一范围,但含义有区别,又互相联系着。所有这些以达名表示的范畴相联系构成了一个整体,这个整体就是大全、宇宙、天道。而天道、宇宙、大全是囊括万有、超越所待的总名。总名所表示的是元学的理念,是表示宇宙整体的,如用西文表示,就是大写的 Idea。理念作为关于总体的具体范畴,要用理性直觉来把握,用范畴的辩证综合来表达。哲学家要用范畴的辩证综合来表达理念,以构造元学的理论体系。

范畴的辩证综合贯穿着从抽象到具体、逻辑和历史的统一。认识首先是从具体上升到抽象,但这种抽象还要再上升为具体。从具体到抽象,就是从这样那样的方面揭示一定领域的变化规律。但这样那样的方面的认识积累多了,到了一定程度,认识又要从抽象上升为具体,把已经发现的规律、范畴有机地联系起来,进行辩证的综合,把握这一领域的整个过程,就达到了具体。

抽象再上升到具体,同时也就是逻辑和历史的统一。例如,马克思的

《资本论》的逻辑体系就是一种辩证的综合,它与历史(现实史与认识史)的发展相一致,既可说是对历史演变作了合乎逻辑的概括、总结,也可以说是它的逻辑的联系得到了系统的历史事实的印证。这样的逻辑和历史的统一也就是对真理的具体性作了论证,而认识达到了主观和客观、理论和实践的具体的历史的统一,也就是对科学理论作了实践的验证。在哲学领域,真正的哲学理论也是逻辑和历史的统一。这里的历史有两个方面:一是宇宙人生的现实历史,二是对宇宙人生的认识史。因此哲学的研究离不开对哲学史的研究。哲学是哲学史的总结,哲学史是哲学的展开。任何一种新的哲学体系的建立,总是既提出了新的思想,又分析批判了传统,克服了旧的体系,同时将其合理成分包含在自己的新的体系之中,这样就形成了辩证的综合。如果这个辩证综合真正是新的,那就成为哲学前进的一个环节。这样从哲学的历史考察来进行辩证的综合,同时也就是对自己的新的哲学体系作了论证。总之,哲学凭理性直觉所把握的,必须通过对哲学传统的辩证综合来表达、来论证。

辩证综合是意识主体的活动,但老庄、佛学、理学却说圣智无我,王夫之对此进行了批评。他称"无我"之论为"淫遁之辞"[1],并说"我者德之主,性情之所持也"[2],"我者大公之理所凝也"[3]。这即是说我接受了天道、人道,并使大公之理凝结成我的德性(或者说我的德性的有机组成部分,这便是凝道而成德)。而转过来,我在与外界的接触、交往中使德性得以显现为情态,而具有感性性质的事物各以其"道"(不同的途径和规律),使人的个性和本质力量对象化了,成为人化的自然,创造了价值,这便是显性以弘道。

---

[1]　王夫之:《思问录·内篇》,《船山全书》第 12 卷,岳麓书社 2011 年版,第 417—418 页。

[2]　王夫之:《诗广传·大雅》,《船山全书》第 3 卷,岳麓书社 2011 年版,第 448 页。

[3]　王夫之:《思问录·内篇》,《船山全书》第 12 卷,岳麓书社 2011 年版,第 418 页。

凝道而成德与显性以弘道都有个"我"作主体,所以说,"我者,德之主"。

我是意识主体。我不仅有意识和自我意识,而且还能以意识之光返观自我,自证"我"为德之主。这里用"自证"一词,不同于唯识之说,而是讲主体对自己具有的德性能作反思和验证。如人饮水,冷暖自知。当然,我们说主体"能作反观以自证",只是说主体有能力自证,实际上人们在平时的活动和感受中并不经常反观而求自证。自证是主体的自觉活动。虽说人人有个"我",但真正要认识自己的面目、自己的性情,却并不容易。人真正要认识自己,要经历一个锻炼、修养的过程。据我的体会,真正认识自己,达到德性的自证,主观上首先要真诚。中国古代儒道两家说法虽各不同,但都以为真正的德性出自真诚,而最后要复归于真诚。老子说"复归于婴儿"(《老子·二十八章》),孟子说"大人者,不失其赤子之心者也"(《孟子·离娄下》),他们都以为理性人格的德性具有儿童般的真率、质朴。

要保持真诚的德性,必须警惕异化现象。自然经济条件下对人的依赖关系不可避免,商品经济条件下对物的依赖关系也不可避免,由此而产生出权力迷信和拜金主义。这两种异化力量反过来支配人,使人成了奴隶,失去了人的尊严,也丧失了真诚。对个人来说,要保持真诚,对这种异化势力要持拒斥和批判态度,并警惕伪君子假道学的欺骗。同时,为了锻炼、培养真诚的理性精神,还需解放思想,破除种种蒙蔽。对从事哲学和追求哲理境界的人来说,从真诚出发,拒斥异化和虚伪,加以解蔽、去私的修养,在心口如一、言行一致的活动中自证其德性的真诚与坚定,这也就是凝道而成德、显性以弘道的过程。真正能够凝道成德、显性弘道,那便有德性之智。德性之智就是在德性的自证中体认了道(天道、人道、认识过程之道),这种自证是精神的"自明、自主、自得"(即主体在返观中自证其明觉的理性、自主而坚定的意志,而且还因情感的升华而有自得的情操)。这样,便有了知、情、意等本质力量的全面发展,在一定程度上达到了真、善、美的统一,这就是自由的德性。而有了自由的德性,就意识到我与天道为一,意识到我具有一种"足乎己无待于外"的真诚的充实感,我就在相对、有限之中体认到了绝对、无限的东西。

人的德性(我这里讲德性,取"德者,道之舍"义,是从本体论上说的)的培养,包括立德、立功、立言等途径,都是以自然赋予的素材(天性)作根基,以趋向自由为其目标。人们在实践和教育中认识自己和塑造自己,与化自在之物为为我之物的过程相联系着,通过立德、立功、立言等创造性活动,德性经培养、锻炼由自在而自为,"我"作为"德之主"便自证其自由的品格。我自证为德性之主体,亦即具有德性之智。德性之智是我真诚实有,克服异化,解除蒙蔽,在心口如一、言行一致中自证的。自证,意味着理性的自明、意志的自主和情感的自得,所以是知、意、情统一的自由活动。

总之,理性自明、意志自主和情感自得,三者统一于自我,自我便具有自证其德性的意识,即自由意识。自由的德性是知、意、情的全面发展,以达到真、善、美统一为其目标。这目标并不是在彼岸,而正是在人们的实践和认识反复的活动中展开的,在与异化现象作斗争、在克服重重困难和障碍的过程中逐步实现的。哲学家可以有所偏至,入德之门可以不同,哲理境界可以通过不同途径而达到,但要求化理论为德性,在理论与实践统一中自证其德性之智,则是共同的。当然,德性之智和德性的自由是历史的有条件的。但哲学既是以理论思维方式掌握世界,对哲学家来说,不论处境如何,始终保持心灵的自由思考,保持独立的德操是重要的。这可能使自己经历折磨、痛苦,甚至是悲剧性的后果(如嵇康),但能行心之所安,在功业、著作及日常活动中寄寓自己的精神,使情感得以升华,而真正达到在一定领域内凝道而成德,显性以弘道,便进入了自由的境界。

真正具有了自由德性,便意识到我与天道为一,拥有足乎己无待于外的自我具足之境。但自我具足不是自我封闭,而正是自我超越,与时代精神为一,与生生不已的实在洪流为一。自由德性具有肯定自己又超越自己的品格。我不断地以创造性活动表现自己,把我的德性对象化——显性以弘道;而又同时从为我之物吸取营养——凝道而成德。正是在这一显性弘道和凝道成德的交互作用过程中,我以德性之智在有限中把握无限、相对中把握绝对。

(以上选自第一卷,第329—364页)

思考题

1. 为什么冯契要扩展认识论研究的范围?

2. 与金岳霖相比,冯契对狭义认识论问题的解决有何特点?

3. 为什么冯契把"理想人格如何培养"列为认识论问题?

阅读链接

1.《认识世界与认识自己》,《冯契文集》(增订版)第一卷。

2.《智慧》,《冯契文集》(增订版)第九卷。

第三章 化理论为方法:逻辑思维的辩证法

《逻辑思维的辩证法》的主旨是讲"化理论为方法",说明认识的辩证法如何通过逻辑思维的范畴,转化为方法论的一般原理。冯契坚持客观辩证法、认识论和逻辑学的统一,强调不能贬低形式逻辑,也不能否认辩证逻辑;通过对马克思主义辩证逻辑和中国古代辩证逻辑传统的互相诠释,他勾画了一个按"类""故""理"的次序安排的逻辑范畴体系。他认为辩证方法就是以得自客观现实和认识过程的辩证法之道,来还治客观现实和认识过程本身,而辩证方法的两条基本要求就是:贯穿于逻辑范畴体系中的对立统一原理转化为分析与综合相结合,认识过程的辩证法的运用表现为理论和实践的统一。

《逻辑思维的辩证法》主旨在讲"化理论为方法",说明认识的辩证法如何通过逻辑思维的范畴,转化为方法论的一般原理。主要讲辩证逻辑一般概念及研究方法、逻辑思维过程的辩证法即从认识运动来考察辩证逻辑、逻辑思维形式的辩证法即把辩证逻辑作为认识的成果和客观的反映来考察。唯物辩证法是关于自然、人类社会和思维的最一般发展规律的科学,是客观辩证法、认识论和逻辑学的统一。我们着重研究作为逻辑学的辩证法,主要是从逻辑学和认识论的统一的角度来考察。

(以上选自第一卷,第39—40页;第二卷,第1页)

一、辩证逻辑是认识史的总结和
客观现实的辩证运动的反映

唯物辩证法是客观辩证法、认识论和逻辑学的统一。客观辩证论和逻辑学是同一门科学,但可以、也应当分别加以研究。现在研究辩证逻辑具有特别重要的意义。

(一) 当代研究辩证逻辑的重要意义

总的说来,一百多年来,马克思主义者对辩证逻辑研究得不多,是个薄弱环节,已经造成不良影响,甚至是严重后果。对逻辑学重视不够,遇到问题不能辩证思维,不是实事求是地思考,就使得独断论、形而上学滋长起来。这是造成个人迷信的重要条件之一。从主观上说,长期以来我们不强调逻辑,不讲客观全面地看问题,无疑是产生主观的独断论的重要条件。所以,为了破除迷信,反对独断论,发展社会主义民主和发展科学文化,一方面要坚持实事求是,注重调查研究;另一方面一定要用辩证法来思维,讨论问题时要对问题进行具体分析,提出论断一定要进行逻辑论证。因此,在当前提倡辩证逻辑有着特别重要的意义。

从唯物辩证法这门科学来说,研究辩证逻辑的重要性就在于它是辩证法的生长点之一。哲学要求概括科学成就,进行严密的逻辑论证,通过对立的哲学体系的斗争来发展自己,并转过来再推动科学的发展。哲学和科学的一个重要交接点就是逻辑学和方法论。当前形式逻辑(主要是数理逻辑)取得了非常迅速的发展,并对科学发展起着极大的促进作用,而辩证逻辑却似乎停滞不前,至少是研究得很少。现代科学已为逻辑和方法论提供了非常丰富的资料,包括数理逻辑所提出的许多问题,有待我们去探索、去概括。

马克思主义要和中国的革命实践、中国的传统相结合,这就特别需要研究辩证逻辑。曾经有一种说法,说中国历史上的哲学家不讲究逻辑,只讲究伦理,我认为说中国哲学重视伦理是对的,说不重视逻辑则不对。但是,中国人确实不大注意形式逻辑,李约瑟提出:"当希腊人和印度人很早就仔细地考虑形式逻辑的时候,中国人则一直倾向于发展辩证逻辑。"①这个论点我认为是正确的。要实现中国哲学和西方哲学的合流、马克思主义哲学和中国传统相结合,就必须研究中国古代朴素的辩证逻辑。

(以上选自第二卷,第1—4页)

(二) 客观辩证法、认识论和逻辑学的统一

我们的基本观点是:客观辩证法、认识论和逻辑学是统一的。哲学首先要问:世界的本原是什么? 是精神还是自然界? 但是,思维与存在的关系正如黑格尔和列宁所指出的,包括三项:一、自然界;二、人的认识=头脑;三、自然界在人脑中的反映形式——概念、范畴、规律等等。② 中国古代哲学发展到后来讨论理、气、心,有理一元论、气一元论、心一元论,正说明了这一点。所以,唯物而辩证地解决思维和存在的关系应是在唯物主义前提下的客观辩证法、认识论和逻辑学的统一。

传统的本体论(天道观),首先争论世界的统一原理问题或本原问题,即物质和精神何者为第一性的问题,并按照对这一问题的不同回答划分为两大阵营。这个争论表现在认识论、逻辑学上,就是讨论知识的来源问题和逻辑的客观基础问题。知识是先天就有的,还是后天才有的? 逻辑规律是

---

① 李约瑟:《中国科学技术史》第 3 卷,《中国科学技术史》翻译小组译,科学出版社1978 年版,第 337 页。

② 参见列宁:《哲学笔记》,《列宁全集》第 55 卷,人民出版社 1990 年版,第 153 页。

主观的先天的形式,还是有它的客观基础的? 这都涉及物质或精神何者为第一性的问题。天道观的第二方面,则是有关世界发展原理的问题,即世界是变化的、发展的,还是不变的? 世界的发展是自身的矛盾运动引起的,还是由外力推动的? 这样,就有辩证法和形而上学两种对立的发展观。这个对立在认识论上是关于认识过程问题上的对立,也就是对思维与存在的同一性问题的不同回答。辩证法把思维和存在的同一了解为认识发展过程,是由不知到知、由知之不多到知之较多的发展过程。如果把思维与存在割裂开来,就导致不可知论;如果把思维和存在的同一看成是一次完成的、直接同一的,就是形而上学。这种对立在逻辑学上则表现为把逻辑范畴看成是流动的、发展的,还是固定不变的? 辩证法把逻辑范畴看成是流动的,以为"整个逻辑只是在前进着的各种对立之上展开"①;形而上学则把逻辑范畴看成是不动的、固定不变的,其结果必然引出怀疑论的责难:逻辑范畴无法把握客观世界的发展法则。辩证唯物主义是在肯定世界本质是物质、世界统一于物质的根本前提下讲世界的发展原理,讲辩证法、认识论和逻辑学的统一。

(以上选自第二卷,第4—6页)

(三) 辩证逻辑是认识史的总结

从上述基本观点看逻辑学,逻辑学就是认识史的总结。认识是人对客观世界的反映,我们用概念来把握客观世界,而概念要用语言表达。为了交流思想和如实反映对象,语词必须有确定的含义,概念和对象要有确定的对应关系。

人们用概念、范畴来把握现实世界时,包含着这样的矛盾:思维形式是

---

① 恩格斯:《自然辩证法》,《马克思恩格斯选集》第 4 卷,人民出版社 1995 年版,第302 页。

静止的，但我们要求用这种形式来把握事物的运动、变化和发展；这些思维形式是抽象的、把事物割裂开来把握的，是不完全的，但我们要求用这些形式来把握具体事物的整体；这些思维形式是有限的，但我们要求用有限的概念来把握无限的绝对的认识（而这正是一切科学的要求）。这些矛盾正如恩格斯所说的，只有在无限的前进运动中才能得到解决。这种运动和静止、抽象和具体、有限和无限的矛盾只有在无限的前进运动中才能得到解决，就是说，这个思维的矛盾运动表现为无止境的发展过程。

人们通过实践获得认识，形成概念，又通过实践检验概念和发展概念。同时，不同的人们对现实事物的不同方面作了考察，展开不同意见的争论，包括不同哲学体系之间的斗争，在争论中都要进行逻辑论证，不断用实践检验。这样，便能逐步划清真理与错误的界限，并用不同方面的认识互相补充，克服片面性，使认识越来越符合客观现实的具体事物及其变化发展法则。因此，人们能够达到一定条件下的辩证的认识，或者说达到一定条件下的辩证思维，这时使用的概念、判断和推理，就具有了辩证逻辑的形式。

逻辑学作为认识史的总结，即逻辑学作为认识的成果，它和认识过程中的概念、范畴的发展既相一致，也有区别。例如，老子提出"反者道之动"，这是在中国哲学史上第一次提出否定原理，并以"正言若反"来作为辩证思维的论断形式，这在辩证法发展史中是一个重要环节。但他把否定原理绝对化了，认为"无"是世界的第一原理，由此导致了唯心论。至于老子讲权术，这种偶然性在历史上曾起过很坏的影响。老子哲学被批判以后，否定原理作为发展的环节，被包含在辩证思维者的头脑里，在历史上曾起作用的偶然性被抛弃了。

（以上选自第二卷，第5—10页）

（四）辩证逻辑是客观现实的辩证运动的反映

逻辑作为认识发展的成果，同时也是客观事物的反映。不过，逻辑作为概念的辩证法，与事物本身的辩证法也是既相一致又有区别。相对于客观辩证法，逻辑学讲主观辩证法；相对于概念的客观内容，逻辑学讲的是思维形式的辩证法。主观与客观、形式与内容既有联系又有区别。

首先，逻辑学讲的是正确思维形式及其规律，要求排除错误。错误就是主观不符合客观现实。客观世界本身无所谓错误，人在认识运动中会犯错误，也可以用客观规律来说明。所以从认识论来说，认识的发展是自然历史的过程，错误的产生是一种自然的现象。从逻辑学来说，错误总是或者违反形式逻辑的规则，或者违背辩证逻辑的要求，或者是二者兼而有之。说错误思维不符合逻辑要求，并非说逻辑学可以成为检验真理的标准，但辩证逻辑本身包含着用实践检验真理的要求，它要求每一步都要用事实、实践来加以检验。

其次，逻辑学有形式逻辑和辩证逻辑之分。形式逻辑把思维形式抽象出来，不管思维内容，着重研究思维的形式结构。而辩证逻辑把形式看成是内容固有的形式，既讲思维形式也讲思维内容，两者是对立的统一。从对象来说，事物本身的辩证法，比概念的辩证法要丰富得多。从辩证法这门科学来说，客观辩证法和主观辩证法、内容和形式在本质上是一致的、统一的。逻辑范畴作为认识的一些环节、阶段，是逻辑思维的基本概念，也是客观事物存在的一般形式的反映，但它们之间也有差别，其发展是不平衡的。多年来，马克思主义者着重研究客观辩证法，在一定程度上忽视了对主观辩证法的研究。

最后，客观世界的规律反映到人的头脑里取得了概念的形式，人就可以转过来用以指导革命实践，即以客观现实之道，还治客观现实之身，理论就转化为方法。一切科学的概念、范畴、规律用来还治现实时，都具有方法论的意义。一切概念、范畴、规律都蕴涵着逻辑形式与规律，一切具体的科学方法中都蕴涵着逻辑方法。

（以上选自第二卷，第 11—13 页）

二、形式逻辑和辩证逻辑

从逻辑思维的形式和内容的关系而言，有两种逻辑。人们要通过概念、判断、推理等思维形式来把握世界，概念必须与对象相对应，所以思维形式有相对静止的状态。在相对静止状态中，撇开具体内容而对思维形式进行考察，这就有了形式逻辑的科学。为了把握现实的变化发展，把握具体真理，概念必须是对立统一的、灵活的、能动的。而密切结合认识的辩证法和现实的辩证法来考察概念的辩证运动，就有了辩证逻辑的科学。这是我对形式逻辑和辩证逻辑的基本看法。我们不同意否认辩证逻辑和否认形式逻辑（要把形式逻辑辩证化）这两种看法。

（一）逻辑思维的内容和形式

我们在实践经验的基础上进行逻辑思维，逻辑思维的成果是知识。对知识的既成形态进行分析，可以归结为判断的组合。对判断的内容和形式进行分析，也就是对逻辑思维的内容与形式进行分析。

形式和内容是相对而言的；内容决定形式，形式有其相对独立性，并反作用于内容，这是形式、内容一般的辩证关系。就判断是现实的反映而言，判断的内容是事实或道理，而判断就是现实的反映形式；就判断需要用语言文字表达来说，判断的内容是命题或意思，判断的表达形式是句子，通常是陈述句。作判断是一种有意识的活动。我作某一判断就是我用一句话表示某一个命题是真的或假的;说一个命题是真的,就是说这个命题合乎事实或道理。

逻辑学的主题是研究思维形式。从思维形式方面来考察,判断是由概念构成的,判断之间又有一定的逻辑联系,其中某些联系可以构成推理。就思维形式与语言的关系来说,思维形式通常用语言来表达,但也可以用符号来表达。语言不只是表达思想,还表达感情、意愿等等,而且语言本质上是民族的,任何民族语言的形成都总有它的"约定俗成"的成分。科学的理论思维本质上是全人类的,亚里士多德的逻辑、《墨经》、因明虽各有特色,但本质上有相通之处。作为逻辑思维形式的概念、判断、推理并非哪一个民族"约定俗成"的。不能把逻辑归结为语法。

就思维形式和现实内容的关系来说,概念、判断、推理都是现实的反映。判断的内容,或者是对经验事实的直接把握,或者是对本质、规律的间接反映。但也要看到判断和事实、道理之间的不一致。为了说明一个道理,往往需要正面的论证,又需要反面的驳斥,两方面都是需要的,但正面阐述与反面批判,说明的只是一个道理。从主体来说,判断是思维主体的活动,而主体是各种各样的。同样一个判断,说出了真的命题,但小孩子和老年人可以给予不同的信息。

判断的内容或是事实,或是理论,或是事实和理论的统一。

1. 事实

事实用特殊命题表示,理论用普遍命题表示。就事实而言,有当前的和过去的。对当前呈现于我们感官之前的现象,我们对它作判断,就是用一个命题来表示一个特殊事实。事实是特殊的,在任何一个特殊时空中的事物,都可以用若干概念去摹写,从而作出若干不同的判断。这是讲当前的直接经验。历史事实是由概念摹写、由特殊判断表述的间接经验。对个人来说,同时代其他人的经验也是间接的。

每一概念都是一个概念结构，概念与判断、判断与判断之间有着逻辑的联系、推论的关系。一般地说，直接经验的事实大半无需论证就可断定它是实在的，即是真的。而关于间接经验中的事实，别人的记录、文献的记载往往有很多不可靠的、值得怀疑的地方。要解决这些疑难，就要对事实进行比较、分析，需要借助逻辑的推理。

未来的，就是尚未成为事实的，属于可能经验的领域，对它们可以根据逻辑和科学去进行推测，作出可能性的判断，但这还不是经验事实。

2. 理论

理论是普遍命题的内容，它以经验事实作媒介来反映客观事物的本质联系，因此是间接的。普遍命题是概念之间的联系，有着不同的知识内容（规律、规范、观点等）。

理论首先是规律性知识，如经过实践检验被确认为是事物内在本质的联系的反映，那就是普遍必然的科学真理。如尚未得到验证，那是假设。根据科学理论与事实，我们可以推测可能经验领域，提出假设。关于事实的判断是实然的，关于科学真理的判断是必然的，关于假设的判断是或然的。这是判断模态上的差别。

其次，道德规范、法律条文、工厂的操作规程、打球规则等也都用普遍命题表示。这些具有规范意义的普遍命题，不同于科学理论，因为它们表示的不是必然之理而是当然之则。社会规范也是理论性的，而且规范也有逻辑上的模态问题。

最后，理论领域还包括观点、思想体系，它们也用普遍命题来表示。各种观点统率着不同的意识领域，任何一个理论思维领域、任何一门科学、任何一个人的文化知识，都不能没有作为统率的观点。观点一方面反映人的认识水平，另一方面又具有社会意识性质，反映着人的社会存在。

真正科学的知识反映着事实间的必然的规律性联系、人的活动应当遵循的准则,以及概括科学认识和正确反映社会存在的观点。从理论与事实的关系来看,理论是普遍性的,不受特殊时空的限制,相互之间有逻辑上、科学上的联系。因此,每一理论、普遍命题都应当是可以论证的,而且只有经过逻辑论证并以适当方式经过实践检验即事实检验,理论或普遍命题才具有真理的意义。

3. 事实和理论的统一

从总体来说,事实和理论是既有差别而又统一的。知识的总体是事实和理论的统一、直接性和间接性的统一。没有事实根据,理论是空洞僵死的东西;没有理论阐述,事实便成为不可理解的东西。理论的真正价值,正在于它不受事实的特殊时空的限制,从暂时中看到永久、从有限中把握无限、从相对中把握绝对。

理论和事实的统一是一个矛盾运动的、对立统一的过程。把握了从抽象再上升到具体阶段的具体,就达到事实和理论、主观和客观相统一的具体真理,也就是对实体的把握。我们所说的实体包括个体、作为科学对象的运动形态或发展过程和作为哲学对象的世界统一原理。科学、哲学以理论思维方式把握世界,主要都运用普遍命题,但理论都是建立在事实的基础上的,并且一定要有事实的验证。科学和哲学的具体真理是事实与理论的统一,而且理论还必须是辩证的,其概念应当是灵活的、生动的、在对立中统一的。

（以上选自第二卷,第178、168—178页）

（二）不能否认辩证逻辑

按照形式逻辑观点,命题与事理有对应关系,人只能把世界分割开来把握,发现一条条规律、一个个事实,而不能把握实体,不能把握具体真理。这种逻辑理论不可避免要导致唯心论或不可知论。逻辑思维能否把握具体真理是辩证逻辑的根本问题,这问题也即是,通过对事和理的把握能否获得实体的认识?

在只承认形式逻辑的条件下,能否有对实体的认识? 出路不外三种:

第一,承认有实体,但把实体看作只有通过神秘的直觉或信仰才能获得,即把实体看成不可思议的、不可说的。可说的、可以思议的是遵守形式逻辑的现象界,那是科学的对象。这样便贬低了科学,使哲学成为神学的婢女。

第二,把形式逻辑的同一律看作世界观的基本原则,建立形而上学的体系。如冯友兰的《新理学》认为形式逻辑是唯一的逻辑,逻辑是最一般的理,它为任何理所蕴涵。由于事由理气结合而产生,所以事都遵循形式逻辑,但逻辑是先天的,形式逻辑对事实本身无所肯定。这样,和普遍命题相对应的理,包括形式逻辑在内,都成了永恒不变的、形而上学的实体,这是先验论的观点。

第三,逻辑实证论只承认一个经验的世界,只承认逻辑的必然性,而逻辑是约定俗成的,逻辑就是语法,没有客观基础。这种逻辑理论打着反对"形而上学"的旗号,宣扬哲学命题是没有什么意义的,哲学不是知识,然而这种要"取消形而上学"的观点其实也是变相的形而上学。

综上所述,如果只承认有一种形式逻辑而否认辩证逻辑,那么其出路无非就是神秘主义、构造形而上学体系,以及实证论。这也说明,单靠形式逻辑的确不能把握具体真理。

我们认为科学到一定阶段能够具体地把握它的对象,哲学也能够具体地把握世界统一原理和发展法则。这里所说的"具体地把握"即全面地、实际地、历史地把握。之所以能具体地把握,是因为不仅有形式逻辑,而且有辩证逻辑。

以上从反面说明,否认辩证逻辑就要否定逻辑思维能把握具体真理,将导致荒谬的结论。这是对辩证逻辑作了辩护,但更重要的是要积极发展辩证逻辑。那么辩证逻辑应该包括哪些内容?除需要从认识论来阐明辩证逻辑的地位和作用以外,还要研究:①关于概念、判断、推理的学说;②逻辑范畴和规律;③方法论基本原理。这些问题的研究,都需要和形式逻辑、科学方法论作比较。

(以上选自第二卷,第 178—181 页)

(三) 不能贬低形式逻辑

另一种观点认为,真正的逻辑是辩证逻辑,因而只承认辩证逻辑,主张把形式逻辑辩证化。这种看法也是不对的。一百多年前,逻辑学主要讲亚里士多德逻辑和归纳法。对此,康德、黑格尔、马克思主义者都提出过批评:

第一,黑格尔说:形式逻辑把思维形式看成是不同于内容,仅仅附着于内容的外在形式,这样的形式不能把握客观真理。虽然形式逻辑在其自己的领域中是必然有效的,但把思维形式看作是一视同仁的形式,它们就会成为谬误和诡辩的工具,而不是真理的工具。①

第二,旧形式逻辑只满足于把各种思维运动形式列举出来,将它们毫无关联地排列起来,而不是把握了它们有机的辩证联系。当然,把思维形式列举出来,分别加以考察也是必要的,但这样的结果,思维整体的有机联系就被忽视了。②

第三,与旧形式逻辑的上述两个缺点不可分,旧形式逻辑不可避免地要导致形而上学。不管内容只管形式,就会导致二者割裂;不注意思维形式之间的联系,就会把某种思维形式过分夸大、绝对化,从而导致形而上学,而形

---

① 参见列宁:《哲学笔记》,《列宁全集》第 55 卷,人民出版社 1990 年版,第 77—78 页。
② 参见黑格尔:《哲学史讲演录》第 2 卷,贺麟、王太庆译,商务印书馆 1983 年版,第 375—376 页。

而上学不可避免地要陷入唯心论。

当然，形式逻辑本身是有价值的，是科学，马克思和恩格斯从未否认过这一点，但认为其中掺杂有形而上学的东西，必须加以清除。在黑格尔和马克思的时代，形式逻辑是研究思维形式结构和初级逻辑方法的混合物。黑格尔曾说形式逻辑理应受到"蔑视""嘲笑"，说它像用碎片拼成图画的儿戏。① 这样一些挖苦的话，显然是过分了。现代数理逻辑有了很大的发展，形式逻辑成了一个严密的系统，本身是一个有机整体。黑格尔的批评显然不切合当前形式逻辑的实际。我们还必须把形式逻辑和科学逻辑（或科学研究的方法论）区别开来。形式逻辑是研究思维形式结构的科学，上述第一点批评，即形式逻辑不能把握具体真理，应该说是对的。形式逻辑将会随着实践和科学的发展而发展，但如果离开唯物辩证法指导，把同一律绝对化，就会导致形而上学，但这并非形式逻辑自身的过错。

对于形式逻辑的第二条批评，可以说是对初级阶段的逻辑学，即从具体到抽象阶段的知性逻辑的批评。一方面，逻辑学本身处于初级阶段时，要对思维形式进行分门别类的考察；另一方面，从各门科学的发展来说，当科学还处在从具体到抽象阶段时，研究方法难免有片面性，出现部分和整体分离的问题，即在一定条件下只研究了某些部分或只把各部分分别考察，而没有把握有机联系的整体。如果缺乏辩证唯物论的指导，把适合于某种科学领域的方法绝对化，就会导致形而上学。但这也不是科学逻辑本身的罪过。过去经典作家的批评是有道理的，但要具体分析。

今天，旧的形式逻辑已经有了很大的变化，我们把研究思维处于相对静止状态的逻辑叫作形式逻辑，把探讨适合于特定条件的科学思维的形式的逻辑叫作科学逻辑（科学方法论）。科学逻辑不研究一般逻辑思维形式，而

① 参见黑格尔：《逻辑学》上卷，杨一之译，商务印书馆 1982 年版，第 35 页。

着重研究适合于特定范围的科学方法。研究一般逻辑思维形式的逻辑科学只能有两种:形式逻辑和辩证逻辑。相对主义不可能有逻辑。

由于科学发展不平衡,各门科学都有适应它特定阶段的方法,所以科学逻辑的范围是变动的。科学逻辑或科学方法论是一些边缘科学,它们总结科学认识发展规律,着重研究科学方法,其中包括一些初级的逻辑方法,也包括形式逻辑和辩证逻辑在科学中的应用。现在讲科学逻辑,通常是指自然科学的方法论,当然还可以有历史科学的方法论,各门科学都有它的方法论问题。科学逻辑为辩证逻辑提供进一步概括的思想资料,它们是哲学与科学的交接点,有广阔的发展前途。

旧的形式逻辑还要改造,必须在唯物辩证法指导下清除其唯心主义和形而上学的杂质,但不是搞什么形式逻辑的辩证化。形式逻辑要现代化,要吸取现代科学的资料,特别是数理逻辑的成就,也要吸取中国古代逻辑学的成就。目前,普通逻辑的教科书还是适合教学需要的,但仍然是混合物,并不等于逻辑学发展的现代水平。

附带讲两个问题:第一,现在有不少同志引恩格斯的话,"两个哲学派别:具有固定范畴的形而上学派,具有流动范畴的辩证法派(亚里士多德、特别是黑格尔)"[①],认为固定范畴与流动范畴的对应就是形式逻辑和辩证逻辑的区别。这种说法我认为是不正确的,因为这样来区分形式逻辑和辩证逻辑,就把形式逻辑与形而上学等同起来了。形式逻辑考察概念、范畴的相对稳定状态,但相对稳定状态并不等于固定。只有把相对稳定绝对化了,才是固定。"固定范畴"是形而上学的特征,清除形而上学之后,仍然有相对稳定的东西。没有相对静止,也没有辩证运动。辩证思维也有相对稳定状态的一面,所以也要遵守形式逻辑。

---

① 恩格斯:《自然辩证法》,《马克思恩格斯选集》第 4 卷,人民出版社 1995 年版,第302 页。

第二,关于恩格斯提出的"初等数学"和"高等数学"的比喻。在恩格斯的时代这样的比喻是可以的,那时形式逻辑确实是初等的逻辑(形式逻辑处于初级阶段,它还包括一些初级的科学方法)。但按今天逻辑科学所达到的水平来说,这个比喻就不恰当了。因为形式逻辑已经分化,不能说达到了现代水平的形式逻辑是"初等数学",也不能说现代科学逻辑是"初等数学"。我们所说的"初级"与"高级"有特定的含义:初级是指科学发展由具体到抽象的阶段,高级是指科学发展由抽象再上升到具体的阶段。就思维形式来说,就是抽象概念和具体概念两个阶段。辩证逻辑是从具体到抽象,又从抽象再上升到具体的认识史的总结,初级阶段的逻辑方法与范畴已作为从属因素被包括在内了。但无论是从具体到抽象,还是从抽象再上升到具体,都有其相对静止状态,因而都要遵守形式逻辑。

(以上选自第二卷,第 181—186 页)

(四) 形式逻辑的客观基础

形式逻辑是研究思维的形式结构和规律的科学,它抽象出形式结构撇开了具体内容,因而形式逻辑有无客观基础的问题也就成了争论的问题。按辩证唯物主义观点来看,逻辑形式及规律总是客观存在的反映,不论形式逻辑还是辩证逻辑都只能建立在唯物论的反映论基础上面。

首先,同一律是说同一概念有同一含义,$A = A$。同一律是形式逻辑最根本的规律,其客观基础是什么? 一般认为是事物处于相对稳定状态时各类事物所具有的质的规定性。各类事物都有其相对稳定状态,静止是运动分化的条件;人的思维、概念也有相对稳定状态,概念也有质的规定性,这是思维运动分化的根本条件。在一定论域中,每一个概念都有其确定的含义,都有其相应的对象,并有一一对应的关系。遵守同一律是正确思维的必要条件。

当然,这不等于说概念的相对静止和对象的相对静止是对等的(注意,这里用的是"对等",而不是"对应"),即不是说某概念的相对静止就是某一事物的相对静止。事物的相对静止状态只是同一律的客观基础,这不等于说概念就不能反映变化,不能说形式逻辑在反映事物发展变化时就不起作用。我们用"变化"的概念来表达变化,用"矛盾运动"的概念来反映事物的矛盾运动。当我们这样使用概念时,概念和对象之间就有对应关系,即"变化""矛盾运动"这些概念在使用时,也有它的相对静止状态,也要遵守同一律,在一定论域中不能偷换概念。因而,思维在把握发展变化的过程中,形式逻辑也起着作用。

从客观世界的发展过程来说,规律是事物之间的稳固的联系,这种稳固的联系反映到人的头脑中可说是静止的反映。当我们要表述事物矛盾运动的规律时,概念必须是灵活的、生动的,所以不仅概念的静态反映运动,规律的静态也要求概念的运动来表示,不能说辩证思维在把握事物稳定的规律性联系时不起作用。

其次,矛盾律和排中律(排中律是从二值逻辑来说的)就一定意义上说乃是同一律的另一种表述,其客观基础也是客观世界的相对稳定状态,它们从不同角度反映了事物相对稳定状态时质的规定性。排中律和矛盾律还反映了事物处于相对稳定状态时的数量关系,即整体是部分的总和的公理。在传统逻辑中,整体和部分的关系主要被理解为种属包含关系。这是事物处于相对稳定状态中的一种数量关系。对于变化发展的有机整体来说,就不能简单地说整体是部分的总和。同时,也不能把三段论的公理……与事物处于相对稳定状态时的整体是部分的总和的关系,看作是直接对等的。

最后,我们进行推理时,形式逻辑只管形式,不能判定前提的真或假。不过,它可以要求前提是真的,即可从形式上提出一个推论原则:真命题所蕴涵的命题是真命题。蕴涵关系实际上是判断之间一种真假值的关系。如根据$(p \to q) \wedge p \to q$这个重言式,可以作出一个承认前件的假言推理:

$$\vdash p \to q$$

$$\vdash p$$

$$\therefore \quad \vdash q$$

此即命题演算的分离规则。"$\vdash$"表示断定为真,"$\therefore$"表示"所以"。上面这个推理是依据蕴涵关系运用分离规则而进行的,那么它的现实的客观的根据是什么? 推理的客观根据是客观事物之间的充分条件、必要条件关系,这是最广义的因果关系,是事物处于相对稳定状态的最普遍、最常见的一种关系。当然,也不能简单地把逻辑上的理由和客观世界的因果关系等同起来。

数理逻辑有不同蕴涵,就有不同的逻辑系统。就拿实质蕴涵来说,任何命题蕴涵真命题;假命题蕴涵任何命题;任何两个命题或者 p 蕴涵 q,或者 q 蕴涵 p,二者必居其一。这些在逻辑中都是永真式,但与我们感性直观不相符合。因此,不能简单地说推理所根据的蕴涵关系和客观事物的互为条件的关系是对等的。

总起来说,形式逻辑有其客观基础。整个世界不仅有运动,也有相对稳定状态,形式逻辑的客观基础就是事物的相对稳定状态。事物在相对稳定时有其质的规定性,有整体是其部分的总和的数量关系,而且事物的存在是有条件的,这些都是静止的关系。但形式逻辑也有其相对独立性,因此不能将形式逻辑的真假关系和现实中的某种关系简单对等。

形式逻辑的相对独立性表现为它独立于特殊经验。先验论和现代逻辑实证论认为形式逻辑没有客观基础。辩证唯物论认为,思维逻辑是行动逻辑的内化,公理是人们亿万次实践重复才在人脑中固定下来的,有独立于个别人的经验的性质。当然,实践重复如何在人的意识中取得公理式的问题需要进一步研究。恩格斯在《自然辩证法》中把它归结为获得性状的遗传①，现在遗传学也不能说已经把这个问题搞得很清楚了。不过大体上可以这样说：人的头脑中并没有天赋的观念，如恩格斯所说，有一种遗传下来的自然赋予的能力，这种能力经过经验的启发，就能把握一些自明的公理（如整体大于部分）。当然，究竟是如何遗传的，还需要研究再研究。

（以上选自第二卷，第188—194页）

三、哲学、科学和逻辑的历史联系

逻辑思维能把握具体真理。何以能够把握？在于运用具体概念。而运用具体概念的思维就是辩证思维。本节将从历史的角度来考察哲学和科学如何达到具体真理，并从哲学、科学和逻辑的历史联系来说明辩证逻辑的历史发展，同时对科学革命谈一点看法。

（一）哲学发展的逻辑

哲学如何到达具体真理？这是哲学发展的逻辑问题。讲两点：第一，哲学达到批判总结的历史条件；第二，哲学从具体到抽象，又从抽象上升到具体的螺旋形发展。

1. 哲学达到批判总结的历史条件

从历史唯物主义关于社会存在决定社会意识的一般原理来说，哲学发展的历史根据，一方面在于反映一定时代经济关系的重大的政治思想（以及伦理思想）的斗争；另一方面在于反映一定时代的社会生产力的自然科学的发展，以及科学反对宗教迷信的斗争。政治思想的斗争和科学反对宗

---

① 参见恩格斯：《自然辩证法》，《马克思恩格斯选集》第4卷，人民出版社1995年版，第365页。

教迷信的斗争,是推动哲学前进的两条腿。哲学根源于社会实践并受实践的制约,但这种制约通常要通过政治思想的斗争和科学反对宗教迷信的斗争的中间环节。同时,哲学本身还有其特殊根据,它是关于世界观的学问,是研究自然界、社会和人类思维发展的最一般规律的科学,它探讨的根本问题是思维和存在的关系问题。

哲学发展到什么阶段才可以说达到具体真理呢? 一般来说,哲学达到批判总结阶段,总是人类的历史、人类社会实践达到了可以自我批判的时候。如果一个社会自以为是天然合理、不可动摇的,就不可能进行批判总结;如果一个社会处于崩溃时期,也无法进行批判总结。以中国哲学为例,王夫之、黄宗羲、顾炎武所处的时代,就有可能作出比较全面、比较正确、比较深刻的批判总结。在西方,可以说黑格尔和马克思的时代,是到了对资产阶级革命和资本主义社会进行批判总结的时代。这是就社会政治斗争方面来说的。

哲学的发展还有另一条腿,即哲学是与科学反对宗教迷信的斗争相联系的。科学和迷信相对立,但在不同时期又以不同的比例互相联系着。而科学反对宗教迷信的斗争又和科学与哲学之间的联系相关。科学从哲学中分化出去,这是必然的趋势,对于两者都有好处,但也因此增加了哲学和科学相分离的可能。这样,哲学就处于矛盾的状态:既要不断地让科学从哲学中分化出去,又要不断地从科学中吸取营养,概括科学的成就,并转过来指导科学。只有在特定的历史条件下,在科学经过长期积累取得新的成就和科学在反对宗教迷信的斗争中取得重大胜利的情况下,某些杰出的思想家才能对这种矛盾作出正确的解决,并处理好哲学与科学的关系。

2. 哲学围绕思维和存在关系而展开的螺旋形发展

哲学的特殊矛盾——思维和存在的关系问题,在不同时代所取的形式是不一样的。在先秦,主要是围绕"天人"和"名实"的关系展开的,秦汉以后是围绕"形神"之辨、"有无（动静）"之辨进行的,到宋代则发展为"理气（道器）""心物（知行）"之辨。哲学史作为认识史、逻辑思维发展史,是如何到达具体真理的呢? 黑格尔和列宁都把它看作是从具体到抽象,又从抽象上升到具体的螺旋式的上升运动,是由一系列的圆圈构成的。

我们可以把先秦哲学的发展过程看作一个圆圈,经过曲折的发展过程,到荀子作了比较全面、比较正确的总结,达到朴素唯物主义与朴素辩证法的统一,完成了这个圆圈。这个大的圆圈也包含着两个小的圆圈:前一个小圆圈是原始的阴阳说经孔子、墨子到老子;后一个小圆圈是由荀子到《吕氏春秋》、韩非再到《易传》。在围绕"天人""名实"之辨而展开的斗争过程中,有先验论和经验论的对立,有相对主义和独断论的对立,有直观唯物论和唯心辩证法的对立。把握了这些哲学家的体系而又克服和粉碎这些体系,我们就可以从中看到理性和感性、绝对和相对、唯物主义和辩证法这些认识发展的必要环节。到了批判总结阶段,荀子对"天人""名实"之辨作了比较全面、比较正确的批判总结,在一定意义上把感性和理性、相对和绝对、朴素的唯物论和朴素的辩证法统一起来了,达到了一定历史条件下的具体真理。

总起来说,一个哲学史的圆圈就是从具体到抽象,又从抽象上升到具体的过程。我们还可以把先秦以后到鸦片战争的哲学发展过程看作一个大圆圈。这段时期哲学论争的中心,先是"形神"之辨、"有无（动静）"之辨,后来发展为"理气（道器）""心物（知行）"之辨,到王夫之作了批判总结,达到了朴素唯物论和朴素辩证法的统一。这一段哲学发展的过程,也经历了经验论和先验论、相对主义和独断论、直观唯物论和唯心辩证法的斗争,总的进程也表现为从具体到抽象,再从抽象上升到具体的螺旋式的前进运动。

西方哲学史也有类似的情况,列宁在《谈谈辩证法问题》一文中举出了欧洲哲学史上的几个圆圈。从文艺复兴到近代,列宁举了三个圆圈:第一个是从笛卡尔、伽桑狄到斯宾诺莎,包含了经验论与唯理论、感性和理性的对立；第二个圆圈是从霍尔巴赫，经过贝克莱、休谟、康德到黑格尔，包含了独断论和相对主义、绝对和相对的对立；第三个圆圈是从黑格尔经费尔巴哈到马克思，包含了直观唯物论与唯心辩证法的对立，而马克思既批判了黑格尔，也批判了费尔巴哈，拯救了黑格尔辩证法的合理内核，把辩证法建立在唯物论的基础上，并提出了实践的观点，科学地解决了思维和存在的关系问题，建立了辩证唯物论。但是，辩证唯物主义并没有结束真理，它只是一定条件下的具体真理。哲学还要继续遵循从具体到抽象，再从抽象上升到具体的螺旋式前进运动向前发展。

（以上选自第二卷，第88—97页）

（二）科学发展的逻辑

科学如何到达具体真理，这是科学发展的逻辑问题。讲两点：第一，科学革命；第二，科学的分化和综合的发展。

1. 科学革命

科学根源于社会实践，它直接同生产或社会斗争相联系：自然科学直接同物质生产相联系，社会科学直接同社会斗争相联系。科学还在哲学的指导下与宗教迷信进行反复斗争。从认识论来说，各门科学有其共同发展的逻辑、规律，而且科学的发展也是经历着感性和理性、相对和绝对的环节，唯物论和唯心论、辩证法和形而上学的斗争，也表现为从具体到抽象，再从抽象上升到具体的螺旋式的前进运动。在这个发展过程中，充满着飞跃和革命。

在现代，波普尔提倡证伪主义，认为每一次科学理论或假说被经验否证，都是科学上的革命。科学的进步就在于：假说不断地被否证，理论便不断地增加经验内容，但这里面没有绝对的东西。在他看来，科学不可能到达一个坚实的目标、稳固的基地。显然，这是一种相对主义的理论。

库恩认为,科学革命是指常规科学陷入危机,科学家用一种新的范型来代替旧的范型。所谓范型,主要是一门科学的理论和方法,使得接受它的科学家形成集团、学派,形成科学研究的传统。在库恩看来,范型是由权威学者、权威著作来规定的;新旧范型有实质的不同,不可调和。这是一种独断论的观点。

波普尔和库恩都试图从经验事实与理论的冲突来解释科学中的飞跃,却没有能作出正确的解释。波普尔认为否证足以推翻一个假说的普遍有效性,而证实则不足以肯定理论的普遍有效性。这是形式逻辑的观点。从辩证逻辑来说,证实或否证都是有条件的、相对的。不能以一次实验的证伪就抛弃理论,也不能把一切理论都看成是假说。经过反复的证实和否证,对科学定律起作用的范围有了比较确切的认识,科学真理就越来越具体了。

库恩认为在科学发展的常规阶段,人们是在一定的范型指导下提出论断、发现事实的。他并不以为任何一个经验事实都足以否证理论,看到了科学理论的指导作用,并认为必须用新理论代替旧理论,才是科学革命。但是,他把新、旧理论看成是一刀两断的,这是形而上学观点。科学革命确有指导思想和根本观点的改变,但要具体分析,不能说每次科学革命就是一刀两断。

在科学革命中,为要解决经验事实和科学理论的矛盾,总有经验事实对原有理论的证伪、新理论观点对旧理论观点的批判,因此这是一种飞跃。当然,科学革命中有灵感,我们并不否认,但不能说它是非理性的。不妨说这是理性的直觉,是理性一下子把握住整体,实现了认识的飞跃,而飞跃是经过量变的积累、准备而起来的。这种飞跃不仅可以描述而且可以合理地解释。飞跃是在个别头脑中一下子实现的,但是这种飞跃现象可以用客观条件(社会历史条件、科学技术条件)和主观条件(如个人的才能和知识条件等)来给予说明。

2. 科学与哲学的关系及各门科学之间又分化又综合的发展

社会实践是科学的源泉。最初,人们只有一门笼统的无所不包的学问,中国古代叫"道术"。为了科学地认识世界,需要进一步把自然界、社会的复杂情景剖析开来,分门别类地加以研究。随着关于自然和社会历史的事实材料和理论知识积累得越来越多,一门一门的科学先后从哲学中分化出去。这种分化对哲学和科学都是必要的。客观世界作为科学和哲学的对象,是多样性统一的、有机联系的整体。因此,各门科学分化出来,各有其相对独立的发展,而又总是互相联系着的;哲学和各门科学之间也是互相联系、互相作用的。

科学的分化与综合有其客观的根据。自然界一出现了人,就有了劳动和意识的主体,客观的物质过程就有两种形式:一种是自然界本来就有的运动,再一种是人类有目的的实践活动。所以科学就有理论科学(基础科学)与技术科学(应用科学)的区别。而由于在实践基础上人们又形成一定的社会组织并因而有人类的社会历史,所以科学又有了社会科学与自然科学的区别。总之,科学从哲学中分化出来,又分门别类地加以研究,这是发展的必然趋势,但由于社会分工,又给人们以限制,因此又必须把各门科学加以综合。

对每门具体科学来说,这种分化与综合就表现为从具体到抽象,又从抽象上升到具体的辩证发展过程。如果一个科学领域的基本规律已被发现,这个领域的各个主要方面、主要过程可以由基本规律连贯起来加以解释,这时这门科学就已开始发展为系统理论。一般说来,系统地而不是零碎地、具体地而不是抽象地把握了一个领域的范畴和规律,那就达到了一定条件下的具体真理。

科学要达到什么阶段才把握具体真理? 这不仅取决于科学本身的矛盾运动,还要从社会实践和哲学发展两方面来说明。物质生产和科学实验是自然科学发展的基础,同时自然科学也离不开哲学的指导。在马克思、恩格斯的时代,科学已经可以在整体上对自然界和社会的总的情景作颇有系统的说明,所以哲学作为研究自然界、社会和人类思维最一般规律的科学,也开始成为系统的科学理论。一百多年来,科学仍然随实践的发展而发展着,而且速度越来越迅速。科学越来越分化,综合发展的趋势也在继续加强,各门科学相互渗透,出现了许多新的边缘学科。而每一门科学诞生之后,总要经历从具体到抽象、从抽象再上升到具体的发展。这些互相联系而又相对独立发展的科学,从总体上看,就表现为互相联结的许多圆圈,表现为错综复杂的螺旋式的前进运动。

(以上选自第二卷,第97—106页)

(三) 辩证逻辑的历史发展

现在,我们再从哲学、科学、逻辑学之间的历史联系来考察辩证逻辑的发展。用黑格尔的术语来说,从具体到抽象是属于知性阶段,而从抽象上升到具体是属于理性阶段。黑格尔区分知性和理性有合理之处,但把知性逻辑和形式逻辑等同起来是不对的。思维不论处于从具体到抽象,还是处于从抽象上升到具体的阶段,都有相对静止的状态,都要遵守形式逻辑的规则。辩证思维也有相对静止状态,也要遵守形式逻辑的规律。

当我们考察哲学、科学发展的逻辑时,我们都不是撇开内容来孤立地考察逻辑思维的形式,而是要把握发展着的内容的形式。可以把这种逻辑称为科学研究的逻辑,或简称为科学逻辑。它的初级阶段就是从具体到抽象的阶段,其逻辑是关于抽象概念的逻辑,即知性逻辑;它的高级阶段是从抽象上升到具体的阶段,其逻辑则是关于具体概念的逻辑。在初级阶段里,逻辑范畴的各个环节和科学方法的各个环节是割裂开来考察的,还没有把握逻辑范畴和科学方法各环节之间的有机联系。这时的认识也还没有达到主观和客观、知和行的具体的历史的统一,因而有片面性,有可能导致形而上学。到科学发展的高级阶段,从抽象再上升到具体,取得了具体概念,那就把握了逻辑范畴和科学方法的各个环节间的有机联系,这时通过对形而上学、相对主义的分析批判,科学就达到了辩证思维。

不论是初级阶段还是高级阶段,不论抽象思维还是辩证思维,都是相对的。像哲学和科学一样,逻辑也遵循从具体到抽象,再由抽象上升到具体的反复过程而发展着,表现为螺旋式的上升运动。当科学、哲学达到辩证思维阶段,即达到具体概念阶段的时候,人们对思维进行反思,就会把握辩证逻辑的科学原理。而在有了辩证逻辑科学以后,一个新的领域的认识(不论是科学还是哲学)仍然还要先经历从具体到抽象的阶段,不过因为已有了辩证逻辑作指导,就可以减少片面性,比较容易克服形而上学。但在特定条件下提出来的新的范畴、新的方法总难免不够完备,不要以为有了辩证逻辑,人的思想就那么完美了。独创性的见解往往表现为一偏之见,互为相反之论。所以,辩证法要求有宽容的态度,要求通过民主讨论,对不同学说、不同观点进行具体分析,这样可以减少片面性。

对辩证逻辑发展历史的考察,对今天研究辩证逻辑有方法论的意义。首先,辩证逻辑也是按螺旋形发展的。古代朴素的辩证逻辑只是辩证逻辑的一个雏形,站在现代辩证逻辑的高级阶段来回顾历史,就有助于正确地说明和解剖这个雏形。另一方面,研究胚胎、雏形,也有助于了解一个成人的生理结构。对古代辩证逻辑进行典型考察,也有助于研究现代的辩证逻辑。

其次,一定阶段的辩证逻辑是它以前的哲学与科学的逻辑范畴和方法论的批判的总结。在达到全面的批判总结阶段之前,各个哲学体系和各种科学理论也都是持之有故、言之有理的,也都有其逻辑,但都有片面性。但在批判了它们的形而上学方法之后,它们的片面的真理就降为较为完整的辩证逻辑的体系中的一个成分。全面是由许多片面(矛盾的方面)构成的,有了辩证逻辑的客观的全面的观点,就易于克服主观盲目性。黑格尔和马克思的辩证逻辑是从西方哲学史、科学史、逻辑史中总结出来的,我们把中国的哲学史、科学史、逻辑史加以研究总结以后,辩证逻辑必将出现新的面貌,这是完全可以肯定的。

(以上选自第二卷,第106—115页)

四、概念、判断和推理的辩证法

关于概念、判断、推理的学说,总起来讲,一方面要指明形式逻辑的概念、判断、推理有它的辩证法因素,另一方面又要揭示出作为辩证思维的形式还有它更深刻的意义。

(一)辩证法是普通逻辑思维所固有的

知识的细胞形态是判断。"这是马"是一个判断。"这"是感觉给予的客观实在,把"马"的概念运用于当前呈现的客观对象,就作出了"这是马"的判断。概念对对象的每次运用,包含摹写和规范双重作用。运用一个概念于对象,实际上也是在进行推理。总之,运用一概念于对象,就是运用一概念结构,这里面已包括着概念、判断、推理这些思维形式,而这些思维形式之间的规律性的联系,就是逻辑。

逻辑本来也是自在之物,人们开始是自发地遵循逻辑进行思维,后来才逐渐意识到,通过"反思"来考察逻辑学问题。每个概念都是一个结构,有相对静止状态,可以把它抽象出来进行考察,这就是形式逻辑。形式逻辑是知识经验之所以成为可能的必要条件,是不能违背的。而一切事物和认识都是运动、变化和发展的,运动、发展的源泉是事物固有的内在矛盾即辩证矛盾。如果密切结合内容来考察思维形式,那么就会看到形式逻辑固然是不能违背的,辩证法也是普通思维所固有的,连最简单的思维形式也包含了辩证法的萌芽。列宁在《谈谈辩证法问题》中讲,任何一个简单命题已经包含了个别与一般的辩证法。如"白马是马",个别(白马)与一般(马)是相互联结的;但白马与马又是相互排斥的,个别(白马)没有完全进入一般,一般(马)只是个别的本质、某个方面或一部分。

任何命题不仅包含个别与一般的矛盾,而且包含一般与个别的转化。每个概念都是一个概念结构,如同"树叶是绿的"这个命题相联系,还可以作"树叶中有叶绿素""叶绿素是复杂的化合物,能进行光合作用"等等判断。所以,概念的每一次运用都经过转化而与其他类的个别相联系,在这里已经有自然界必然性的因素或萌芽了。同时,每一个简单的命题还包含了现象和本质、必然和偶然等等范畴的辩证因素,所以在任何一个命题中,都可以发现辩证法要素的萌芽。

命题结合为推论,推论也包含矛盾:推论既是连续的又是间断的,即结论与前提之间有蕴涵关系的连续性,但又须打断这个连续性(加上"所以")。因此,逻辑推论本身就是一个连续性与间断性相统一的矛盾运动过程。

辩证法是普通逻辑思维固有的本质要素,当然固有(自在)不等于自觉,萌芽不等于成形。只有在思维的矛盾运动中,在论战中(在意见的矛盾运动中)对思维进行反思,才可以说有了辩证逻辑的科学的开始。

(以上选自第二卷,第 214、49—54 页)

(二) 辩证逻辑关于具体概念的学说

逻辑思维能否把握具体真理是辩证逻辑的根本问题。讲三点:第一,过去哲学家提出的责难;第二,关于具体真理的学说;第三,关于具体概念的学说。

1. 过去哲学家对逻辑思维能够把握具体真理提出的责难

人们通过逻辑论证和实践检验能够获得客观真理,与错误划清界限。不论是关于特殊事实的真命题还是关于普遍规律的真命题,都是货真价实的真。真之为真,是主观与客观相符合,是如实地反映了客观。但是,从关于历史事实的真命题到科学定律,都是把客观世界分割开来加以把握的。哲学家提出问题:通过这样的逻辑思维,能否真正把握自在之物? 或者,逻辑思维能否把握世界统一原理和宇宙发展法则? 拿中国哲学家的话来说,言和意能否把握道? 用康德的话来说,形而上学作为科学何以可能?

哲学是研究自然、社会和人类思维的最一般规律的科学。如果对上述问题的回答是否定的,那么哲学作为科学,包括辩证逻辑作为科学都不可能。在中国哲学史上,庄子从多方面对逻辑思维提出责难,主要的有三个:第一,庄子认为道不能分割,而人的语言、概念总是进行抽象,总是把具体事物分割开来把握的,一经分割,就不是整体。所以,抽象的概念不能把握具体的道。第二,概念是静止的,无法表达变化。概念要有对象,人的认识要与对象相符合才是正确的,概念和对象的对应关系应当是静止的对应关系,但对象是不确定的、瞬息万变的。第三,概念是有限的,不能表达无限。庄子认为,道是无形、无限的,因而无法用数量来分解、来表达,所以道是不能用语言表达,也不能用概念把握的。庄子用此三个责难揭露了逻辑思维的矛盾即抽象与具体、静止与运动、有限与无限的矛盾,这是有启发意义的,但他却由此引导到怀疑论、相对主义和不可知论,则是错误的。

哲学史上常常有重复的现象。在到达真正的辩证法之前,往往出现相对主义、怀疑论反对独断论的斗争。相对主义者、怀疑论者善于揭露矛盾,提出责难、难题,促使人们去思考,这正是哲学向辩证法发展的必经环节。在中国哲学史上,庄子和禅宗是这样的环节;在西方哲学史上,芝诺和近代的休谟、康德也是这样的环节。康德提出了四个"二律背反",揭露了理性思维中必然包含的有限与无限、复杂与单一、自由与必然等矛盾，实际上就接触到了辩证思维的特点。由此可见，相对主义、怀疑论反对独断论而对逻辑思维提出的种种难题，在哲学史上是有重要意义的。从辩证法看，相对主义之所以有其地位，正因为它构成了逻辑思维发展的必要环节。

在相对主义、怀疑论之后，出现了真正的辩证论者，克服了相对主义和诡辩论，在一定程度上把握了辩证思维的逻辑。从古代的辩证论者一直到黑格尔，都认为逻辑思维能够把握世界统一原理和宇宙发展法则。老子认为道不能用普通的语言和判断表达，但可以用"正言若反"的辩证思维形式来把握；荀子提出"辨合""符验""解蔽"的方法论；《易传》提出"乾坤成列，易立乎其中"，更明确地表达了概念、范畴的对立统一原理，辩证逻辑具有了雏形。

在西方，赫拉克利特、亚里士多德也有了辩证逻辑的雏形。到了近代，黑格尔针对康德提出的责难，指出每个概念、范畴都是二律背反，明确地表达了概念、范畴的对立统一原理。黑格尔说，没有抽象的真理，真理都是具体的[①]，而把握具体真理的思维形式就是具体概念。黑格尔关于具体概念和具体真理的学说，是对辩证逻辑根本问题的回答，马克思、恩格斯批判了黑格尔的唯心主义，吸取其合理见解，把具体真理与具体概念的学说安放在了唯物主义的基础上。

2. 关于具体真理的学说

列宁说："逻辑学＝关于真理的问题。""真理是过程。"[②]真理是概念和实在的一致，是主观和客观相符合。这种一致、符合不是静止的、僵死的，而是活生生的、矛盾运动的过程，是从现象到本质、从不甚深刻的本质进到较

---

① 参见黑格尔：《哲学史讲演录》第 1 卷，贺麟、王太庆译，商务印书馆 1983 年版，第 29 页。

② 列宁：《哲学笔记》，《列宁全集》第 55 卷，人民出版社 1990 年版，第 146、170 页。

为深刻的本质的发展的过程。

具体的客观事物是有各方面联系的、矛盾发展的,而人们的认识往往只看到某个侧面而不见其他方面,这样的认识是片面的、抽象的。但是,通过不同意见、观点的争论、斗争,能够克服片面性,逐步辨明是非,达到比较全面、正确地把握客观事物的各方面的联系。真理的全面性就是具体性,这是真理具体性的第一个含义。

真理即主观与客观相一致,作为一个过程,是通过实践和理论的反复而实现的。理论和实践两者分开来说,都有主观性、片面性。实践要以科学理论作为指导来克服盲目性,理论要有实践加以检验来克服抽象性。理论和实践相结合的过程也就是由生动的直观到抽象的思维、由抽象的思维再到实践的过程。理论通过实践的检验得到证实,达到知和行、理论和实践、主观和客观具体的历史的统一,这时的真理就是具体真理。这是真理具体性的第二个含义。

科学真理具有相对性,它是历史地有限制的。从主体来说,人类只有在社会实践发展到一定阶段、具备一定的历史条件和技术条件,才能把握一定的科学真理。就对象说,每一科学原理的真理性即客观有效性是有条件的。科学真理按其客观内容说,就是现实发展的规律性。客观规律以时间、地点、条件为转移。规律的历史性也表现了真理的具体性。这是真理具体性的第三个含义。

总之,全面地、实际地、历史地把握的科学真理,是具体真理。辩证法认为,不能把相对真理与绝对真理割裂开来。虽然人们在一定条件下获得的真理总是相对的,但是不能认为客观的绝对真理可望而不可即。绝对真理就包含在相对真理之中,就是在人类不断地获得相对真理的历史过程中逐步展开的。真理的具体性就在于相对与绝对的统一。科学的真理都是相对之中有绝对、有限之中有无限、有条件的东西中有无条件的东西。

综上所述,真理是过程,经过意见、观点的矛盾运动,经过逻辑论证与实践检验来辨明是非,在一定阶段上能够达到主客观的具体的历史的统一;真理是相对的又是绝对的,是有条件的又是无条件的。这就是唯物辩证法关于具体真理的学说。

3. 具体概念是把握具体真理的逻辑思维形式

人们能够把握具体真理,但从逻辑思维的形式来说,是用什么样的概念、范畴来把握的? 列宁说:"这些概念必须是经过琢磨的、整理过的、灵活的、能动的、相对的、相互联系的、在对立中统一的,这样才能把握世界。"他又说:"概念的全面的、普遍的灵活性,达到了对立面同一的灵活性,——这就是实质所在。主观地运用的这种灵活性=折中主义与诡辩。客观地运用的灵活性,即反映物质过程的全面性及其统一性的灵活性,就是辩证法,就是世界的永恒发展的正确反映。"①这是唯物辩证法关于具体概念的学说。

当人们达到具体真理时,概念总是经过琢磨的、整理过的,琢磨、整理当然也是一个过程。概念总是首先把事物分割开来加以描述,这种描述比较粗糙,容易僵化,但却是必要的。这样才能把握现实事物的时空形式,把握它的质和量,把握它的一个一个的条件以及一条一条的规律。辩证法一方面反对把概念、范畴看成是固定的、僵死的形而上学观点,另一方面又反对把概念的灵活性看成是主观的、任意的相对主义观点。形而上学独断论只讲"非此即彼",相对主义只讲"亦此亦彼"。唯物辩证法则认为"非此即彼"是有条件的,即要承认"非此即彼",也要承认"亦此亦彼",并承认彼和此在一定条件下互相过渡,达到对立面的统一。② 我们要具体考察彼和此是如何联系、如何转化、如何达到对立的统一,这才是客观地运用概念的灵

---

① 列宁:《哲学笔记》,《列宁全集》第 55 卷,人民出版社 1990 年版,第 122、91 页。

② 参见恩格斯:《自然辩证法》,《马克思恩格斯选集》第 4 卷,人民出版社 1995 年版,第318 页。

活性。而在对立中统一的、灵活的、能动的概念就是具体概念,也就是黑格尔所说的"具体的一般"。

通常说的"抽象概念""抽象一般",是指概括了同一类事物的共同点,是对特殊的具体性的否定,是把具体事物分解开来加以把握,逐一考察其不同方面,而缺乏有机的联系。抽象概念是科学发展的初级阶段的概念,也就是黑格尔讲的知性逻辑的概念。具体概念,是科学发展的高级阶段的概念,亦即黑格尔所讲的理性逻辑的概念。具体概念作为把握具体真理的形式,体现了知与行、主观和客观的统一,它在一定领域内把握了事物的本质,具有完备的客观性,所以是真正具体的,或者说是具体的和抽象的统一。

哲学要把握世界统一原理和宇宙发展法则。真正的哲学应该是全面的、辩证的、具体的真理。而在达到辩证法之前的那些哲学,却只是包括了某些真实的必要环节,其整个体系必须打碎。只有到了辩证法的总结阶段,才能说哲学取得了具体概念的思维形式。

4. 具体概念的特点

下面从辩证逻辑和形式逻辑相比较的角度,来说明具体概念作为辩证思维形式有什么特点。

第一个特点,形式逻辑研究思维形式时撇开内容来抽象地考察形式结构,辩证逻辑把思维形式看作是内容的本质、内容所固有的内在结构。经验论者认为人的知识只限于经验内容,谁要说人的思维能够把握现象领域之后的本质、把握它的内在结构,就是形而上学。按照这个观点,辩证逻辑就是形而上学,因为它承认思维能够把握现象之后的本质以及本质固有的形式。我们认为只要进行正确的分析综合,不断地用实践来检验理论,就会使一个概念体系或理论体系包含有足够的命题,它们与感觉经验有足够的巩固的联系,这样通过概念或范畴的辩证推演(每一步推演都用事实检验),就能够把握具体真理。而这样的概念,作为一个体系的概念,也就是具体概念。

关于形式和内容,还有一个问题,就是辩证逻辑是否可能形式化? 是否可以成为一个形式系统? 我们说,辩证逻辑作为一种理论,当然要有一定的系统,但由于它是密切结合内容来考察思维形式,因此不可能用形式化的方法。现在有人试图把所谓辩证概念、辩证判断分成若干类,然后探讨它们的形式结构,照我看意义不大。哲学不能从它的从属的科学去取得研究方法,这一点黑格尔早就说明过。形式逻辑只是一门从属的科学,尽管哲学思维不能离开形式逻辑,但不能用形式化的方法来解决哲学问题。辩证法、认识论和逻辑学的统一是我们的基本观点,所以对思维的辩证运动进行反思、考察时,一定要把思维形式看作思维内容矛盾运动的形式,而思维内容矛盾运动就是客观辩证法的反映、认识辩证法的总结。

第二个特点,形式逻辑是研究思维处于相对稳定状态中的形式,而辩证逻辑是研究思维的辩证运动的形式。形式逻辑从概念与对象的对应关系,从同一律来把握概念,它把运动描绘成一种静止状态的总和。所以,不能说形式逻辑不能描绘运动,而应承认它对运动变化的这种描绘也是必要的。但如果因此而把同一律说成是世界观的基本原则,就把世界看成一个静止的世界了。

思维要怎样才能揭示出运动的本质,把运动的可能性、源泉揭示出来呢? 在辩证思维的头脑之中,概念是认识史的总结,把以往的认识总结在现在的概念之中,把过去了的批判地包含在自身之内;同时它也包含对未来的预测,所以对于实践有指导意义。这样来看,概念与对象的关系就不单纯是与对象的一一对应关系。思维有它的静止状态,要遵守同一律,但同一律并没有揭示出思维运动的可能性。思维是现实的反映,而现实是矛盾运动的,所以思维也是矛盾发展的。转过来说,正是因为概念是矛盾的、对立中统一的,所以它能把握现实的矛盾运动。因此,具体概念是包含区别和对立于自身的概念,是不同规定的统一。这样的概念能把握运动的本质,揭示出运动的可能性和源泉。

第三个特点,形式逻辑在研究思维形式时,着重把握它的静态的关系,虽然这些关系从辩证法看来也有辩证的因素。形式逻辑以为概念都是抽象的,只有个体是具体的,这样就容易导致具体和抽象、个别和一般互相割裂开来。在克服了这种形而上学以后,用形式逻辑是否能把握具体真理呢?还是不能。因为概念总有抽象性,总是把事物分隔开来加以把握。只有当认识由抽象上升到具体,科学概念真正反映了事物的整体、过程、总和、趋势、来源时,才达到具体与抽象、主观与客观的统一而形成具体概念。

形式逻辑内涵与外延的反比规律对具体概念是否还适用呢?具体概念还有它的抽象性,就这方面来说,当然还是正确的、适用的。中国化的马克思主义较一般马克思主义内涵要深一些,外延要窄一些,所以也可以说这是符合内涵外延的反比规律。但是,马克思主义在中国土地上特殊地发展,使马克思主义一般原理更丰富了。马克思主义的具体化,同时也是科学抽象的提高,所以不能停留在形式逻辑的观点看待具体概念。所谓科学的抽象,是更深刻、更正确、更全面地反映自然,这就是黑格尔所说的"具体的一般",即自身包含着个别与特殊的丰富性的一般。这种概念是具体和抽象、个别和一般相统一的概念。

第四个特点,形式逻辑由于只管形式结构,不考察概念的理想形态,即使是研究规范逻辑的一些模态,也只从形式结构上去考察,不是考察具有规范意义的那些判断的内容。哲学作为世界观、人生观,要给人们指明理想境界、理想人格是什么样的,所以它的概念是有理想形态的。不仅哲学,一切具体真理都具有理想形态。这样的理论体系在一定层次上达到了理论与实在、主观与客观的统一。它是一个有机联系的整体;它从一些基本范畴推导出完整的体系,和感觉经验保持着足够的巩固联系;它所提供的可能性,就是它所推导出来的命题可以诉之于感性直观；它体现了人的理性力量和人的信念。这些正是理想形态的特征。

综上所述，和形式逻辑不同，辩证逻辑把概念作为思维内容固有的形式、思维的辩证运动的形式来考察，辩证思维的概念是具体的一般，是具有理想形态的。这些就是具体概念的基本特征。

（以上选自第二卷，第 74—87、207—215 页）

（三）　概念展开为判断、推理的运动

具体概念是不能离开科学的理论体系来把握的。在理论体系中，概念彼此有机地联系着，其中最一般的联系是逻辑联系，可用逻辑范畴、逻辑方法来加以概括。这种具体概念之间的逻辑联系，就是辩证逻辑的对象，而这种逻辑联系实际上也就是概念展开为判断、推理的运动。

传统形式逻辑把判断看作概念的结合，把概念与命题的关系看作一种静态关系。如"个体 x 具有性质 a"就被理解为个体 x 包含在 a 类之中，个体和类之间的关系是一种静态的包含关系。而从辩证逻辑来看，"x 是 a"或"x、y 有关系 R"这种命题本身就包含着矛盾，都在同一中包含着差异，都是一般与个别相结合。所以我们说，辩证法是普通逻辑思维所固有的。

形式逻辑的判断，论量，遵守着整体是各个部分的总和这一公理；论质，则肯定和否定是不相容的，所以要排除逻辑矛盾，要遵守排中律。这些都是必要的，但正如黑格尔所说，对任何对象都既要指明它固有的某个规定，又要指明它必然有着相反的规定。而这样的判断，显然超出了形式逻辑的狭隘界限。"这个既是分析的、又是综合的判断环节，通过它，那开始的普遍的东西从自身中把自身规定为自己的他物，它应该叫作辩证的环节。"① 例

---

① 　参见黑格尔：《逻辑学》下卷，杨一之译，商务印书馆 1982 年版，第 537—538 页。

如,"运动是连续性和间断性的统一",运动概念从本身中规定为他物,运动中有静止,连续中有间断。连续性和间断性是运动的分析规定,而运动乃是两者的统一,亦即两者的综合,所以这样的判断是既分析又综合的。以上是讲概念展开为判断。

判断又展开为推理。形式逻辑讲判断结合成推理,也是一种静态的关系。形式逻辑考察命题之中的真假关系主要是两种:一种是不相容关系,一种是蕴涵关系。不相容关系指矛盾、反对关系,肯定一个命题就意味着否定另一命题,两命题不能同时真;蕴涵关系是说,肯定一个命题,必然也肯定另一命题,一个命题真是另一命题真的理由。通常讲蕴涵关系是形式逻辑进行推理、论证的根据,不相容关系是进行反驳的基础。

从辩证逻辑来看,形式逻辑讲推理也包含有辩证法因素。各蕴涵关系是连续的,而运用分离规则就是间断的;每一个推理都是连续与间断的对立统一。通常讲的演绎推理,是由一般到个别的推理,其前提与结论之间有必然联系;而归纳推理是由个别到一般的推理,其前提与结论之间只有或然联系。这是形式逻辑的说法。从辩证法看来,演绎推理与归纳推理也是辩证的统一。演绎推理的大前提由归纳而来,所以演绎离不开归纳。归纳推理也要借助演绎推理。我们从归纳得出一个一般结论后,再从它推导出一个命题来进行验证,无论是证实还是否证,都要运用演绎推理。因此,归纳与演绎、个别与一般,在辩证法看来是统一的,普通逻辑的推理也有它的固有的辩证法因素。

不过,辩证逻辑讲推理,还有更深刻的意义。王夫之在《张子正蒙注·天道篇》中讲的"推"既是推理又是推行,要求把实践包括在推理之内。[1]从推理来说,就是要从相通之理推出"情之所必至",又推出"势之所必反"。

---

[1] 参见王夫之:《张子正蒙注·天道篇》,《船山全书》第 12 册,岳麓书社 2011 年版,第72 页。

从推行来说,要"存其通",又要"存其变"。"通"是掌握一般相通之理,"变"是说一般相通之理要以时间、地点和条件为转移,要灵活应用。这样的推,就是推理和推行的统一,是"情之所必至"与"势之所必反"的统一,是"通"与"变"的统一,这是辩证逻辑的推理观。这样的推理作为概念、判断的展开来说,实际上是一个分析矛盾和解决矛盾的过程。

研究客观事物必须首先详细地占有材料,探索现象之间的内在本质联系,然后才能弄清一个领域里原始的基本的关系,从而才能从这种关系出发,把现实运动适当地叙述出来。而在这一叙述过程中,还需要不断地接触实际,每一步都要用事实来进行验证。但这里还有一个问题:为什么从原始的基本关系出发,通过矛盾分析可以把握具体呢?我们这里讲的是一个具体的运动形态或者发展过程,它有规定全过程的基本矛盾。它的矛盾运动(或者说基本矛盾展开过程)的各方面,尽管复杂多样,但在原始的基本关系中已具体而微。一个胚胎能发展成为一个生物,它已潜在地具体而微地具有生物全过程的矛盾因素,所以我们从一个胚胎出发来考察生物全过程,这是正确的途径。当然,一个过程的原始基本关系,也是在一定条件下从先行的过程中演变出来的。同时,原始的基本关系的展开,是以条件、地点、时间为转移的,它有一个发展过程。一个胚胎尽管潜在地具有生物全过程的矛盾的因素,但这些矛盾因素的展开还是以条件为转移而表现为丰富多样、曲折发展的运动。

我之所以这样说,是因为辩证法认为可以从原始基本关系出发来推演全过程,这一点竟被有的人误解为是一种先验论。当然不是如此,因为所考察对象的全过程的基本矛盾确实在原始基本关系中具体而微了,但这原始基本关系也还是由先行过程发展而来的,并非先天产生出来的;它的展开为历史过程还要以条件为转移,并非如唯心论者所说那样,发展只是简单的复归。唯物辩证法以为发展是螺旋形的无限前进运动,每一个螺旋有其先行者,有其后续者,它的基本关系是先行者演变出来的,而在这基本关系得到充分发展,达到矛盾解决时,便又为后续者准备了某种新的基本关系,另一个螺旋又开始了。

关于形式逻辑的概念、判断、推理有它的辩证法因素,现在还有许多工作可做,但停留在这一步就会认为形式逻辑和辩证逻辑只是观点不同、眼界不同,所考察的是同样的思维形式,甚至可能导致辩证逻辑没有存在必要的结论。所以,不能停留在这一步,还要进一步研究概念、判断、推理的辩证法。

我们对概念、判断、推理本身说得不多,黑格尔把概念、判断、推理各分成若干类来说明其间的辩证关系,固然也是一条研究的途径,但我认为意义不大。我们采取另一种办法,那就是从概念、判断、推理概括出逻辑范畴,从逻辑范畴的辩证推移来阐明概念、判断、推理的矛盾运动。

(以上选自第二卷,第207—215页)

五、辩证逻辑的规律、范畴和方法论

对立统一规律是宇宙的根本规律,不论在自然界、人类社会和思维中都是普遍存在的。它贯穿于辩证思维过程的始终。考察逻辑范畴应当以辩证唯物主义认识论为前提。从认识论来说,逻辑范畴无非是认识的辩证运动的一些阶段。自觉地遵循逻辑思维的辩证规律,用它来研究问题,指导实践,就是自觉地按照事物本来的辩证法来对待事物,这样,世界观就转化成了方法论。

(一) 对立统一规律是辩证思维的根本规律

1. 概念的对立统一与判断的矛盾运动

对立统一规律作为逻辑思维的根本规律,有些什么特点? 概念、范畴按其本性来说是对立统一的;概念展开为判断、推理的运动,就是概念的对立统一的展开,是矛盾的运动。

辩证的思维就是在对立面的统一中把握对立面,具体概念的根本特点就是在对立中统一。形式逻辑的根本规律是同一律,它是思维处于相对静止状态的逻辑思维的根本规律。人的思维不仅有相对静止状态,而且是永恒运动的;概念不仅各有确定涵义,而且互相联系、互相转化。因此,思维不仅需要遵守同一律,而且需要遵守对立统一规律,只有如此才能够反映活生生的生活,才能够把握具体真理。所以,概念的对立统一是辩证逻辑的主要内容。

概念的对立统一包含哪些方面呢? 列宁在《哲学笔记》中把概念辩证法的主要含义归纳为如下三点:

(1)"概念的相互依赖。一切概念的毫无例外的相互依赖。"

(2)"一个概念向另一个概念的转化。一切概念的毫无例外的转化。"

(3)"概念之间对立的相对性……概念之间对立面的同一。"①

这三点完整地说明了"对立统一"的含义。下面,再对列宁提出的概念辩证法的主要涵义作些解释。

关于第一点,"一切概念的毫无例外的相互依赖"。具体概念不能离开科学理论体系、不能离开概念之间的有机联系来把握。从形式逻辑考察,概念之间也彼此联系着,但只是静态的联系。从辩证逻辑来看,这种静态关系也包含着辩证法的因素,但辩证逻辑要求更深入、更全面地来把握概念间的内在联系,并从概念的内在联系中来具体地把握概念。

关于第二点,"一切概念的毫无例外的转化"。形式逻辑把概念间的对

---

① 参见列宁:《哲学笔记》,《列宁全集》第55卷,人民出版社1990年版,第167页。这里保留了冯契所引1959年版《列宁全集》第38卷第210页的译文。新版将"转化"改译为"过渡"。——增订版编者

立理解为不相容的关系,辩证逻辑则认为这些概念不仅是相互对立、相互排斥的,而且是相互依赖和互相转化的。概念之间的互相依赖与转化,则是主体与对象、主观与客观之间的互相作用的运动的反映。

关于第三点,"概念之间对立面的同一"。我们应该把概念间的联系、转化和达到对立面的统一理解为一个矛盾运动的过程。概念的对立统一是客观辩证法的反映,是认识史的总结。就客观运动过程来说,有的矛盾达到"物极必反""极其至而后反",但大量矛盾是在对立面保持动态平衡的情况下实现转化,概念的对立统一通常也是如此。概念的矛盾发展创造出矛盾能在其中运动的形式,这就是解决矛盾的方法。虽然在客观运动过程中,有的矛盾"极其至而后反",但它反映到人脑里,也表现为处于动态平衡中互相转化。

概念的对立统一作为一个过程,表现为判断的肯定否定的矛盾运动。不像形式逻辑仅仅根据某种形式结构来作出断定和推论,辩证逻辑是根据内容本身的辩证运动来作出肯定和否定。马克思说:"辩证法在对现存事物的肯定的理解中同时包含对现存事物的否定的理解。"[1]列宁说:"一般说来,辩证法就在于否定第一个论点,用第二个论点去代替它(就在于前者转化为后者,在于指出前者和后者之间的联系等等)。"[2]概念的对立统一展开为判断的运动,就表现为肯定的论点向否定的论点的转化和运动。

一切事物都有其固有的矛盾,事物在一定条件下产生,都有其肯定的存在理由,同时又孕育着否定自己的因素,因而一切现存事物总是暂时的、相对的、有条件的存在。这否定因素同现存事物是有差别的,而又同事物有着内在的联系,因此当事物由于必然的自己运动达到一定阶段,条件发生变化

---

① 马克思:《资本论》,《马克思恩格斯文集》第 5 卷,人民出版社 2009 年版,第 22 页。

② 列宁:《哲学笔记》,《列宁全集》第 55 卷,第 195 页。这里保留了冯契所引 1959 年版《列宁全集》第 38 卷第 244 页的译文。新版将"转化"改译为"过渡"。——增订版编者

时,就会实现肯定向否定的转化。正因为客观过程是这样,概念的辩证法要求对第一个肯定论断要指出差别、联系、转化。如果只说肯定是肯定,看不到肯定中的否定,那么对这个事物的简单的肯定的论断就会是不完全的、僵死的、无生命的。

辩证法的否定是作为联系环节、发展环节的否定,是在否定中保持着肯定东西的否定。就客观过程说,当事物达到一定阶段时,由于内部否定因素的增长而导致否定自己。旧事物虽被否定,但不是被简单地抛弃,而是被克服了、被扬弃了,新事物吸取了其中的积极成果,达到了一个更高的发展阶段。正因为客观事物的发展过程、认识的发展过程是这样,所以概念的辩证法也是这样。对第二个否定的论断,科学的考察要求指出否定中有肯定,要求指出统一。如果只说否定是否定,看不到否定论点中保存着肯定的东西,那么否定的论断就会导致怀疑论,导致虚无主义。

总起来看,列宁所说的判断的肯定否定的矛盾运动就是"从肯定到否定——从否定到与肯定的东西的'统一'"①,这是肯定与否定的矛盾运动的总过程。肯定论断和它的否定相联系,肯定论断向否定论断转化,达到否定与肯定的统一,——可见,判断的肯定否定的运动就是概念互相联系、互相转化,达到对立面统一的过程。客观过程是辩证发展的,认识过程是辩证发展的,所以概念必须是对立中统一的,判断要"从肯定到否定——从否定到与肯定的东西的统一"。只有这样,才能把握客观辩证法和认识辩证法。

当马克思分析资本主义社会,得出资本主义社会必然为社会主义社会代替时,这不是用概念的对立统一、判断的肯定否定的矛盾运动作为模式去套客观现实,而是具体研究了客观过程和认识过程的矛盾运动而得出的结

---

① 列宁:《哲学笔记》,《列宁全集》第55卷,第196页。这里保留了冯契所引1959年版《列宁全集》第38卷第245页的译文,新版译文为"从肯定到否定——从否定到保存着肯定东西的'统一'"。——增订版编者

论。这种研究获得的结论,用概念、判断表述出来,就取得概念在对立中统一的形式、判断"从肯定到否定——从否定到与肯定的东西的统一"的形式;而对于这一运动过程达到的结论来说,这个"从肯定到否定——从否定到与肯定的东西的统一"也就是一个推理,也就是作了论证。辩证法的推理就是根据判断的肯定否定的矛盾运动"推其情之所必至,势之所必反"。这个过程作为方法就是分析与综合相结合。

2. 分析和综合的结合

一切概念都有摹写现实和规范现实的双重作用,科学领域的概念、范畴、规律只要正确地摹写现实,就能有效地规范现实。这样,概念、范畴、规律就具有方法论的意义。对立统一规律作为概念的辩证法,既是对现实和认识过程的辩证法的摹写,又是对现实和认识过程的规范,从而转化为方法。概念的对立统一作为辩证思维的方法就是分析和综合相结合。分析和综合相结合是辩证方法的核心。

所谓分析,就是在思维中把作为对象的统一的具体事物分解为各个要素、部分或特性,而对其分别加以考察。所谓综合,则是在思维中把客观事物的各个要素、部分、特性结合起来作为一个统一整体来把握。形式逻辑讲分析、综合,是静态的关系,遵循整体是各个部分的总和的公理,因此分析方法和综合方法被看成是两种方法。当然,即使形式逻辑的分析与综合也是互为条件的,两者相辅相成,具有辩证法的因素。

辩证逻辑讲的分析和综合相结合,有更深刻的意义。所谓"相结合",是指分析与综合乃是同一方法的不可分割的环节。要把"对立统一"作为一个完整的范畴来理解和把握,辩证法就是从对立面的统一中把握对立面,既要分别地考察矛盾的各个方面——分析,又要全面把握矛盾的统一的整体——综合。所以,分析和综合是同一方法的不同环节。

分析、综合作为判断的环节,是说辩证方法从最初的一般概念找到它以后的规定。由于差别、对立的因素潜在地包含于第一个论点之中，第二个论点是从第一个论点中分析出来的，所以由肯定到否定是辩证法的分析。另一方面，肯定转化为否定，否定之中有肯定的东西，即达到肯定与否定的统一，则是辩证法的综合。所以，判断的肯定与否定的辩证运动，即是既分析又综合的运动。

不能把分析和综合的结合看成是两种方法的交替使用，不能把二者并列起来，辩证方法的每一步都是既分析又综合的。由肯定到否定是分析的环节，对肯定论点指出差别、转化固然是分析，但既然是肯定与否定联系着，当然也是综合的。对否定论断指出统一，当然可说是综合的环节，但既然否定也包含对自身的否定，自身也包含差别和转化，综合中也就有分析。

运用分析与综合相结合的方法，就其实质来说，无非就是以客观现实之道，还治客观现实之身，即不是把从现实之外取得的思维规定强加给现实，而是从对象本身的矛盾运动来把握对象自身的内在脉搏。但人们对对象的本质矛盾的揭露要经历一个认识过程，反映现实的概念、判断、推理等思维形式乃是认识的历史总结。认识的过程同样是一个自然历史的过程。方法既然是以客观现实之道，还治客观现实之身，也是以认识过程之道，还治认识过程之身。

黑格尔指出分析和综合的方法包含有三个环节：开始、进展、目的。①这三个环节是就概念辩证法作为客观辩证法的反映，又是认识史的总结而言的。这三个环节实际上也是《论持久战》所运用的方法：第一，客观地全面地考察全部基本要素，提出问题的根据；第二，分析发展的两种可能性，指出哪一种可能性占优势，条件是什么；第三，如何准备条件，变有利于自己的可能性为现实性，以实现目的。这就是把如实地摹写现实和有效地规范现

① 参见黑格尔：《小逻辑》，贺麟译，商务印书馆1980年版，第424—427页。

实看作是一个统一的认识过程所包含的环节,其中每一个环节都是分析和综合相结合。

第一个环节,即辩证思维的"开始"。现实的开始也即是思维的开始。辩证方法的开始,一方面要对感性直观进行分析,客观地考察对象自己的运动,不附加任何主观的成分;另一方面,思维要把握反映对象的本质的概念,用概念来全面地把对象的基本要素、关系联系起来,因此又是综合的。只有客观地考察对象,排除种种假象和主观的成分,把个别的偶然的意见排除掉,把基本要素全面加以掌握,这样才能把握基本矛盾,把握对象或过程的发展根据。

第二个环节——"进展"。这就要求对占统治地位的基本关系分别考察其矛盾的方面,又进行综合,把握其相互作用,研究其矛盾解决的方式。辩证法的进展表现为这样一种状况:开端是矛盾的开始,然后分别对矛盾的两方面进行考察,再综合起来,看矛盾双方如何相互作用、相互转化,达到矛盾的解决,又建立新的矛盾关系,然后又再对其分析综合。这种方法的运用不是单纯的抽象思维的运动,而是客观现实矛盾运动的反映。必须把现实过程作为前提,使思维过程不断接触现实,每一步都用事实材料来验证。

第三个环节——"目的"。辩证思维把握矛盾运动是为了促成事物的转化,实现人的目的。人的有意识的目的活动,是运用所把握的规律性的知识来指导行动,以物质手段为中介,创设条件,使主客观获得统一,达到目的的实现。我们改造自然要遵循自然规律,用物质手段对自然对象进行分析,去掉假象、外在性,使不利于人的可能性受到限制,使有利于人的可能性变为现实,使主观意向与客观现实达到统一(综合),所以这也是一个分析和综合的过程。

总起来说,辩证思维的运动过程,从把握问题的根据开始,考察进展过程,达到目的实现,每一步都是分析和综合的结合,每一步都是对立统一规律的运用。这也就是辩证法的推理过程。接下来要考察的逻辑范畴和方法论基本原理，也都体现了开始、进展到目的的辩证运动。

3. 观点的批判和实践的检验

理论的批判性和与革命实践的紧密联系，是辩证法的固有特征。分析与综合相结合过程的每一步都要进行观点的批判和实践的检验。形式逻辑也讲论证、反驳。论证要求论题明确、论据真实、论证正确；反驳要遵守矛盾律、排中律的要求。然而形式逻辑的论证、反驳讲的都是静态的关系，虽然两者相辅相成，也有辩证法因素。辩证逻辑承认形式逻辑的论证、反驳是必要的，但要求更深入一步，通过判断的矛盾运动达到肯定和否定的统一，通过分析与综合达到主客观统一的具体真理。这个判断的矛盾运动或"辩合"过程，对于所达到的结论来说，就是辩证法的论证。

具体概念总是在科学理论体系之中。辩证逻辑对一个论题的论证，要依据这一领域的科学理论，并且要求每一步用事实即实践验证。科学的理论体系是正确的观点，与之对立的则是谬误的观点。辩证法的论证就是对正确观点的阐明，同时也是对错误观点的批判或反驳，并且正面的阐明和反面的批判都要诉之于实践的验证。显然，这种阐明和批判，比之形式逻辑的论证和反驳要复杂得多。

古代哲学家已经提出"别囿""解蔽"，就是要求对观点进行分析批判。逻辑思维是矛盾发展的，而矛盾的任何一个方面被绝对化都会导致形而上学、唯心论。关于分析与综合的结合，正如王夫之早就批评了的，或片面强调分析（如道家、程朱理学），或片面强调综合（如佛教、陆王心学），分析与综合的结合遭到破坏，就不可能有关于宇宙变化法则的"微言"。因此，在辩证地运用分析与综合的同时，就必须批判在分析与综合问题上的片面观点。

对形式逻辑所说的谬误进行驳斥是比较容易的，指出它犯了什么逻辑错误就行了，但对观点或理论体系进行辩证分析就要复杂得多。对各种观点既要看到其社会历史根源,又要看到其认识论根源;既要看到它具有社会意识的性质,又要看到各个领域各有其专门的特点。而且,问题的复杂性还在于,我们要"解蔽",而蔽与见常常联系在一起。对各种作为发展必要环节的理论体系进行分析时,一定要善于克服错误观点,挽救出其中合理的因素。通过这样的分析综合,进行了比较全面、比较正确的批判总结,我们才能够把握具体真理。而实践是检验真理的唯一标准,每一步这样的分析和综合都要诉之于实践,都要用实践经验来检验。

概念的辩证法不是用来作为单纯证明的工具,而是如实反映客观现实的矛盾运动的方法。为要如实地反映,那就要求论证的每一步都用事实进行验证,所以需要不断接触现实或举出历史的例证。而不论是当前的事实材料,或反映在文献中的历史事实,都是有观点统率着的,所以验证决不能离开观点的分析批判。辩证逻辑要求观点的分析与事实的验证相结合。

这里包含着三个层次:第一,事实(实践经验);第二,科学理论(包括规律与观点);第三,辩证逻辑。对科学理论的论证和谬误观点的驳斥,固然是运用了逻辑,但辩证逻辑的论证无非是现实历史本身的肯定否定的矛盾运动的反映,同时结合着对各种观点的分析批判,而且进行分析和综合的每一步都要用事实来检验。通过这样论证和检验的科学理论,达到肯定和否定的统一、事实与理论的统一,也就是达到了比较全面、比较正确的结论,把握了具体真理。

(以上选自第二卷,第 217、245、320,231—234 页)

(二) 类、故、理的逻辑范畴体系

1. 范畴的一般涵义

这里主要讲三个问题:第一,范畴是哲学和科学的基本概念;第二,范畴的辩证本性;第三,逻辑范畴的特点。

每一门科学都有一些被称为范畴的基本概念,科学的理论体系的骨干就是范畴的联系。就具体科学来说,一个新的范畴的提出,往往标志着科学发展的新阶段。这些范畴都是自然现象之网的网上纽结,即客观现象存在的一般形式的反映,又都是各门科学里的基本概念,在科学理论思维中起着骨干的作用,并且有方法论的意义。

哲学范畴是从具体科学中概括出来的,是最一般的,它标志着人类认识世界总过程的一些阶段,即整个人类认识发展过程以及个体认识发展过程的一些阶段。例如,从现象深入到本质、从知其然到知其所以然,都标志着认识发展(全人类以及各个人的认识发展)进入到更高的阶段。同时,这些范畴也是客观实在最一般的形式。无论哪一个科学领域、哪一种运动形式,都有现象与本质、自然和所以然这样的存在形式。作为逻辑思维的形式来说,哲学范畴是思维把握真理的必要环节,是各门科学都共同需要的骨干。如现象和本质、因果性、规律性等等逻辑范畴,各门科学都需要运用,因而对各门科学都具有方法论的意义。

总之,不论就科学来说还是就哲学来说,范畴乃是一些基本概念,是人类认识世界的一些环节,是客观存在的一般形式的反映,在理论思维中起着骨干作用和具有重要的方法论意义,都体现了客观辩证法、认识论和逻辑的统一。这是我要讲的第一点意思。

范畴既然是客观现实的反映和标志着认识过程的小阶段,它们当然随着现实的发展和科学的进步而变化发展,新的范畴总是不断被提出,而旧的范畴则被改造、被加深,甚至被抛弃。范畴都是历史地发展变化的,不是凝固不变的,所以范畴具有辩证的本性。

逻辑范畴是认识史的总结和现实矛盾的反映,它不仅要经历认识论意义上的新陈代谢,而且从逻辑学意义上来讲,必须是流动的、灵活的、在对立中统一的,这样才能把握具体真理。我们是在对哲学基本问题作唯物主义解决的前提下面来阐述范畴的辩证本性,来阐明如何通过一系列范畴的矛盾运动以揭示出宇宙发展法则的。这是就哲学来说的。至于对具体科学来说,就是要在唯物辩证法指导下,通过一系列范畴的矛盾运动,来揭示出这一科学领域的基本法则。这是第二点。

刚才已经说过,每一组范畴都体现了客观辩证法、认识论和逻辑的统一,因为范畴是客观存在的一般形式的反映,是认识过程的一些阶段,又是逻辑思维的一些基本环节。有人想把范畴区分为本体论、认识论和逻辑三个部分,这样做行不行? 当然可以而且应该从不同的侧面来研究,但要把它们截然分割开来,却是办不到的。我们侧重于考察逻辑范畴,但并不是说这些范畴只有逻辑的意义。必须同时看到,这些逻辑范畴是客观存在的一般形式的反映,是认识过程的一些阶段。不过,从逻辑这个侧面来研究范畴当然还是有它自身的特点的。

首先,逻辑范畴是从思维形式,即从概念、判断、推理中概括出来的。在考察这些范畴的时候,我们需要从形式逻辑与辩证逻辑二者的关系加以研究;而且要给范畴安排一个体系,因为具体概念总是要在体系中把握的。下面讲范畴的推移、联系、秩序,是从其作为逻辑体系而提出来的,并不是将其作为客观辩证法和认识论的体系而提出来的。

其次,形式逻辑要求排除逻辑矛盾,辩证逻辑要求通过观点的批判和实践的检验来克服理论思维的错误。所以,在考察逻辑范畴时就需要考察它们在进行逻辑论证和观点批判方面的意义,要讲逻辑范畴的推移如何体现了正确思维(正确地进行推理、论证)的规律,并结合逻辑范畴推移的每一步论述如何进行观点的分析批判。

最后,虽然一切的概念、范畴都有方法论的意义,但方法在本质上是思维形式的运用。一切科学范畴都蕴涵着逻辑范畴。在运用科学概念、科学理论作为方法的时候,即运用科学概念来规范现实时,总是蕴涵着运用了逻辑范畴。

2. 认识的辩证运动与逻辑范畴的体系

我们的基本观点是,逻辑范畴体系和认识的辩证运动是一致的。

在马克思主义诞生之前,黑格尔的逻辑学提供了一个最完备的范畴体系。按列宁在《哲学笔记》中的分析,黑格尔《逻辑学》中的范畴就是认识的环节,这些范畴的辩证推移,体现了逻辑范畴体系与人的认识过程的一致。这是列宁从《逻辑学》中概括出来的合理的东西。黑格尔本人以为逻辑范畴是先天存在的,并不是人们在实践中概括出来的。因此,我们不能原封不动地搬用黑格尔的范畴体系,必须打破它的体系,在唯物主义基础上给予根本改造。

同时,在黑格尔看来,他的范畴体系就是绝对真理,这显然是独断论,是违背辩证法的。一定历史条件下的人都受特定历史条件的限制,总有许多逻辑范畴还没有把握(自然现象之网是无限丰富的),而且已经揭露的逻辑范畴总有待于研究再研究,所以我们不应该要求建立一个包罗无遗的范畴体系。和黑格尔不同,我们不仅要把逻辑范畴体系建立在唯物主义基础上,还要把认识运动看作是一个无限前进的运动,是一个从现象到本质、从感性到理性、从不甚深刻的本质到更深刻的本质、从不很全面的理解到更全面的理解的无限前进的运动,而逻辑范畴就是这个运动的环节。

正如恩格斯所说,体系是暂时性的东西①,不过,具体概念、哲学范畴又必须体系化。我们说逻辑思维能把握具体真理,就是说哲学和科学的理论能够客观地、全面地把握一定层次上的实在,而这种理论一定是体系化了的。当然,这种体系是有条件的、相对的,是一定层次上的体系。但体系化还是必要的,因而我们应该对逻辑范畴体系有一个安排。

---

① 参见恩格斯:《路德维希·费尔巴哈和德国古典哲学的终结》,《马克思恩格斯选集》第4卷,人民出版社1995年版,第219页。

首先的问题是,应从什么开始?

我们的基本观点是:坚持认识的辩证运动和逻辑范畴体系的统一,因此认识从哪里开始,逻辑也就从那里开始。知识开始于对当前的呈现("这个")有所知觉和作出判断。归根到底,概念所摹写和规范的对象、判断的对象是实在。在实践中,感觉给予客观实在,这就是呈现于感官的现象。形形色色的呈现依存于客观实在,是实在的表现,是实有的。但是,呈现是现象,是实在的一个规定。对实在的任何规定都包含着对自身的否定,就是说,呈现具有有和无、肯定和否定的两重性。所以,呈现是实有的又是非实有的,它包含着矛盾。要解决这个矛盾,认识就不能停留在感性直观上,而要通过现象深入到本质中去。要认识本质必须把握感性材料,而要对感性材料有如实的了解就必须深入到本质。

其次,关于范畴如何展开的问题。

我们把唯物主义认识论作为逻辑学的前提,从实在出发,把实在理解为现象和本质的统一。接着,再从概念、判断、推理来概括出逻辑范畴,又从范畴的矛盾运动来说明思维形式的辩证法。这样,基本上就把黑格尔的体系颠倒过来了。那么,我们怎样从概念、判断、推理来概括出逻辑范畴来?主要的范畴是什么?

西方哲学史上亚里士多德、康德都是从对命题的分析和分类来概括出逻辑范畴的。恩格斯在《自然辩证法》中根据康德、黑格尔对判断的分类概括出个别、特殊、普遍等一组范畴。在概括黑格尔"本质论"中的范畴时,恩格斯先写了"同一和差异、原因和结果,这是两个主要的对立",然后又加上一个"必然性和偶然性",所以他实际上是说黑格尔"本质论"的范畴包括三个主要的对立。①

---

① 参见恩格斯:《自然辩证法》,《马克思恩格斯选集》第4卷,人民出版社1995年版,第321页。

恩格斯这个概括对我们很有启发。中国古代哲学家认为主要的逻辑范畴是三组或三个，就是"类""故""理"。《墨经·大取》提出："夫辞以故生，以理长，以类行。"说明提出一个论断要有根据、理由，这就是"故"；要遵循逻辑规律和规则，这就是"理"；要按照客观的种属包含关系来进行推理，这就是"类"。所以，任何一个逻辑推论都是"三物必具"，一定包含有"类""故""理"三个逻辑范畴。荀子在《正名》中主要也是讲的三组范畴：类、故、道。不论是墨子还是荀子，都肯定主要的逻辑范畴是三组，这和恩格斯所概括的基本上一致。因为恩格斯所讲的个别和一般、同一和差异实际上是关于"类"的范畴，原因和结果是关于"故"的范畴，必然和偶然是关于"理"的范畴。

康德把范畴分成四组①，一组关于质的范畴即肯定与否定，我们已经把它作为规律，在讲判断的肯定否定运动时讲过了。剩下的三组范畴：一组是关于个别与一般的范畴，一组是关于因果性联系的范畴，还有一组是关于模态即必然性与偶然性的范畴，也分别相应于"类""故""理"的范畴。可见把逻辑范畴分成三组，是中国哲学和西方哲学共同的观点。

在中国哲学史上，"类""故""理"是由墨子提出来的，后来的哲学家、逻辑学家又作了反复的考察。被考察的方面越来越多，内容越来越深入、越来越丰富。不过，古人既然已提出"类""故""理"的范畴，说明古人也已经具体而微地把握了逻辑范畴的体系。一个初生的婴儿已经具有成人的雏形，甚至一个胚胎也应该承认它完整地具备了一切发展要素的萌芽。达到发展的高级阶段进行批判总结的时候，往往好像是出发点的复归。我们用"类""故""理"作为逻辑范畴的骨架，这好像也是出发点的复归。

从认识论来说，察类、明故、达理，是认识过程的必经环节。察类就是知

<hr />

① 参见康德：《纯粹理性批判》，邓晓芒译，杨祖陶校，人民出版社 2004 年版，第 64—65 页。

其然,明故是知其所以然,达理则是知其必然与当然。"类""故""理"都是关于本质的范畴,当然本质与现象是统一的。这三组范畴是人们的认识从现象到本质,并对本质的认识不断深化和扩大所必经的一些环节。由然到所以然,再到必然和当然,是一个认识深化扩展的进程,但三者又是不可分割的。真正要把握事物类的本质,那就一定要知其所以然之故、必然之理;而要把握事物发展的必然规律,那当然需要察类、明故。

从逻辑学来讲,任何形式逻辑的推理、辩证逻辑的论证都要"三物必具",逻辑思维也就是通过这些环节去把握事物的本质,形成概念,作出正确的判断和推理的。形式逻辑的思维"以故生,以理长,以类行",上面已经说了。从辩证逻辑来说,对立统一规律是思维的根本规律,矛盾是最基本的范畴,它内在于"类""故""理"这些范畴之中。矛盾是类概念的本质,是论断的根据,是推理的法则。正是通过"类""故""理"的矛盾运动,思维就越来越全面、越来越深刻地揭露出客观实在的本质。当然,不能把"对立统一"作为公式往范畴上去套,而是要把逻辑范畴作为认识史的总结去具体考察。我们的范畴体系不是一个封闭的体系,我们只要求能揭示出一组组范畴的矛盾运动,并对整个的范畴体系有一个安排,这样就能给人们提供观点和方法。如果范畴之间的联系讲不清楚,我们就不说,以后的人会超过我们,他会提出更好的见解,会克服我们的弱点,超过我们的体系。而且我们这样来展开范畴的时候,还一定要坚持荀子所提出的"辨合""符验""解蔽"的要求。每一步都要具体分析,要进行观点的批判,要用实践来检验,让思维与感觉经验有足够的巩固的联系。

从哲学来说,逻辑学与认识论、客观辩证法统一,逻辑思维的矛盾运动正是通过"类""故""理"这样一些范畴(环节),揭示出具体真理,把握中国哲学家所谓的"性与天道",即宇宙变化法则以及培养人的德性的途径,亦即世界观和人生观的内容。

总起来说,我们这样来安排范畴体系:从客观实在出发,把实在理解为现象与本质的统一。认识从现象到本质,以及对本质的认识不断深化、不断扩展的前进运动,也就是逻辑思维通过"类""故""理"等主要范畴的矛盾运动来把握性与天道的过程。

下面我们就来分别考察"类""故""理"这三组范畴。

3. 关于"类"的主要范畴

关于"类"的范畴,主要是同一和差异,个别、特殊和一般,整体和部分,质和量,类和关系。

同一和差异

逻辑思维要察类。察类就要辨同异,只有通过辨同异,才能揭示出实在的本质,才能从现象上升到本质,从个别提高到一般。从思维形式来说,概念、判断、推理都是同中有异,都是包含着矛盾的。辩证法是普通逻辑思维所固有的。

形式逻辑认为事物有共同属性,便可以归入一类。一类之中的各个分子彼此独立,它们的总和构成了类的总体,这其实是就相对稳定状态而言的同异关系。辩证逻辑要求把握现实世界的矛盾运动,而在现实世界中,每一个体都是在自身同一中包含着内在差别。每一个类也是同中有异。所以概念要把握客观现实的变化和发展也必须同一之中有差异。

辩证逻辑要求指出概念、论断内在的差别。从逻辑思维来说,有老子所说"正言若反"的同中有异的形式,也有《易传》讲"正言断辞"的异中有同的形式。应当把这两种论断形式结合起来,不能偏废。同时,不能把它们当作先验的模式,当作空洞的套子。无论是同中有异的形式,还是异中有同的形式,可以说就是前面讲的概念的对立统一、判断的矛盾运动的形式。

个别、特殊和一般

从辨同异来把握类与不类,就有个别、特殊和一般的范畴。这也就是中国哲学史上的"共""殊"问题。我们可以把特殊看作是个别与一般之间的中间环节。一端是一个一个个体,只能用私名来表示;另一端是最一般的概念或最高类,用达名来表示;介乎这两端中间的就是特殊和一般的推移。相对于低一级的特殊来说,高一级的特殊就是一般;相对于高一级的一般来说,低一级的一般就是特殊。形式逻辑讲概念的限定和概括也体现了辩证法是普通逻辑思维所固有的。

就人类认识运动的总的秩序来说,逻辑思维是一个从个别到特殊,并从特殊到普遍这样一个上升运动。人们都是首先认识许多个别事物的特殊本质,然后进一步概括一般事物的共同本质。作为认识史的总结,概念的辩证法从总体来说就表明为个别、特殊到一般的上升。而这一思维的上升运动是通过个别、特殊和一般相结合的多种样式来实现的。但多种样式都是客观和认识过程中的类属关系的表现,决不是随意的虚构,不是强加于事物的模式。而总起来看,逻辑思维通过多种样式,实现由个别到特殊,又由特殊到一般这样一个总的前进上升的运动。正是通过这多种样式的反复,我们能达到具体的一般。

整体和部分

类和分子的关系在形式逻辑里也被看成整体和部分的关系。在有机体中,整体和部分的关系不能简单地把整体看作部分的总和。古代有不少哲学家把世界看成是一个有机的整体,但都是抽象的思辨,不是建立在实证科学的基础之上的。

辩证逻辑要求在现代科学基础之上来考察这对范畴。从辩证逻辑来说,整体就是对立统一体,部分也就是统一物的各个对立面。运用部分、整体的辩证法来观察世界,其实就是分析与综合的方法。要把握矛盾,就要把握矛盾的总体,而为了把握矛盾的总体,必须对矛盾的各个方面进行分别研究,了解矛盾各个方面。只有具体地分析了矛盾的各个方面,又将其综合起来,才有可能在总体上,也就是在矛盾的相互联结上来揭露事物发展过程的本质、规律。

辩证逻辑首要的要求就是客观地全面地看问题。所谓客观地看问题,就是要求从实际出发;所谓全面地看问题,就是要求有全局观点,首先要分析被考察对象各个对立面的基本要素,并将其综合起来,以把握原始的基本关系。而辩证思维的进展,每一步都是分析与综合的结合,也就是部分与整体的辩证统一。

质和量

主要讲三点。第一点,从认识发展来说明质和量这对范畴。判断的肯定与否定反映了事物具有或不具有某种性质。感觉到的性质,都是直接呈现于感官之前的现象,真正要把握事物的质,就要把握事物的本质。事物的固有的本质就是事物的根本矛盾,根本矛盾规定事物发展的总过程;根本矛盾不变,事物的质的规定性也就不会变。

性质的概念都可看作类概念,类与其分子之间存在着种属包含关系。一切的种属都有它的量的规定。我们对事物的量的认识,首先看到的是外延的量,进一步看到内涵的量,即事物发展的程度、发展的水平。内涵的量和外延的量不能分割,人们往往把内涵的量化为外延的量,以便于计算。而真正要把握内涵的量,就要认识事物根本矛盾双方的力量对比及其变化,因为根本矛盾规定着事物的质,而矛盾不同方面力量对比的变化规定着事物内涵的量。

从科学认识发展史看,某些科学在特定阶段上侧重于考察事物的质,作定性的研究;某些科学在特定阶段上侧重于考察事物的量,作定量的研究,这都是必要的。从质与量的统一来把握类,可说是科学认识史的总结。

第二点,辩证逻辑作为认识史的总结,从质量统一的观点来考察事物,就要求对矛盾进行质的分析和量的分析。从客观辩证法来说,事物由矛盾运动而引起的发展是通过量变和质变的交替来实现的。物质运动形态的互相转化、变化过程的更迭、发展阶段的推移,都是量变质变的交替。同时,各个运动形式、变化过程和发展阶段,其内部矛盾着的各个方面,都有着质和量的变化,表现为新旧力量对比的变化。因此,从概念辩证法来说,只有对事物内部矛盾着的各个方面进行质的分析和量的分析,才有可能综合起来了解其矛盾的总体,了解其新旧双方斗争力量的消长,从而把握事物由于内部矛盾而引起的量变、质变的全过程。

第三点,辩证逻辑从质量统一的观点来把握事物,还要求既从量来把握质,又从质来把握量,这样就可以使认识逐步深入,概念由抽象上升到具体。门捷列夫通过元素的分类,把元素的性质变化归结为原子量的变化。随着原子量的递增,元素的化合价和其他的化学性质呈周期性变化,这是从量来把握质。现在我们用原子结构来说明原子量,用核外的电子层结构有规律的改变和核电荷的递增来说明元素性质的周期性的变化,这不仅从量把握质,而且从质考察了量。这样,我们对元素周期律的认识越来越具体了。正是通过这样的从量把握质、从质把握量的反复,科学的理论思维就由一个层次进到另一个更深入更广阔的层次,而理论也就由抽象上升到具体。

类和关系

普通逻辑教科书把判断分为性质判断和关系判断,对类和关系分别作了研究,这是必要的。就客观世界来说,类和关系不可分割,关系者都属于一定的类,而类的个体所具有的性质总是在一定的关系之中。要把握关系的本质,或者说本质的联系,首先要从类的观点来考察,即不能停留在个体的特殊的关系上,而是要把握类与类之间的普遍联系。另一方面,真正要把握类的本质,也不能离开本质的联系来考察类概念。

现在的逻辑教材关于空类、虚概念问题的解释有一些分歧,需要从辩证逻辑来研究。如果从本质联系来把握类,那么数学上的"0"、几何学上的

"点"、物理学上的"绝对零度"等科学概念都包含着有和无的矛盾，都是思维不可缺少的概念。这些都是说明思维的本性是辩证的。另外，一些虚假的概念，如"鬼""神"等，如果从认识论的关系来考察，可以得到合理的解释。不仅构成这些概念的内涵的那些材料来自现实，它们所包含的虚幻的迷信观点也有其客观的根据，是社会存在的反映。在这里，我们实际上已经进入了"故"的范畴的考察。因为要从本质联系来把握类（包括空类），从现实根源来考察这些虚概念，就是在说明这种概念有客观的根据。一切概念、观点都是有根据的，根据就是"故"。

4. 关于"故"的主要范畴

关于"类"的范畴回答的是"是什么"。知道了是什么，还要进一步问"为什么"。知其然（自然），还要知其所以然。关于"为什么"或"所以然"的范畴就是关于"故"的范畴，即关于根据或者理由的范畴，主要有因果关系和相互作用、条件和根据、实体和作用、内容和形式，以及客观根据和人的目的。

因果关系和互相作用、条件和根据

形式逻辑已经提出充足理由律，理由和推断、前提和结论的关系是以蕴涵关系作为依据的。蕴涵关系反映了客观事物及其充分条件和必要条件之间的关系，是最广义的因果性联系。当然，理由和推断的关系是以客观因果关系作为基础，但不等于理由就是原因，推断就是结果。

现行普通逻辑教科书讲求因果关系的方法，在科学研究中是有用的，其中有其固有的辩证法的因素，但也有局限性。客观世界是一个由各种现象相互作用、普遍联系构成的图景，把因果关系孤立起来加以考察是必要的，但又是片面的。通常所理解的因果性，只是世界性的普遍联系和相互作用之网的极小部分。

从整体的观点看，原因和结果是可以互相转化的，而且因果关系同其他许多关系又是不可分割的。要全面地把握因果关系,就需要把握现象之间的普遍联系和相互作用。恩格斯讲"相互作用是事物的真正的终极原因"①,事物的因果关系,最后归结到物质运动形式的相互作用,而这种相互作用就是物质运动本身。另一方面,也不能空洞地讲相互作用,因为抽象地谈这一个和那一个相互作用、一切事物普遍联系和相互作用,并没有提供积极的知识。所以,不仅要从普遍的相互作用出发,而且需要具体考察相互作用的各个方面、各种因素,并且也不能不分主次地把各种因素同等看待。

辩证逻辑要求从相互作用出发来具体地考察事物的各种联系、因素、条件,从全面地考察各种条件中来把握事物发展的根本原因,亦即根据。一般说来,事物内部的本质矛盾是事物赖以存在和发展的根据,其他的原因只是制约着事物存在和发展的条件。科学认识最重要的任务就是要从事物的现象和错综复杂的联系中间去认识事物发展的根本原因,从影响事物的各种条件之中去把握事物发展的内在根据。

怎样从分析条件中去把握根据呢?首先要全面地考察事物的条件,即考察事物的内部条件和外部条件、历史条件和环境条件、客观条件和主观条件、有利条件和不利条件等等。然后把它们联系起来加以研究,分清其中什么因素是经常起作用的,什么因素是暂时起作用的;分清什么是本质、主流的东西,什么是非本质、非主流的东西。这样从实际出发,全面地分析了条件,再综合起来,就可以把握事物赖以存在和发生的根据(根本原因)。

辩证逻辑的分析和综合的运动,首先要把握发展根据,也即要求从所考察领域的基本的原始的关系出发揭示出事物发展的基本矛盾。要做到这一点,就必须对条件作全面分析,把握所考察领域的全部基本要素,并进行科

---

① 恩格斯:《自然辩证法》,《马克思恩格斯选集》第 4 卷,人民出版社 1995 年版,第 328 页。

学的综合。

实体和作用

通过对条件的全面分析来把握根据,就是认识事物自己运动的原因。从客观辩证法讲,在总体上,物质实体自己运动,运动的原因在于物质自身,而不是外力的推动。就物质分化为各种实体来说,各个实体、各种物质运动形态都是既自己运动又相互作用的,各种物质形态的相互作用就是以自身为原因的实体的运动。

实体范畴的提出是人类对自然界和物质认识的发展过程的重要阶段。实体和偶性的范畴在哲学史上早已提出,形而上学把实体理解为躲在现象或偶性之后,或超乎现象之上的超验的东西;相对主义则把实体理解为现象或偶性的集合体,以为实体不过是虚构。中国古代哲学则达到"体用不二"的结论:作用是实体的自己运动;离体别无用,离用别无体。然后更进一步,哲学家们认识到,实体的自己的运动就在于它本身包含矛盾,矛盾是一切实体自己运动的原则。

唯物主义的"体用不二"观点、物质自己运动的原理,对科学研究、逻辑思维是有非常重要的意义的。一方面,要把握所考察领域的根据,就要从普遍联系、变化发展中来把握实体,这是"由用得体"。另一方面,又要从实体来考察运动变化,把变化发展过程了解为实体由内部矛盾引起的必然的自己运动,这可以说是"因体显用"。

当然,科学发展是不平衡的。就某些科学来说,要着重考察作用、功能方面,而另外一些科学则要着重考察实体、结构方面。但不论是哪种情况,坚持唯物主义的"体用不二"的观点都是重要的。不能把作用看成是可以脱离物质实体的,也不能把物质实体看成是超验的。而且,还要把实体看成是具有矛盾的,作用就是实体的矛盾运动;而在具体考察实体的作用时也不能否认外部的条件,因为外因要通过内因而起作用。

内容和形式

辩证逻辑讲根据、实体,就是要把握事物发展的原因——动力因。关于动力因,古代就有质料因和形式因的争论,辩证唯物主义坚持在唯物主义前提下讲形式和内容的辩证法。从逻辑思维来说,一个简单的命题都是文和质、形式和质料的统一。有些哲学家则把质料和形式割裂开来,用对命题进行逻辑分析的方法来分析现实的事物,最后倒向二元论、唯心论。

世界上没有纯粹的质料,也没有光溜溜的形式。质料的运动无不表现为形式,而包含在形式之中的质料就是内容。唯物辩证法就是要考察形式和内容的辩证统一,而在考察形式时,则要把内在的形式和表面的形式区别开来,更重要的是事物的内在结构和组织,这是事物本质所固有的形式。至于内容,从唯物主义观点来看,归根结底是构成事物的物质要素的总和,也就是包含在事物形式之中的质料。不过,形式和内容有互相推移的关系。

从客观辩证法来说,内容决定形式,形式又反作用于内容。内容和形式的相互作用、事物新陈代谢的过程表现为列宁所说的不断地"抛弃形式、改造内容"的运动,所以内容和形式是互为因果的。从主观辩证法来说,逻辑思维在把握根据的时候就要考察内容和形式的相互作用,而归根到底要以物质内容为根据,要从内容来解释形式,而不能倒过来以形式作为内容的根据,这是唯物主义的观点。另一方面,也不能忽视形式与内容的相互作用,以及形式的相对独立性,这是辩证法的观点。

总之,辩证的思维既要深入把握物质的内容,并以此作为根据来解释形式的演变,又要考察内容和形式的相互作用。而在考察事物由于矛盾而引起的自己的运动的各个阶段时,都要从内容和形式两方面来进行具体分析。

客观根据和人的目的

逻辑上讲根据或理由,可以讲客观根据,也可以讲人的目的。客观根据是既有的、在先的,但人的目的却是将来要达到的目标。人的目的是意向之所向,目的作为规律决定着人的活动,人用意志的力量在行动中加以贯彻,所以在人的实践活动中目的就是根据。

形式逻辑没有研究目的这个范畴,辩证逻辑则把目的包含在逻辑范畴中。一般地说,客观根据和人的目的结合规定着人的活动的进程。辩证逻辑讲根据,就是要求人的主观目的和客观发展方向相一致。客观的发展方向、自然规律提供的可能性,是人的有目的活动的基础,但人的目的同时体现了人的要求、利益。人的目的如果是正当的、好的,它就具有两个因素:一个是人的合理的要求,另一个是客观的现实可能性。当然,从唯物主义看来,人的要求和需要也有物质基础,所以归根到底,人的目的是以客观世界的状况、条件为前提的。因此,要批判以为人可以随心所欲地行动的唯意志论,也要批判把自然界的变化全部看作是和人一样具有意向的目的的目的论,还要批判忽视人的目的、否认人的主观能动作用的机械论。

总起来说,辩证逻辑要求从普遍的相互作用出发来考察因果联系,要求客观地全面分析条件,以此把握所考察领域的根据。通过条件分析来把握事物的根据,即从普遍联系和变化发展来把握实体。把握实体即把握自己运动的原则,就是把变化过程了解为实体由于内部矛盾而引起的必然的自己的运动。以实体为根据,也就是以物质运动的矛盾为内容。逻辑思维要求以物质内容为根据来解释形式的演变,从内容和形式的相互作用来考察发展变化过程。同时,在把握客观根据的基础上,还要把人的要求,当然是进步人类的要求加上去,提出明确的目的。逻辑思维要求把客观根据和人的目的结合起来,以之作为行动的根据,贯彻于过程的始终。

5. 关于"理"的主要范畴

人们对客观世界的认识不仅要问"为什么",还要问"如何",即不仅要知其然、知其所以然,还要知其必然,即变化发展的必然规律。人们依据规律来行动,以求达到人的目的,这就有"如何做"的问题,而回答这个问题,就有当然之则,即行动应当遵循的准则。关于"理"的范畴,包含"必然"与"当然",主要有现实、可能和必然,必然和偶然,目的、手段和当然,必然和自由。

先谈一下规律的一般概念。一般教科书都说规律是现象的静止的反映,是现象中的稳固的联系、肯定的东西。这样来理解关于规律的概念,没有超出形式逻辑的范围。如果停留在这样的阶段,就要得出科学无法把握现象的生动的整体的结论,即逻辑思维无法把握具体真理。

自然界的整体不可穷尽,人们的认识只能永远接近这一点。那么我们怎样才能接近于把握整体、把握具体真理呢?那就要把规律看成不是一次完成、一成不变的东西;要反对把规律绝对化、形而上学化。辩证逻辑认为规律不仅反映现象中肯定的东西,而且能把握否定的方面;规律不仅是现象中稳固的东西,而且是发展的。所以,科学规律的体系、科学的世界图象,能够越来越深刻、越来越全面地把握整体(当然也只能说接近于这一点,永远只是近似地把握整体)。

现实、可能和必然

规律是现象间的必然联系,古典形式逻辑已经提出了判断的模态问题。从认识论来说,人们总是首先把握现实事物,作出实然判断;进一步依据事物来提出假设,作出或然判断;再进行逻辑论证、实践检验,证明这个假设是真理的话,那就成了必然判断。所以,现实、可能、必然作为认识的模态,这些范畴反映了人们认识发展的水平。但从唯物论来看,现实、可能和必然等范畴首先应看作客观存在的模态,把它们作为自在之物固有的形式来考察。

对于现实、可能、必然的含义,形式逻辑和辩证逻辑有不同的理解。形式逻辑把现实简单地理解为现存的事物,"可能"的意义就是不存在形式逻辑的矛盾。演绎推理是必然的,这种形式逻辑的必然性有客观基础,反映了事物处于相对稳定状态时整体是部分的总和的客观关系。

辩证逻辑讲现实、可能、必然,有深刻得多的意义。在辩证法看来,并不是一切现存的事物都是无条件地现实的。辩证逻辑要求区别现象和现实,认为现实的属性仅仅是属于同时是必然的东西,只有合乎规律的才是现实的;而真正合乎规律的东西,哪怕仅仅是处于萌芽状态的东西,也一定是会成为现实的东西。而真正把握了历史发展的必然规律,那就不仅认识了事物作为现实的东西有存在的理由,而且还能看到事物未来发展的趋向,这就是可能性。

形式逻辑以不矛盾为可能,这是抽象的可能;辩证逻辑把握现实的可能性,它是在现实发展基础上,依一定的客观条件而产生的可能性。不过,对现实的可能性还要作具体分析。由于事物内部包含着矛盾,也处于变化着的环境之中,所以事物的发展有多种可能。而客观根据和人的目的还要结合起来,在自然界,要区别有利于人的可能性和不利于人的可能性;在社会历史领域,要区别促进历史前进的、革命的可能性和拉历史倒退的、反动的可能性。辩证逻辑通过对现实的各个环节的全部总和的把握,认识了它的必然发展趋势,指明了什么是有利于人类的现实可能性以及促使这种可能性变为现实的条件,再经过实践检验,就可能真正把握现实发展的规律。这样的规律不仅反映现象中肯定的东西,而且把握了否定的方面;这样的规律不仅是现象中稳固的东西,而且表现为一个发展过程。所以,思维正是通过现实、可能、必然这些范畴来把握辩证规律的。

必然与偶然

必然与偶然都是模态范畴。从形式逻辑来说,在判断的对当关系中,必然判断和偶然判断具有反对关系,不能同真,但可以同假,彼此不相容。如果把这种形式逻辑的观点绝对化,把必然和偶然看成是绝对不相容的,那就成了形而上学。

辩证逻辑认为不能把必然和偶然割裂开来,两者都是客观的;必然性通过偶然性为自己开辟道路,偶然性是必然性的表现形式和补充;而且必然和偶然两者在一定条件下互相转化。所以,逻辑思维要批判机械决定论,又要批判非决定论。辩证思维要把必然和偶然联系起来,从必然和偶然的对立统一来把握事物,在看来是混乱的偶然现象中间去发现必然规律。要做到这一点,就要善于分析纷繁复杂的现象,把握这些现象之间的内部联系,并通过把握现实的可能性,来揭示现实发展的必然趋势和发展方向。

从认识论来说,任何被把握的规律总是对现实运动的比较粗糙的、近似的描绘,现象中总有许多偶然的东西为规律无法描述。如果说有一些规律可以把这些现象包罗无遗地描述下来,那就是要把必然性降低到偶然性的水平。当然,这些难以预测的现象,也还是可以从客观条件中来加以说明的。尽管对它所依赖的条件是什么还讲不清楚,但它的发生总是有条件的、有原因的。

同时,偶然性的事件是可以发生,也可以不发生的,所以有一个可能性大小的问题。可能性的大小就是它的概率,而这是可以计算的,其数量关系是可以把握的。概率和概率论中讲的随机事件,就个别来说,有偶然性,但从总体来说,则服从统计规律。

我们在认识过程中,确定概率主要是研究偶然性,讲因果关系则主要考察必然性,这样分别作考察研究是必要的,但这不等于客观世界的必然和偶然可以割裂开来。在某些领域,我们对事物发展的条件及因果决定性暂时还弄不清楚,而侧重于先把握偶然现象间的概率,但这不等于它就只有偶然性而没有决定它的原因了,更不等于偶然事件可以脱离必然的轨道。在另一些领域,我们向来侧重于把握因果决定性,却也不要因为讲要把握必然规律,就否定了偶然性。

从逻辑思维来说,就是要从必然和偶然的对立统一中来把握事物。一方面要善于从偶然现象中发现隐藏着的必然规律,另一方面也要对偶然因素作出正确估计,把握它的概率,估计到可能发生的最坏情况等。这样就可以具体地把握现实的可能性及其条件,从而有效地创造条件,以促进事物向有利于人的方面发展。

目的、手段和当然之则

对人的实践活动来说,目的就是根据。正当的目的是规律所提供的可能的东西,又合乎人的要求。为了使世界改变得合乎人的要求,使得有利于人的可能性变为现实,必须利用工具(或者手段)以改造自然。但是,主观目的和客观现实有矛盾。从主观方面来讲,人规定目的是以人对客观世界的认识为依据的,但人的认识可能有错误、不符合实际。从客观方面来说,现实发展的趋势即现实提供的可能性往往是多样的,有的可能性并不符合人的要求。目的和现实之间的矛盾只有通过手段这个中间环节才能解决。

工具首先是指物质的手段,为自然规律所规定,人可以利用工具来改变自然,使正当的目的得以实现,达到主观和客观的一致。这个过程也就是人的观念受到了实践的检验获得了证实的过程。人的有目的活动的法则包含三个因素:第一,要有反映事物规律性的概念,它和人的要求相结合而成为人的目的;第二,要有工具,要有物质手段;第三,目的通过手段而得到实现。三个要素结合体现了行动的法则,用黑格尔的术语说,就是"行动的推理"。行动的推理就是合理的意向(目的)通过有效的手段而达到实现的结果。

技术科学要研究运用工具来改造自然的技术,并制定出技术操作的规则。操作规则是以客观规律和人的目的作根据的,但又是人制定出来的,为行为所应当遵守的,它是当然之则。我们进行劳动生产不仅是运用手段作用于自然,同时还结成一定的社会关系。社会关系的发展有它的客观必然规律,而进行社会活动,更要有社会活动的规则。通常说的"当然之则",主要是指社会行为的准则、规范,特别是法权的和道德的规范。社会规范作为行动的准则和操作规程之类有相似之处。

社会理想或理想人格是人们奋斗的目标。这样的目标也要通过中介，这些中介主要是劳动组织、国家以及政党、学校、家族等等社会组织机构和维护这些组织的各种制度。社会理想要变成现实一定要通过实践和教育，所以一定要有实践和教育的组织。而法律、道德等社会规范是用来维护这些制度和组织机构的当然之则。

规范、规则是人应当遵守的，违反规则是不许可的。有规范意义的判断的模态，也可以从形式逻辑的观点来考察，这就是规范逻辑所研究的。从辩证逻辑来看，主要的是不能把当然与必然割裂开来。所谓合理，既要合乎客观的必然之理，又要符合人们行动的当然之则。一方面把握了客观现实所提供的可能性和它的条件，还要根据这种可能性提出明确的目的，以及如何运用物质的手段和组织力量来促使目的实现，就是说，要根据必然规律提出行动的当然之则。另一方面，对于当然的领域，即在历史发展中形成的种种规范、规则，应该从唯物主义观点出发来阐明它们的客观根据，给予科学的解释。不论是建立新规范或者批判旧规范，都一定要以客观必然规律作为依据，当然要建立在必然的基础上。

必然和自由

人们以合理的目的作为行动的根据，通过手段作中介，达到主观和客观的一致，那就叫作获得了自由。提出合理的目的，采取有效的手段和组织力量，这样来促使目的实现，都必须有规律性的知识。因此，行动的自由是以必然性的知识为依据的。

客观必然的规律不以人们的意志为转移，但是却不能把客观必然和意志自由形而上学地割裂开来，自由和必然是对立统一的。人们真正认识了客观规律，就能使主观目的和客观根据符合起来，并且依据行动的法则来运用手段、组织力量，这样人在实践中才能处于主动地位。对于现实生活中的某些问题，如果确实能作出必然性的判断并把握其当然之则，那么判断就是自由的；如果缺乏规律性的知识，不能根据规律性的知识来作出必然性的判断，而认为可以这样也可以那样，这样的抽象的可能性判断就是不自由的。所以，判断的模态体现了人的意志状态，即体现了人的意志自由或不自由的状态。

人要获得自由，不仅要根据必然性的认识来支配自然界，还要能支配人类自身。这就需要掌握人本身作为物质存在和精神存在的规律，要求人在改造客观世界的同时改造主观世界。所以，除了要把握自然与社会的必然规律以及行动的法则之外，还需要把握思维的规律，要求自觉地运用逻辑规律来作为认识事物和指导行动的方法。自由是对必然的认识，并不否认意志自由的重要性。一个人能够解放思想，尽可能地保持精神自由，这对获得必然性的知识将起极大的推动作用。

要保持精神上的自由，除了要尊重科学、尊重客观必然性之外，还要有修养。如果把戴震讲的"去私""解蔽"进行改造，那么"去私"就是要有集体主义，不要个人主义；"解蔽"就是要用辩证唯物主义的观点去分析批判，使精神不受蒙蔽。如能做到这两条，那就有助于使行动遵守必然之理和当然之则。有这样的修养，思想比较解放，精神比较自由，那就有助于人去认识必然，有助于人按必然规律和当然之则去行动。而这也是辩证逻辑的要求。

总起来讲，辩证逻辑认为，规律是发展的，要力求通过科学规律的体系来把握现象的整体。而要做到这一点，就必须把握现实的各个环节的全部总和，从而指出它的必然发展趋势，把握占优势的、有利的可能性以及实现这种可能性的条件。同时，要从必然性和偶然性的统一中来把握现实，从偶然现象中找出必然规律来，并且对偶然性作出正确的估计。同时，还要求把握行动的法则，懂得如何运用手段创造条件，使目的得到实现，并根据必然规律来制定当然之则。人们要在改造客观世界的过程中改造主观世界，如果能"解蔽""去私",进行观点的分析批判,端正立场,那就必然能增强自觉性。人们越来越自觉地掌握外部世界的必然规律和行动法则,同时也越来越自觉地掌握思维规律并运用思维规律作为认识事物和指导行动的方法,这样,人就将越来越自由。

6. 逻辑范畴体系的统一性和无限前进运动

我们提出的逻辑范畴体系,其基本观点是,通过"类""故""理"范畴的辩证运动,逻辑思维能够把握性与天道。逻辑范畴体系是一个有机整体,它具有内在的统一性。那么,统一于什么?

黑格尔在《小逻辑》中提到哲学的三项即逻辑理念、自然界和精神,用一种思辨的语言说明了辩证法、认识论与逻辑学是统一的。我们讲逻辑范畴体系的统一性要坚持唯物主义的观点,归根到底哲学的三项要以自然界为统一原理;人的精神是自然界的最高产物;而概念、范畴、逻辑是自然界在人的认识中的反映形式。

关于世界统一原理的范畴,在古代早就提出了。几千年哲学的发展使我们达到辩证唯物主义的结论,而现代的自然科学则提供了足够的证据,说明我们所面对的自然界是各种物体互相联系的一个体系。所有的物质实体都互相联系、互相作用,并且正是这些互相作用构成运动。

物质世界的长河就是一幅全面联系、相互作用的图景。逻辑范畴就是把握这个联系之网和永恒之流的一些环节,它们是科学的内在的本质,是科学体系的骨干。而有关世界统一原理的一些范畴,如"宇宙""物质""运动""宇宙发展法则"等,则代表这个联系之网、永恒之流的整体。"辩证法""逻辑""真理"都可用来称呼这个联系之网的整体,而这个联系之网也就是许多概念、范畴互相依赖、互相转化的矛盾的体系。真理是全面的,只有全面地把握范畴的整个体系,也就是把握范畴之间的对立统一,才能把握真理。对立的诸范畴,彼此都是不能分割的,都有其内在的联系。对立统一规律是逻辑范畴体系的核心。

　　但是，庄子已对此提出了责难。概念、范畴总是有限的、有对待的，有限的概念、范畴，怎么能把握无限？宇宙、物质、运动都是无限的、绝对的、无条件的，宇宙就是无限的物质运动，而无限的物质运动，又是由相对的、有限的过程来构成的。无限、绝对，内在于有限的、相对的东西之中。另外一方面，说某个东西是有限的，就是说它在特定条件下有它存在的理由，它的存在是有界限的，它将由于自己运动而否定自己，于是超出界限，从而向无限转化。这就是说，一方面无限内在于有限之中，另一方面有限由于它的本性要发展为无限，所以不能把相对和绝对、有限和无限割裂开来。相对主义、绝对主义都是错误的。

　　辩证唯物主义把宇宙——物质运动理解为一个无限前进的运动，但无限前进的运动，不是一个简单的永恒的重复 $1+1+1\cdots\cdots$，而是一个发展过程、一个有前进与后退交织着的螺旋式的前进运动。这种运动展开为时间和空间的无限性，这是物质运动的必然形式。这里实际上有三个范畴：有限（相对的、有条件的东西）、无限（绝对的、无条件的东西）和无限前进运动（有限与无限对立统一的过程）。从客观辩证法来说，物质运动是绝对的、无限的，而个别物体、个别运动是相对的、有限的；绝对的、无限的东西就内在于相对的、有限的东西之中，有限与无限的矛盾展开无限前进的发展过程。

　　就认识的辩证法说，认识论上有限和无限的矛盾表现为人类认识史的无限前进的过程。构成螺旋形发展过程中的一个个的圆是有限的，但无限就在有限之中，绝对真理在相对真理之中。人类的认识能够从有限中找到无限，从暂时中找到永恒，从有条件的东西中找到无条件的东西，并且使之确定下来，积累下去。绝对真理是在认识的循环往复中、螺旋形的发展过程中逐步展开的，所以真理是过程。

逻辑学是客观辩证法的反映和人类认识史的总结,哲学和科学都遵循由具体到抽象,再由抽象到具体的螺旋的发展过程。每一个螺旋或圆圈的完成都标志着人的认识在一定领域内达到主观和客观的具体的历史的统一,也就是说,比较正确、比较全面地把握了这个特定领域的规律。当哲学和科学达到这样阶段的时候,逻辑思维的范畴就必然是比较辩证的。这种辩证性质就表现在概念、范畴是灵活的、能动的、对立统一的,因而能从有限中揭示无限,从相对中揭示绝对。

所以,只要我们坚持世界统一于物质的原理,坚持从对立统一中来把握范畴体系,那么这样的逻辑范畴体系就能够把握物质运动的过程,能够把握一定领域的具体真理,或一定领域的一定层次的具体真理。认识是一个无限发展的前进过程,逻辑当然也是这样。随着认识向前发展,新的逻辑范畴将不断地被揭露出来,原有的逻辑范畴的新的侧面也会不断被揭露出来,逻辑范畴本身也是螺旋式地、无止境地向前发展着的。

(以上选自第二卷,第245—319页)

(三) 辩证方法的基本原理

1. 辩证方法的基本环节

唯物辩证法是客观辩证法、认识论和逻辑学的统一,也是世界观和方法论的统一。一切概念、范畴都有摹写现实和规范现实的双重作用,当我们用摹写现实的概念来规范现实的时候,概念就具有了方法论的意义。从这个意义上说,一切科学的规律、范畴、概念都具有方法论的意义。唯物辩证法是关于自然、社会和人类思维的最一般的规律,而当我们即以客观现实之道,还治客观现实之身的时候,唯物辩证法就成了最一般的方法论。

人们在探索未知的领域的时候,要解决主观和客观的矛盾,使无知转化为有知,既需要运用物质手段,也需要有正确方法,所以方法也是工具、手段,起着主观和客观之间的中介作用。而方法之所以能成为解决主观和客观之间的矛盾的工具或手段,正是由于方法本身就是客观对象内在的原则。方法无非就是即以客观现实之道,还治客观现实之身。客观现实最一般的规律是对立统一规律,所以方法论的核心就是分析和综合的结合。

不过,主观和客观的统一,作为一个认识过程,本身也是一个自然历史的过程。基于实践基础上的认识的辩证运动也是一种客观辩证法,人们掌握了认识过程的辩证法,即以认识过程之道,还治认识过程之身,认识的辩证法也就成为方法,所以认识的辩证规律和科学的认识方法是统一的。科学认识的方法作为认识规律的运用,基本的一条就是理论和实践的统一。

总起来说,方法就是即以客观现实和认识过程之道,还治客观现实和认识过程之身,最主要是两条:一条是分析与综合的结合,一条是理论与实践的统一。这也就是荀子所说的"辨合"和"符验"。"辨合"是分析与综合相结合,"符验"是理论要受实践的检验,二者的统一就是唯物主义的辩证逻辑的全部方法论。

如何进行"辨合"和"符验"? 就要运用逻辑范畴。方法无非就是逻辑范畴和规律的运用,而逻辑范畴和规律又是客观现实的反映和认识史的总结。所谓即以客观现实和认识过程之道,还治客观现实和认识过程之身,就是逻辑思维的范畴和规律的运用。对立统一规律的运用就是分析与综合,"类""故""理"这些范畴的运用就是全部逻辑方法。从这个意义上说,我们前面所讲的思维规律和逻辑范畴都是讲的方法论。

方法是逻辑范畴的运用,但方法论的环节和逻辑范畴并不是机械地一一对应的。辩证方法的环节,可以看作是若干范畴的联结。比如,关于归纳和演绎相结合的方法可以说主要是个别与一般的范畴的运用,但主要的并不等于全部,因为归纳不仅是从个别到一般,也是从现象到本质、从作用到实体;演绎不仅是从一般到个别,也是从本质到现象、从实体到作用,等等。

反过来说,一般和个别的辩证法也并不仅仅体现在归纳和演绎之中,也体现在其他的逻辑方法之中。所以,不能简单地把范畴和方法看作是一一对应的,方法论的环节还有其自身的特点。

每一门科学都要以概念、范畴的形式来掌握自己的对象,都要运用逻辑方法。一切科学都应用逻辑,但在各门科学中,逻辑方法的运用又各有其特殊性,它必须和该具体科学的范畴和特殊方法相结合。这就有一个逻辑方法和各门科学的具体方法的关系问题。一方面,各门科学都要运用逻辑,所以唯物辩证法对各门科学都有指导意义。但是,辩证法并不能代替各门具体科学的方法,各门科学都有它特殊的矛盾、特殊的方法。如果忽视了科学的特殊性,把逻辑方法作为模式去套,作为一种空洞的教条和公式去套,那就只能破坏科学研究。另一方面,哲学也不能脱离各门具体科学,它应当善于从科学史、从现代科学中进行哲学的概括,来丰富和发展逻辑方法。当然,哲学同样也不能直接把具体科学方法搬用为自己的方法,这是用特殊取代一般,结果必然陷入形而上学的错误。

一般的辩证方法或逻辑方法包括哪些环节呢?分析和综合相结合的方法,主要包含三个环节:开始、进展、目的,这与毛泽东在《中国革命战争的战略问题》一文里讲理论与实践统一的方法的环节基本上是一致的。列宁在《哲学笔记》里讲《资本论》的逻辑,把分析与综合结合同理论与实践联系的三个环节展开了,变成了五个环节。以下我们就大体上根据列宁的观点来讲方法论的基本环节。

首先,从实际出发,这是唯物论者的根本前提,即要有观察的客观性。方法要求首先进行周到的、必要的观察,详细地占有事实材料。

其次,分析和综合的结合,这是辩证方法的核心。我们在讲对立统一规律时已经讲过,这里再从分析与综合相结合的角度来讲一下抽象和具体。掌握了资料就要进行分析与综合以进行科学的抽象,再由抽象上升到具体。

再次,就是列宁指出的两种分析:归纳的与演绎的、逻辑的与历史的。所以,接着讲:第三,演绎法与归纳法;第四,逻辑的方法与历史的方法。这都是具体地分析矛盾的方法的组成部分。

最后,理论和实践的统一,这一环节贯彻于整个过程之中。在这里,我们将结合讲述假设和验证的问题,即把理论和实践的联系看作是提出假设,进行逻辑论证和实践检验过程。

从逻辑方法就是逻辑思维规律和逻辑范畴的运用来说,分析与综合的结合就是对立统一规律的运用,归纳与演绎主要是"类"范畴的运用,逻辑的方法和历史的方法主要是"故"范畴的运用,假设和验证、理论和实践的统一主要是"理"范畴的运用。虽然不能把方法和范畴看作机械地对应的,但是方法论体系与范畴体系基本上是一致的。

2. 观察的客观性(从实际出发)

从实际出发、从事实出发,这是唯物主义者观察和研究问题的基本出发点。观察是在思维指导下进行的、有目的的知觉活动,体现了人的自觉能动性。同时,观察一定要以外界的对象为前提,所以观察作为人的知觉活动又总有其被动性。总起来说,观察具有被动和能动的两重性。同样观察一样东西,有正确的世界观的指导和具备较多的理论知识的人能观察到比较多的东西。

一个人如果在观察时缺乏唯物主义态度,就容易只注意与其预想结果相一致的材料,而忽视那些与其预期结果不相符合的事实。我们主张要用辩证唯物主义的世界观来观察一切,并不是把辩证法作为先验的模式去到处硬套,或作为先验的逻辑结构去推论一切。唯物辩证法要求按照世界的本来面目了解世界,不附加任何主观的成分,要求只就对象本身来考察对象,排除一切先入之见,这是进行科学的观察的必要前提。

科学必须建立在不容争辩的事实基础之上,为此就必须掌握所研究对象的全部事实的总和。观察的客观性,不是仅仅掌握一些例子,而是要掌握全部事实的总和。在社会科学领域中,挑选个别事实,用主观臆造的联系来代替客观现实的真实的联系,那可以成为为任何主观目的甚至卑鄙勾当作辩护的工具。要从事实的全部总和,从事物的联系、发展中来把握事实,观察必须是全面的、系统的。

通过系统周密的观察来掌握事实的全部总和,不等于事实的全部列举,重要的是要全面把握那些贯彻于一切问题、一切阶段的基本线索。要做到这一点,固然要有数量上的相当丰富的事实材料,更需要质量上比较典型的事实材料。典型就是具有代表性的事物,是比较能够代表一类事物的本质的个别对象,是比较充分地体现了一般的个别,我们可以通过它来认识一类事物的本质。

单纯的观察,没有对现象的过程进行控制。自然科学使用的实验方法,用技术的手段来控制条件,就可以对现象进行人工的改变或人工的控制,排除不相干的因素,在特定条件下来观察对象如何演变的进程,即在实验室的条件下观察,可以保证自然过程以典型的形态进行。这种条件是人所控制的、确定的,所以实验的结果可以重复。实验通过技术的干扰,使自在之物转化为为我之物,因而使人们能更清楚地观察自在之物本身,提供精确的数量和高质量的典型材料。

3. 从分析与综合的结合谈抽象与具体

分析与综合的结合是辩证方法的核心。通过观察、调查占有事实材料以后,还要从事实材料中抽象概括出科学概念。而要进行科学抽象,就必须进行分析和综合,但片面强调分析或片面强调综合都会导致形而上学。

形而上学的抽象把分析和综合割裂开来:在讲分析的时候,片面地挑选经验给予抽象的形式,把它绝对化;而在讲综合的时候,则只是把经验作为例证,使之从属于预定的理论,甚至是先验的、臆造的理论。这种特点必然导致抽象和具体相分离,作为理论基础的具体就被蒙蔽了。

真正科学的抽象是分析与综合的结合、具体和抽象的统一。所谓抽象,就是要对事实材料进行去粗取精、去伪存真、由此及彼、由表及里的改造制作。为此,就要撇开事物的非本质的东西而把本质的东西抽取出来,形成概念,并用概念来概括一类事物的全体。但真正要把握事物的全体、经验和整体,又不能停留在抽象,而必须使"抽象的规定在思维行程中导致具体的再现"①。科学的认识是由具体到抽象,再由抽象上升到具体的一个发展过程,即以认识过程之道,还治认识过程之身(用摹写认识过程的规律来规范认识过程),这就是科学的方法。科学的认识方法不仅要求从具体事实出发,进行科学的抽象,更需要由抽象上升到具体。这就要求批判形而上学的抽象,把思维的规定——范畴联系起来,构成科学的理论体系,从而使抽象的规定在思维的行程中导致具体的再现。

科学和哲学在一定阶段上是可以达到一定层次上的具体真理的,但是用什么方法来把握这种具体真理呢? 这就是辩证逻辑的方法论要研究的主要问题。

第一,要客观全面地审查已有的理论,进行观点的分析批判。在每一个研究领域里,前人都已经做了许多工作,已经提出了种种学说,因此必须从实际出发,实事求是地对这些已有的学说进行审查,批判形而上学观点,吸取其合理的因素。

第二,要把已经获得的思想规定、科学范畴联系起来进行研究,揭示出所要研究领域里的基本范畴,即这个领域中具有最大统一性的范畴。因为只有这样的范畴,才足以把其他的范畴和所研究领域的主要过程、主要方面都贯穿起来,这是最关键的一步。对于一个领域来说,如果能够掌握它的基

① 马克思:《〈政治经济学批判〉导言》,《马克思恩格斯选集》第 2 卷,人民出版社 1995 年版,第 18 页。

本范畴,那就会给人一种豁然贯通的感觉,这里就包含着飞跃。当然,有些领域的基本范畴需要科学家几代人的努力才获得逐步加深的认识。

第三,基本范畴发现之后,还要用适当方式在思维行程中再现具体。或者用演绎和归纳相结合的方式,从基本范畴推导出理论体系,同时又让这个理论体系与感觉经验保持足够的联系。或者用逻辑的方法和历史的方法相结合的方式,从基本的、原始的关系出发,通过矛盾分析,再现具体的历史过程,这样基本范畴就得到系统的阐明。

这种从抽象到具体的方法无非分析与综合的结合。不过,从具体到抽象,人们从一个混沌的整体抽象出一个个范畴,可以说是以分析为主;而从抽象到具体,把许多抽象的思维规定综合起来成为多样统一的整体,就可以说是以综合为主。但这是比较而言的,以分析为主也还有综合的因素,因为从具体到抽象,获得的每个抽象范畴都综合了经验;而以综合为主也还包含着分析因素,因为从抽象到具体,是通过矛盾分析、观点的批判而联系成为理论体系的。这样的理论体系就是具体。在这样的理论体系中,概念就是具体概念,但是具体概念也是抽象的。再现的具体不是混沌的表象,而是具体的一般,是具有理想形态的概念。

科学研究中的理想化方法,是科学抽象的一种方法,但同时也应该说,理想化就是概念取得理想形态。通常大家认为理想化的方法是抽象的,其实理想模型反映了客观事物的本质联系,它是科学理论体系的环节,在科学家头脑里是具体的、形象化的,所以说它取得了理想形态。理想实验是逻辑推理的过程,它是抽象的,但又是具体的。科学概念借助想象力被形象化地构思出来,理论取得了理想的形式,和经验有了紧密联系。当然,这不能算是验证,但确实已取得了理想的形式。

4. 归纳、演绎与类比

归纳和演绎的问题在哲学和科学发展史上早已提出来了。在科学研究中间,归纳和演绎必然是互相联系着的。即便在形式逻辑中,归纳与演绎实际上也是不能分割的。不过,一般形式逻辑读物中总是把归纳和演绎说成是两种截然不同的推理:归纳是由个别到一般,是一种或然性推理;演绎是由一般到个别,是必然性推理,这样就很容易产生片面夸大演绎的观点,同时也会产生归纳的有效性问题和演绎能否推出新知识的问题。

归纳派或归纳主义者认为归纳是万能的,归纳是不会出错的方法,这显然是不对的。由此又产生了另一个问题,就是归纳的有效性问题。休谟早已提出归纳不能得出必然的结论,罗素也提出普遍真理不能仅仅从特殊真理推出来。而归纳就是要从特殊事实得出普遍真理来,这个归纳原则本身不是从归纳得来的。如果从特殊事实概括不出普遍真理来,那么归纳原则是哪里来的?

从唯物辩证法看,我们在归纳过程中间必须进行具体分析。归纳也是一个分析与综合的过程,并且归纳总是和演绎相联系的。经验总是未完成的,但为什么归纳能得到普遍有效的命题呢? 这就是因为归纳是通过分析和综合后深入到本质的过程,并且归纳所得的结论又经过实践反复检验的。

总起来说,人类的知觉经验经过分析、综合可以从中归纳出一般性原理或普遍命题。如果这种普遍命题真正反映了事物类的本质,那么在这类事物的范畴内就不会出现相反的事例,由此也就可以根据普遍命题来预测尚未经验的情况,提出科学的预见;如果这种预测得到证实,那么归纳的结论又一次得到肯定。当然,这种经过证实的普遍命题仍然是相对的,不过相对中有绝对,有限之中有无限,科学能够达到一定条件下、一定层次上的普遍有效性。我们只能满足于这一点。

归纳不是万能的,演绎也不是万能的,片面强调演绎不可避免地会导致先验论。还有一个问题是,演绎能不能推出新的知识? 虽然演绎所得的结论已经蕴涵在前提之中,但是经过演绎论证,这些结论才被清楚明白地认识,而且往往得出出乎意料的结果。而这种认识与结果对于思维的主体来说,是有新鲜之感的。因此,演绎可以推出新东西,发现新问题。

演绎的过程也应该看成是一个分析与综合相结合的过程,即演绎也不能离开分析和综合。中国古代朴素辩证论者讲"顺时""通变",就是说把一般原则应用到具体情况的时候,要进行具体分析,要因时因地制宜。

总起来说,辩证逻辑认为演绎和归纳必然是互相联系着的,而且归纳与演绎相结合乃是对事物进行矛盾分析的方法的组成部分。辩证方法要求我们从普遍和特殊的互相联结上来把握事物的内部矛盾及其外部联系,这就要求我们从演绎和归纳相结合上来分析事物的矛盾运动。毛泽东在《关于领导方法的若干问题》一文所提出的领导方法是正确的。从群众中来到群众中去,集中起来,坚持下去的过程,就是一个分析与综合相结合的过程。而一般与个别相结合的方法则是这个方法的组成部分,所以这一过程同时也是一个一般与个别、归纳与演绎相结合的过程。从若干个别指导中归纳出一般意见,又将这种一般意见拿到许多个别单位去考验;然后再集中新的经验,形成新的一般意见,再拿到各具体单位去考验、去进行新的概括;等等。这是一个分析和综合相结合的过程,同时也是一般和个别、归纳和演绎相结合的过程。

以下讲类比。在普通逻辑教科书中,类比是作为归纳法的一种来考察的,把由个别到个别的推理叫作类比。从辩证逻辑来看,无论演绎、归纳,还是类比都主要是根据类的范畴来进行推理,因而都可以说主要是类范畴的应用。如果说类比是由个别到个别的推理,那么这种推理正是要求以类作为基础,以类所具有的一般本质作为中介。如果只是表面现象上的比附,那就可能流于诡辩。如果真正根据事物内在的本性或类的本质来进行类比,那就是以科学的类概念作为中介,从一个过程推到另一个过程,这样的类比就可能是深刻的。而且,这样的类比可以说包含着归纳与演绎的统一,因为以类概念为中介,从一个过程推到另一个过程,其实就是从个别到一般,再从一般到个别的过程。

类比在科学研究中是经常使用的。辩证逻辑讲类比之形式逻辑具有深刻得多的意义。恩格斯在《自然辩证法》中指出,第一,要在自然界的各种运动形态、各个发展过程之间进行类比;第二,要对自然界中普遍存在的各种本质联系进行类比;第三,要对各个科学研究领域之间的过渡转化进行类比。为此就必须辩证地思维,从类的本质来把握所考察对象的矛盾运动。

这种科学的类比法,包括两个方面的比较。以研究中国哲学史为例,一方面可以对中国哲学史和西方哲学史进行类比,这就是从本质上来比较不同过程之间的同和异。另一方面,还要对中国哲学史本身的矛盾进行分析,这样的比较就是矛盾分析。所以,辩证法的类比也是分析和综合相结合,它是对矛盾进行具体分析的方法的一个组成部分。这样的类比其中也包含着归纳与演绎的统一。

5. 逻辑的方法和历史的方法

逻辑的方法和历史的方法相结合也是对矛盾进行具体分析的组成部分。矛盾作为类的本质,在方法论上就有归纳和演绎的统一;矛盾作为事物发展的根据,在方法论上就有逻辑的和历史的统一。当然,这都是就其主要方面而言的。

所谓历史的方法,就是要遵循历史的顺序来把握历史现象的基本线索,把握它的因果联系。而真正要把握因果联系就要把握对象的本质矛盾,即要把握对象发展的根据。这就需要把历史看作是由于矛盾而引起的必然发展的过程,即由矛盾而引起的逻辑发展。所以,历史的方法就是要把握历史的逻辑。

但是,历史与逻辑也有矛盾。历史比逻辑更丰富、更生动,历史往往是曲折的,有许多偶然因素。如果思维处处跟着历史,就要把许多精力花到无关紧要的材料上去,常常会中断思想的进程。所以,真正要把握历史发展的逻辑,还需要运用逻辑的方法。

什么是逻辑的方法呢?《资本论》《政治经济学批判》就是典范。逻辑思维从最基本的、原始的关系出发,就《资本论》来讲就是从商品出发,把它作为一种人和人的社会关系来考察,从中揭示出资本主义社会的一切矛盾的萌芽,这样就把握了发展的根据。然后进一步通过多方面的越来越深入的分析和综合,来把握这个社会经济形态由简单到复杂、由开始到终结的逻辑发展的全过程。这个逻辑研究的方法实际上也是历史研究的方法,不过是摆脱了历史的形式,摆脱了起扰乱作用的偶然性而已。

历史从哪里开始,思维进程就应当从哪里开始。在用逻辑方法的时候,每一个要素可以在它完全成熟而具有典型形式的发展上来加以考察,而这种考察实际上就是历史的过程在理论上前后一贯的形式上的反映,因此逻辑的方法和历史的方法基本上是统一的,只不过逻辑方法摆脱了历史的偶然因素,摆脱了那些起干扰作用的因素,力求对矛盾的运动从其典型的形式上来进行考察。现实是前提,必须让现实经常浮现在我们头脑之前,要把逻辑联系看作是对现实的历史的概括和对现实过程的认识史的总结。总之,要坚持历史的方法和逻辑的方法的统一。

当然,这两种方法在运用时可以有所侧重。两种方法都要求考察发展的根据,揭示矛盾发展的过程(基本线索和基本逻辑),不能偏废。我们讲历史方法和逻辑方法的统一,研究的对象是历史过程和历史演变的总结。虽然一切对象都有历史,但科学只有达到一定的阶段才能用逻辑的方法和历史的方法相结合的方法。马克思在《〈政治经济学批判〉导言》中已经说明了这个道理。历史的最后阶段总是把过去的形态看成是向自己发展的一些阶段,但只有达到一定的发展阶段,具备了一定条件,才能对以前的阶段进行批判的总结。当然,批判的总结也是相对的。以哲学史来说,可以把哲学思想的发展看作是无限地接近于一串圆圈的前进运动，其中每个圆圈或每个螺旋完成的时候，总是对前面的阶段作了批判的总结。由于是处在不同阶段上的总结，从理论的广度和深度说都是处于不同的层次，所以，这些总结虽有相似之处，但也有其不同的形式和内容，不能混为一谈。

6. 假设和证明、理论和实践的统一

科学理论上的重大突破，通常是由于发现了新的事实而使原有的说明方式、原有的观念成了问题，旧概念和新事实有矛盾，于是就需要提出新的理论。这种新的理论最初总是以假设的形式，即可能性判断的形式提出的。任何假设的提出，首先总要根据确实的事实材料，那是观察和实验所提供的；其次，也要根据已经为实践所证明了的科学原理。虽然不能解释新事物的旧观念可能要被抛弃、被修正，但为实践所反复证明了的科学原理仍然是根据，仍然是前提。

我们的认识过程总是充满着飞跃的现象，但是再没有比科学假设的提出更使人感到突然的了。通常所说的创造性思维，主要表现在：一旦豁然贯通，就形成一个科学假设，找到了解决理论和事实间矛盾的途径。这种创造性思维的机制如何？对之现在我们还缺乏研究，但它不是神秘的东西。一般地说，这是由于理论和事实的矛盾所引起的问题，在头脑中已经盘旋很久了，一旦出现某种机遇、某种偶然的因素，那就会像触媒一样，使人豁然开朗，思想的纽结得以解开，解决问题的关键就被抓住。这就是通常所谓灵感，或叫理性的直觉。有人因此而认为科学发现、发明是出于偶然，这不能认为是正确的。理性的直觉不仅要有理性的思维作准备，还要有想象力帮助它。有很多科学家善于使概念形象化，把抽象思维统一起来，这样就有助于把握事物之间的本质联系，获得创造性的见解。这种创造性确实体现了精神的自由、思想的解放。这种自由之感就在于，一方面批判了旧观念，摆脱了旧观念的束缚；另一方面，新观念把握了事物的整体，解决了矛盾，达到了主观和客观的具体统一。

假设一经提出就要求进行逻辑的论证,把它和事实材料、原有的理论联系起来,以论证它如何比旧观念更优越,论证它如何解决了理论和事实的矛盾。科学的假设必须经过逻辑论证,不然就只能叫做猜想。根据事实和原有的理论提出假设,经过严密的逻辑的论证,包括对旧观念的批判,这样的假设就可以称为学说。

在进行逻辑论证时,形式逻辑的论证和反驳都是必要的。但辩证逻辑则要求运用矛盾分析的方法(包括归纳和演绎相结合、逻辑的方法和历史的方法的统一)来对假设作全面的论证,而且每一步都要进行观点的分析批判,每一步要有事实进行验证。对同一个问题,往往可以提出互相对立、互相排斥的假设。所以,从认识论的角度说,要允许百家争鸣,要让各派学说、假设展开争论;从方法论的角度说,要用辩证逻辑来进行观点的分析批判,对自己认为正确的观点进行论证,对谬误的观点进行驳斥、批判。归根结底,实践是检验理论正确与否的唯一标准。在获得实践的证实之前,任何学说都是一种假设;只有得到实践的证实之后,假设才转化为科学真理。

如果一个假设,一方面从其推导出来的科学预见得到实验的证实,另一方面又没有发现任何新的事实能够否证它,那么这个假设就转化为科学定理。它和已经反复证明了的其他科学定理总是相一致的、有联系的。当然,实际情况要复杂得多。一个假设可能在出现一个新事物后就被否证;也可以是大部分被否证;或者是新的实验事实基本上证实了它,但又对它作了某些修正;或补充了一些新的东西,使它获得了发展。所以,对假设进行验证的过程,是使假设转化为科学真理的过程,同时也往往使理论获得新的发展。这就是理论和实践统一的运动。

从实际出发,详细占有材料,从中引出科学的理论,最初以假设的形式出现,然后在实践中得到验证,从中找出规律用以指导行动,达到理论与实践统一,这就是唯物主义的方法论。而分析与综合的结合,作为对立统一规律的运用,则是辩证方法的核心。逻辑思维从开始、进展到目的的实现都是理论和实践的统一,同时也就是分析和综合的结合。我们讲抽象和具体、归纳和演绎、逻辑的方法和历史的方法、假设和证明,其中每一步都是分析和综合的结合。所以总起来说,在唯物主义前提下进行如荀子所说的"辨合"和"符验",就是全部的方法论。

从实际出发,经过"辨合""符验",达到思维和存在的辩证统一,这本来是辩证唯物主义的认识运动,即以认识过程之道,还治认识过程之身,它就转化为方法。理论和实践的统一、分析和综合的结合,这不仅是逻辑思维的方法,也是形象思维、道德实践的方法,也是化理想为现实的根本途径。真、善、美是统一的,科学、道德、艺术互相联系,科学思维的方法、形象思维的方法、德性培养的方法也是互相联系着的。

（以上选自第二卷,第320—360页）

思考题

1. 冯契是如何从逻辑思维的基本矛盾来论证形式逻辑和辩证逻辑的必要性与必然性的?

2. 如何从马克思主义哲学、中国哲学与西方哲学三者融合的角度来说明以"类""故""理"为骨架的逻辑范畴体系的独创性?

3. 如何理解冯契所提出的辩证思维方法的基本环节及其特点?

阅读链接

1.《〈智慧说三篇〉导论》,《冯契文集》(增订版)第一卷。

2.《逻辑思维的辩证法》,《冯契文集》(增订版)第二卷。

3. 彭漪涟:《冯契辩证逻辑思想研究》,华东师范大学出版社1999年版。

第四章　化理论为德性：人的自由和真善美

　　《人的自由和真善美》主旨是讲"化理论为德性"，涉及的主要是价值论问题，是认识的辩证法在价值领域的具体展开，是从哲学上探讨人的自由和真、善、美之间的关系。冯契的基本观点是，人类的自由，就在于达到真、善、美的统一。认识的辩证法贯彻于价值论领域，便表现为在创造真、善、美等价值的活动中，培养自由人格的德性。真、善、美以及功利等价值构成了统一的价值体系，认识的辩证法贯穿于其中，最主要的是两条：理想与现实的统一，天与人、性与天道的统一；而劳动则是这两个统一的桥梁。合理的价值体系的原则包括：自然原则与人道原则在自由劳动基础上达到辩证统一；人的本质力量，亦即理性与非理性（情、意）的全面发展；自由个性和集体精神互相促进，以达到个性解放和大同团结相统一的理想目标。人类在创造文化的同时培养自己，提高了自身的价值，并形成自由的人格。

　　《人的自由和真善美》主要从哲学上探讨人的自由和真、善、美这三者的关系。涉及的问题大部分属于价值论的范围。价值论问题可以从不同角度加以研究，西方学者对此也有各种意见。我对价值论问题，着重从人的要求自由的本质的历史发展来讨论，这也就是说，把真、善、美以及功利这些价值，看作是人的要求自由的本质的展开和表现。由这样的考察，把哲学中的认识论、伦理学和美学沟通起来。

（以上选自第三卷，第 1 页）

一、作为哲学范畴的自由和人的本质力量

"自由"既是一个政治概念，也是一个哲学范畴。严复用"自由"这个词来翻译"liberty"，也用它来翻译"freedom"。所以，从严复以来，中国人所用的"自由"一词，既是指"自由、平等、博爱"中的自由，又是指和必然、必要相对的那种自由。当然，这两者是密切联系的。中国近代思想家就是因为十分关心民主自由、关心政治上的自由解放等问题，而特别热衷于探讨哲学上的自由问题的。但哲学范畴和政治概念既有联系，又有区别。这里讨论的主要是哲学上的自由理论。我的主要观点是，人类的自由，就在于达到真、善、美的统一。

什么是人的自由呢？简单地说，自由就是人的理想得到实现。人们在现实中汲取理想，又把理想化为现实，这就是自由的活动。在这样的活动中，人感受到自由，或者说，获得了自由。

（一）现实、理想、人格与自在、自为

在哲学史上，围绕哲学的根本问题，也就是思维和存在的关系问题，展开了各种形式的论争。这些论争尽管表现形式不同，但不论在中国还是在西方，发展到后来，都集中到哲学的三项：自然界（客观的物质世界）、人的精神以及自然界在人的精神、认识中反映的形式即概念、范畴和规律等。在中国哲学中，这三项就是气、心、理（道）。这三项之间有什么关系？辩证唯物主义肯定客观辩证法、认识论和逻辑的统一。客观辩证法讲整个自然界辩证的运动，认识论讲人类的精神对世界的认识过程，

辩证逻辑则讲概念的辩证法,这三者分别对应于作为宇宙观的哲学所具有的那三项。当我们考察改造世界和改善人生的活动时,我们就从宇宙观的领域推演到了历史领域和人生领域,它所涉及的是人的类的历史发展和个体发育。在这里,哲学的三项就成了现实生活、理想和人格(作为人格的主体)。这样,以得自现实之道还治现实之身就成了从现实生活中汲取理想,又创造条件使理想在社会生活和人类本身身上得到实现。这依然是以得自现实之道还治现实之身,不过这里的"现实"就是指人生,人类生活是现实世界或自然过程的一部分。理想也是概念,而要求实现理想的人格也是精神。

人类的社会生活在本质上是实践的,而最基本的实践是劳动生产。在劳动生产基础上的社会生活和自然界的变化有一个根本的区别:在自然界,如果把人的反作用除外,它的变化是无数盲目力量相互作用的结果。按照唯物辩证法的观点,现存的并不是无条件地现实的;现实性和规律性、合理性不可分割。这也就是说,应该把现实看作是一个合乎规律地变化发展的过程,这个过程是不依人们的意志为转移的。

这里所用的"理想"一词是广义的,把革命理想、社会理想、道德理想、艺术理想、建筑师的设计、人们改造自然的蓝图,以及哲学家讲的理想人格、理想社会,都包括在内。人类精神的任何活动领域,都是在现实中吸取理想,再把理想转化为现实。相对于劳动过程来说,劳动者的观念、表象已经具有理想的萌芽,或者说,已经具体而微地具有了理想的形态。劳动就可以看作是这种理想形态的观念得到实现的活动。理想必须是现实可能性的反映,即使表现为意境和典型的艺术理想,也必须在一定程度上反映现实的可能性。因此,理想总是反映现实的可能性,而不是虚假的可能性。理想还必须体现人的合乎人性的要求,特别是社会进步力量的要求。虚构出来的空想、在现实生活中缺乏真正的根据的空想,我们通常不把它叫作理想。此外,理想还必须是人们用想象力构想出来的。只有这样,理想才能激发人们的感情,成为人们前进的动力。

从现实汲取理想、把理想化为现实的活动的主体是"我"或者"自我",每个人、每个群体都有一个"我"——自我意识或群体意识(大我)。"我"既是逻辑思维的主体,又是行动、感觉的主体,也是意志、情感的主体。它是一个统一的人格,表现为行动的一贯性及在行动基础上意识的一贯性。人的精神依存于形体,人格作为主体是有血有肉的,不能离开人的言行谈人格。从理想和人格的关系来说,人格是理想的承担者,理想是人格的主观体现。人的认识、意愿、感情、想象等因素综合地体现在理想之中。在把理想化为现实的过程中,人格也得到了培养。人格既是理想的承担者,也是理想实现的产物;人不仅按理想来改变现实,而且也按理想来塑造自己。所以,人格既是理想的因,也是理想的果。正如并非所有现有的事物都可以叫做现实,并非所有设想都可以叫做理想,"人格"这个词通常也只用来指有德性的主体。真正有价值的人格是自由的人格。自由人的活动,就是从现实取得理想,并把理想化为现实的活动。

"自在"和"自为"在黑格尔那里,是指概念的两个阶段。在"自在"阶段,概念保持原始统一性,对立的因素是潜在的;随着概念的发展,对立因素显现出来了,然后概念回复自身,达到对立面的统一,这就是自在而自为。马克思主义改造了黑格尔的术语,认为精神主体要经历由自发(自在)到自觉(自为)的过程,这个过程是和人通过实践和认识的反复活动,化自在之物为为我之物的过程相一致的。存在主义者如萨特,也讲自在和自为,但他们用的是现象学的方法,脱离了化自在之物为为我之物的客观实践过程,因而是一种唯心主义的观点。

我们讲自在而自为的过程,就是主体从现实取得理想、把理想化为现实的过程。现实的状况本来是自在的、自然的;人认识了现实,取得了理想之后又使之实现,现实就成了为我的、为人们的。在这个化自在之物为为我之物的过程中,主体由自在而自为,成为越来越自由的人格。为我之物就是被人认识了的、可以被人利用的自在之物,为我之物就其实在性而言仍然是自在的。人类通过实践和认识化自在之物为为我之物,就是人取得自由的过程,就是人认识自在之物并使之为我所用的过程。最广义的价值就是指为我之物的功能。为我之物既是真理的实现,又是人的目的的实现。为我之物就是最广义的价值、最广义的"好"。一切可称为"好"的东西,都是对人民、对进步人类有真实利益的东西。在此基础上,产生出科学的真、道德的善、艺术的美以及一切有利的制度、措施,等等。所有这些我们都可以说是为我之物的分化。

人的自由劳动是在人与自然、主体和对象的交互作用中发展起来的。人的自由是凭着相应的对象、相应的为我之物而发展起来的。人天生并不自由,但在化自在之物为为我之物的过程中,人由自在而自为,越来越获得自由。物质生产和精神生产都是这样。在这种生产中,人把自在之物化为为我之物,为我之物又使人的本质力量获得发展;人的本质力量本身是自在于主体之中的,而为我之物、文化则使人的本质力量成为自为的。由自在而自为,这就是自由。这个过程是一个多方面的、复杂的、螺旋式上升的过程。人的本质力量有其先天的、遗传的基础,它是生物进化的结果,也是长期人类实践的产物。这种自然的赋予潜在地包含着多方面发展的可能性。此外,还有人们在环境、教育和后天的活动中形成的种种习性。这些习性和自然的赋予最初都是自在的,都要凭着相应的对象——人化的自然,才能充分地发展。如果完全脱离对象、离开主体和客体的交互作用,人的本质力量就不可能呈现出来,也不可能成为自在而自为的德性与才能。

（以上选自第三卷,第1—9页）

（二） 自由和必然的辩证法

自由就是化理想为现实。这里重要的是要把握现实的可能性,使之与人的要求结合起来。而现实的可能性的把握,既要建立在规律性的认识之上,又要对偶然性作出适当的估计。客观现实中既有客观规律,也有偶然因素,即使在规律之中,也存在着矛盾。反映运动、变化的规律本身具有矛盾,否则,就不能反映对象的运动、变化。规律不仅要反映现象中肯定的方面,而且还要把握现象中否定的方面。只有这样,规律才是反映矛盾及其变化的,规律本身才是发展的。规律所提供的可能性不止一个,有肯定现状的可能性,也有否定现状的可能性。从不同的结构、层次来看,现实的可能性是不同的。现实的可能性通过一定的条件而展开、而实现,就是相对的必然性。现实的可能性是多样的,到底什么样的可能性占优势,并且有利于人,它的实现必须具备什么条件,都需要作具体分析。同时,我们又要注意到,所有必然性都要通过偶然性来表现。

从逻辑思维来说,必须从必然和偶然的联系中把握事物:从偶然现象中发现必然规律,并对偶然因素有正确的认识,把握其发生的概率,估计可能发生的情况。黑格尔说的"现实的是合理的"是对的,因为现实的总是可以理解的,而"合理的一定是现实的"这句话,则应当理解为"占优势的可能性总是要成为现实的"。当然,占主导的可能性还不一定对人有利,只有根据有利于人的现实的可能性,才能提出科学的理想。一般地说,理想总是根据占优势的可能性;但如果全面地把握了各种联系和条件,人甚至有能力创造条件使某些本来并不占优势的可能性成为占优势的可能性,如有机合成、遗传工程、培育良种。在此意义上说,确实是人定胜天。同时,必然性的表现形态总是偶然的,总有不确定的成分。因此,及时地抓住偶然性、抓住机遇,利用它作为导因,来及时地促使有利于人的可能性成为现实,也是很重要的,也是人的主观能动性和灵活性的重要表现。

自由就在于化理想为现实,而理想就是现实的可能性和人的要求的结合。客观现实的可能的趋势具有必然和偶然的两重性质,这是人的自由的前提。必然是相对的,提供多种可能性,因此人可以根据自己的需要、利益进行选择,形成自己的理想。人的需要固然也有生物遗传和社会存在方面的根源,但是这里人并不是被动的。人作出主动选择,这对客观的自然过程来说,本来是个偶然因素、是个条件,而必然性所提供的某种可能性便因此而实现为人的利益。人认识了客观规律,就能够使主观目的同客观规律相符合,创设条件使可能变成现实,使自然物发生形态的变化,创造出自然界本来没有的东西。

在社会中,人的欲望、利益往往是互相冲突的。为了维持一定的社会关系,以利于生产的发展,需要对人际关系制定出一定的制度、规范。这种用来维护社会制度和人际关系的规范,就是通常讲的"当然之则"。规范或当然之则与必然规律有区别。规律所提供的可能性虽然是多种多样、可以选择的,但规律不随人们的意志而转移;规律提供什么样的可能性,不取决于人的意愿。因此,规律是人非遵守不可的。但规范或规则不同,规则如果是合理的,它当然也要有客观根据,但规则是人来制定的。所以人可以遵守,也可以不遵守。既然可以遵守,也可以不遵守,所以,有些规范,就求助于外在的强制作用,如法律。虽然在人民内部,法规也有道德内容,也要求人们自觉自愿地遵守,但法律总有强制性。道德规范则不同,它无例外地要求人们自觉自愿地遵守;道德行为以自由意志、独立人格为必要前提。

"自由"这个范畴在不同的领域就有了不同的含义。从认识论来说,自由就是根据真理性的认识来改造世界,也就是对现实的可能性的预见同人的要求结合起来构成的科学理想得到了实现。从伦理学来说,自由就意味着自愿地选择、自觉地遵循行为中的当然之则,从而使体现进步人类要求的道德理想得到了实现。从美学来说,自由就在于在人化的自然中直观自身,审美的理想在灌注了人们感情的生动形象中得到了实现。虽然在不同领域有不同含义,自由都是理想化为现实,而理想,都是现实的可能性和人的本质要求相结合的主观表现。

人类从必然王国向自由王国的发展,从自在到自为,都是历史地有条件的。真理是一个过程,理想是一个过程,自由也是一个过程。过程总是分阶段、分方面而展开的。所以,不能抽象地看问题,不能把从必然王国向自由王国的飞跃凝固化。事实上,人类的每一个进步都处于这个过程之中,人在每一个历史阶段所得到的自由总是相对的。在我们已经得到的自由王国之外,总还存在着必然王国。人的历史是一个不断地由必然王国向自由王国发展的历史,这种发展是无止境的。在认识上,在特定阶段只能要求特定阶段上的主客观之间具体的历史的统一;在实践上,在特定阶段只能要求在一定程度上化自在之物为为我之物。与此相应,人要求由自在而自为的本质、即要求自由的本质,在特定阶段也只能得到有条件的相对的实现。

(以上选自第三卷,第 15—24 页)

(三) 人的本质力量与个性、共性的统一

人的自由问题与人性论密切相关。哲学的人性论在于揭示人的本质力量及其发展。归根到底,自由劳动是人的最本质的要求。人的本质也就是人的 essence,我们把它看作是一种从天性中培养成的德性,亦即从人的 nature 中形成的 virtue,这样便使人与动物区别开来。根据马克思主义的观点,社会的人是由个体的人组成的,而个体的人之禀赋都是遗传得来的,这种遗传性是亿万年生物进化的结果,也是数百万年人的实践的产物。但遗传得来的天性是基础,它提供了发展的可能性,或者说它包含了实在的潜能。而在这个基础上,在实践生活及教育中,天性发展为德性,培养成人格,

从而人就越来越与动物区别开来。故人的本质是一个历史发展的过程,而不是一成不变的。这种发展即是人类的无数个体由天性向德性的发展过程。

分析地看,人的本质包含以下方面:

第一,人有自然的属性。告子讲的"生之谓性",这就是人的自然属性。我们一方面要看到人的自然属性之强有力,不能加以忽视;另一方面又要看到,人的这些属性早已社会化了。第二,关于劳动这一本质特征。人与动物的区别,首先在于人能创造工具进行劳动。但劳动正是人这一物种所必需的,即劳动本身也是人的生物学上的需要。人类为了维持个体的生存和种族的繁衍,必须进行劳动,这是人作为一种物种的自然属性所决定的。但是,劳动又使人超越了动物界。正是在劳动中,表现了人支配自然的能力,人通过劳动,即能凭借过去的材料以创造未来。第三,从现实的社会关系的总和看人的本质。劳动必须有社会组织。要进行生产,必须合群,故生产过程的社会结合,也是人的本质需要。人的本质正是在这一切社会关系中展现的,在社会实践中形成和发展起来的。社会组织的建立,受历史条件决定,有其被动的一面,但它同时又是人的创造。维护社会组织的规范即当然之则,是由人制订的。遵循规范要求出自主的选择,而社会中真正文明的交往方式都应该是自由人格之间的交往,必须以人有自由意志为前提。故社会关系虽然有必然的一面,但同时也体现了人的自由的本质。第四,人的本质力量还特别在于人是有意识的,有理性的。不少哲学家(如孟子)以理性作为人之异于禽兽者。马克思主义也肯定这一点,不过,它进一步补充说,人的理性是在社会实践的基础上发展起来的。劳动使猿脑成为人脑,社会存在决定人的社会意识,故人的精神也有其被决定的一面,这是不能忽视的。马克思在《〈政治经济学批判〉导言》中,讲到精神掌握世界的方式有四种:理论思维的、艺术的、宗教的、实践精神的。这四种精神活动都体现了人的自由的本质。

总之,人的自然属性、劳动、社会关系的总和,与人的精神的自由本质上是不能分割的。理性要求自由的本质,正是在劳动中、在人际关系中、在人的感性活动中展开的,脱离了劳动实践和社会关系,也就无所谓自由。自由劳动是人的最本质的要求。自由就是理想化为现实,达到主客、知行的统一,它始终不能离开社会实践(首先是劳动生产)这一基础。

异化劳动使人丧失了人的本质。要使人的本质得到自由、全面的发展,必须克服这种异化现象。生产力的发展是无止境的,人的知识、文化的发展也是无止境的;人类由必然王国向自由王国发展是一个螺旋型的前进运动,人的本质由自在而自为,也是一个螺旋形的前进运动;故自由在任何时候都是相对的、历史的、有条件的,我们不承认终极意义上的自由。

人要求自由的本质,既是在劳动实践基础上,由天性到德性的发展过程,同时又表现为个性与共性的统一。自然界的事物都有个性与共性,都是特殊性与普遍性的统一,而共性即寓于个性之中,类的本质体现于作为类的分子的个体之中。但在无机界,个体间的差别人们往往加以忽略,因为对人来说,这种个体性往往并不很重要。人是一个个的个体,每一个人都有个性,每一个人本身都应看作目的,都有要求自由的本质。劳动生产是劳动者个体与自然物之间的物质变换的过程,由这些个体结成社会关系,在这种社会的生产关系之上,又进一步构成了整个的社会关系,故个人总是处于社会联系之中,不是孤立的个体。个体的社会联系中的活动,又总是历史的,每个人都继承了一代代积累下来的生产力及交往方式,后者又决定了这一代人的相互关系,所以单个人的历史决不能脱离他以前的和同时代的社会的历史的联系。从生物学的观点看,个体的肉体是由前代决定的,个体的发育是由种系发育决定的;从社会学的观点看,每个人都处于生产力和需要所达到的一定历史阶段,并与其他人处于一定的社会联系之中,所以在个体

(我)身上,作为人的本质的东西即是现实的社会关系的总和,这种社会关系的总和制约着个性的发展。

和社会的劳动是物质的个体的劳动一样,人的精神活动也是个体的活动。精神的主体是单一的、独特的,我的感觉不同于你的感觉,我的思想不同于你的思想。每个人都有自我意识,都有一个"我"作为精神活动的核心。人与动物不同,动物与环境的交互作用是一种本能的活动,人能超越本能,冲破环境的束缚,从人与自然的交互作用中发展自己,同时把人的本质力量对象化。在人与人的社会联系中,形成了人的群体意识,而群体意识又存在于个体意识之中,人的精神即是自我意识与群体意识的统一。这样,在意识的领域,同样有一个个性与共性的关系。如果把社会心理视为"大我",则大我也就是群体意识,它仍然是个人之间相互关系的意识,并不是离开个体的自我还有一个超越的社会心理的实体。社会意识是社会存在的反映,它同时又是许多个体的头脑的产物。当然,社会意识(群体意识)取得了物质的外壳,表现于文字、艺术、建筑等等之中,积淀为文化、形成为传统,但文化传统还是要由个体的头脑去把握的。意识作为过程,总是存在于个体的头脑之中。

杰出人物的作用是不能否认的,但首先还是无数的个人形成一种合力,形成一种民族心理、社会心理,而杰出人物则成了他们的代表。在社会存在异化的条件下,异化很容易造成英雄崇拜,造成对杰出人物的迷信。英雄人物本来是从群众中产生的,但他既经产生,又可以成为异己的力量,可以使广大人民群众丢失独立自主的人格,而处于受奴役的地位。思想家、政治家、艺术家等,都应力求把握时代精神(正是群众心理体现着时代精神),应该使自己成为这种时代精神的代表者,如果不把握时代精神,不把握民族心理,则不可能作出重大贡献。当然时代精神、民族心理、阶级意识等等,都不是抽象的一般,而是具体的、充满矛盾的,并内在于无数的个性之中,通过个性的演变而发展。归根到底,群体意识总是体现于个体意识之中,群体意识由自在而自为的发展,即体现于许多个体意识的发展过程中。个性都是有血有肉的,每一个体意识都有其特殊发育过程。个性只有在受到尊重、受到同情的考察时,才会被具体了解。而只有具体地了解了若干个性及其成长发育过程,才可能把握群众的心理以及体现在其中的时代精神。

柏拉图把共相形而上学化了,黑格尔也把理念形而上学化了。辩证唯物主义以社会实践为认识论的基本的、第一的观点,在认识论上讲具体真理。精神当然有共性、有群体意识,但又是独特的、单一的。在人文领域,更要强调具体性。在理论上,不能把一般与本质等同起来。有一个错误的观点,以为本质的即是一般的,事实上一般并不等于本质。我们说人是目的,指的是一个个的人,本质即存在于具有个性的个人之中(当然并不是说他没有共性),这一个观点,在艺术、伦理学等领域,都是很重要的。文学要描写有个性的人,典型是一个一个的;道德行为所要对待的,也是一个一个的人,不把一个一个的人视为目的,即离开了道德的根本原则——人道原则。

(以上选自第三卷,第31—47页)

二、评价、价值和价值体系

人要求自由的本质具体展现于价值领域。价值是评价的对象,是评价意义的客观化,而这种客观化过程又是通过人的创造性活动而实现的。

(一) 评价与价值

从认识运动来看,评价是包含在认识之中的。人对客观事物的认识不是单纯的认知(cognition),而且还包含着评价(valuation)。确定事物与人的需要之间的联系就是一种评价。当我们对对象作出判断,说它有用或无用,有利或有害,可爱或不可爱,我们喜欢它或厌恶它,以至于说很美,具有善的德性等等,这些都包含着评价。评价就在于确定事物同人的需要之间的联系。评价有共同性,又会有差异;评价的对象与主体的关系是内在的;评价与单纯的认知有明显的区别,两者在认识活动中是可以区分的。认知论真假,评价则论好坏。认知的对象是客观的存在物,是不以人们的意志为转移的。评价在于把握为我之物与人的需要之间的联系。评价的对象是为我之物,评价是要把握"物"与"我"(人)处于一定关系中所显现出来的物的功能,亦即把握一定关系中的为我之物具有什么样的功能。这种功能可以是人的需要,当然也可以是人的不需要。不合乎需要,物具有的就是负的价值;合乎需要,物就是有正的价值。离开了物和人的关系就谈不上这种功能。主体的状况和客体所显示的功能是互为条件、互相依存的,主体的需要改变,客体的功能也显出不同。每个人、每个群体,都以自己的方式进行评价;就是同一个人,在此时此地的评价与彼时彼地的评价也会有所不同。不过,尽管这样说,异中还是有同。只要有共同的社会地位、共同的文化背景,有相似的经历、教养,就会有相似的评价。所以,评价是有共同性的。

评价是要确定为我之物与人的需要之间的联系,归根到底评价离不开人的利益,而利益可归结为幸福、快乐;评价的对象不是离开人独立而存的自在之物,而是与人联系着的为我之物;而"我"(人)又总是处在一定的社会联系之中。评价的对象就是相对于人的需要而表现出来的为我之物如食物、饮料、艺术作品、建筑材料等的功能,它们作为评价的对象显然是与人的需要相联系的。不论是人的物质需要还是精神需要,都有其自然的来源,这是不能忽视的;但同时它们又在社会历史中演变着、进化着,这些需要都是人的本质的体现。当为我之物能够符合人的需要,给人以满足的时候,人就为得到它而感到快乐,觉得它是可爱的、可喜的,就给予它肯定的评价,称之为"好"(good),称之为"利",这就是广义的价值。但为我之物如与人的需要相对立,人一旦得到它就感到痛苦,觉得厌恶、可憎,从而给予它否定的评价,说它是"坏"、是"害",这就是负的价值。

评价是一种比较,比较苦与乐;而乐之中又有所比较,苦之中也有所比较,在比较的时候,人就要作权衡。苦和乐,利和害,是相反的,而人总是趋利避害、避苦求乐的。不过实际情况很复杂,苦乐、利害,不仅有数量上程度上的差别,而且有性质上的差别,并不那么单纯。有的时候我们需要"苦中求乐",有的时候又"乐中有苦",苦乐不是截然分开的,这就要用理智进行权衡。

权衡和选择要有一定的标准。从一般的意义上说,评价就是用理想规范现实。用理想作为标准,衡量现实的可能性和由可能到现实的过程,这都是贯彻着评价。任何的观念用来指导行动时,都包含着理想的因素。观念总是一个观念的结构,在结构中观念之间互相联系着,贯彻着一定的倾向和观点。所以,作为对现实的可能性的认识以及与人的需要相结合的理想,体现着人对现实的态度,反映着人在社会关系中的地位,表现着人的智慧的水平。贯彻于理想形态的观念之中的是各种观点,它们便提供了评价的标准。

评价有一个从低级到高级的发展过程。如果顺从欲望,如"好好色,恶恶臭",凭本能避苦求乐,评价就有很大盲目性。有了理智的权衡,作出正确的评价,这就有了一定的自觉性。但这还不够,只有达到完全出于自然,无所为而为的状况,人们才真正感到自由。

"利"是最广义的好。凡对人有使用价值的都是利。利是人欲求的目标。但要达到这个目标,就必须采取一定的手段,要有工具。从这意义上说,手段的价值或手段的好是从属于一定的目的的,目的是求利。不过,对此不能作片面理解。因为人的社会实践(人的有目的的活动)是历史地发展的,目的与手段不能分割,而且两者可以互相转化。从互相转化来说,目的和手段是相对的。当然,有的东西总是具有手段的意义,比如吃药总是为了治病的,监狱总是为了维护社会治安的。而一切理性的活动(科学、艺术、道德等等)固然都是为了人类社会和人民的利益,因而具有手段的意义,都是"手段的好",或"手段的价值",但它们不仅是手段,也是目的,亦即本身就具有一种内在的价值。

不能把功利和真、善、美等截然割裂开来。从评价的基本机制来说,人总是避苦求乐,用理智权衡选择。但人的需要随社会实践的发展而发展。人的饮食男女之类的需要和人对真善美这样的价值的追求,是有性质上的差别的。但内在的价值也是人的需要的满足,是发展人的本质的需要,是符合社会发展的客观趋势的。人的本质力量发展的目标就是造就真、善、美统一的自由人格,人类社会发展的总趋势就是达到真、善、美统一的自由社会。这个总目标要在未来实现,但又在过程中展开。所以,这个总目标是自因,是内在于现实的历史和各个人的创造活动之中的。在各个历史阶段和各个人的创造活动中,不论物质价值还是精神价值都可以说是社会实践的客观要求。从计较、权衡利害到无所为而为,评价就由低级向高级发展,但又有一贯性。精神价值和功利是统一的。

评价的发展最终表现为观点的发展。人们用来评价的标准是观点,包括世界观、人生观、艺术的观点等等。这些观点统一于"我",统一于评价的主体。所以,评价的发展又可以归结为评价主体的发展。主体是个性和群体的统一。一方面主体应当从群体意识来进行评价,亦即要有群众观点,以广大群众的利益为出发点进行评价。不过,没有抽象的群体意识,它内在于自我意识之中。自我意识是在同别人的交往中(即在群体中)培养起来的,是凭着相应的对象(为我之物)和评价活动、创造活动发展起来的。评价要求主体有自觉性,要求有一种自觉的自我意识,意识到自己在根据一定的观点作评价。这种评价者的自我意识就是良心、良知。

在评价领域,语言不仅用于陈述事理,而且表达人的愿望、感情等等。

语词、语句就不仅有认知意义，而且有更多方面的"意蕴"，包括意向、意象、意味等。词的评价意义蕴藏着意向、意象、意味，就此而言，可以把评价意义又称作"意蕴"，这种意蕴与个人的生活经历、教养，与社会心理、民族传统等有着密切联系。

评价从总体上来说，是与人的创造性实践密切联系着的。但评价与创造活动又不是一回事，二者是可以区分的。创造活动可能比较自发，缺乏评价；而仅仅评价也不等于创造。艺术鉴赏判断与艺术创作不是一回事，道德评价与道德行为也不是一回事。评价判断的内容就是评价意义，即意蕴，就是具有理想形态的观念用以规范现实。人的创造则是化理想为现实，使理想得到表现，创造就是创造价值。价值可以说是评价的对象，评价意义的客观化，也是人这样那样的创造性活动的结果。因此，对人来说，就有一个价值的领域，人生活在价值的领域中。人的评价活动与创造活动是紧密联系着的。从价值作为人的创作来说，它总是主客观的统一，理想和现实的统一：或者是理想化为现实事物，如劳动产品，合理的社会制度等；或者是理想表现于作品，如美的意象、善的意向，通过物质的媒介来表现，音乐、图画本是人的理想，通过声音、色彩、线条这些物质的媒介表现出来，这些媒介有符号、象征的性质。不论哪种情况，价值创造都是理想和现实的统一。

价值作为为我之物的功能体现在物与我的关系中，是主客观的统一。自然物如离开人，它的属性本身就无所谓价值。价值是出于人的创造，是人对自然物加工的结果。许多未经加工的自然物虽然本来无所谓价值，但可以进入人的劳动过程或社会生活过程，被用作劳动资料（如矿产）或文化的素材（如自然景色），那就有了价值。有些自然物则是由于人的移情作用而有价值的，移情作用本身也是一种创造性活动，是对象与人的社会实践、文化传统和个人感受联系起来时显现出来的。不论是自然物还是人造物,价值都和人的创造性活动相联系,都包含人的创造性,都是相对于人的。一切的价值都是现实的可能性和人的本质需要相结合的产物,它们符合社会实践的客观要求,是在社会历史中发展的。所以价值不是光溜溜的自然物的属性,也不是纯粹属于人的主观需要的东西;现实中既没有一个柏拉图式的"意义"世界,也不存在新康德主义所讲的形而上学的价值领域。

当人们以得自现实之理想还治现实时,把事实界化为价值界,这同时是性和天道的交互作用、人和自然的交互作用。这一过程既使现实成为对人有价值的,也使人本身的价值不断提高。人主宰着价值的领域,在此领域中,人越来越成为自由的人。但价值界是在现实的可能性基础上建立起来的,本然的现实仍然是前提。但在价值的领域,目的因是动力因,精神以实现自身为目的,主体性得到真正自由的发挥。现实的可能性经过权衡选择,通过评价与创作而实现为价值。同时,人作为评价主体和创作者、享用者,也为自我作设计、谋划自身。

价值界既有物质的价值又有精神价值,既有低级的价值又有高级的价值,既有对于个人的价值又有对于社会的价值,呈现复杂的情况。价值是相对于人而言的,人又是各式各样的。因此,价值界对于各个人来说差异很大。人生活在一定的价值领域中,这个领域由我主宰,体现我的要求、我的本质力量。从主体角度考虑的价值界的分化,我们可称之为精神境界。它是相对于精神、相对于我来说的。所有的境界都可以说是意和境的结合,其中,"意"就是实现了、表现了的理想,"境"则是有意义的结构。境界一方面有客观的基础,总是根源于现实生活,有现实的内容;但另一方面又是精神的创造,表现了人的本质力量。所以,境界是主客观的统一,是精神享用着、在其中生活着、自由活动着的领域,它体现了人的精神所达到的造诣、水平。可以说,各种精神境界(哲理的、道德的、艺术的等)分别体现了人的思辨力、意志力、想象力，具有真、善、美的价值，表现了精神、理性在理论思维、道德实践、审美活动等各个领域中的自由。

（以上选自第三卷，第48—72页）

（二）文化与价值

价值界就是人类的文化。各种文化的价值观虽各有其特殊性，但从总体上说，自由劳动是合理的价值体系的目的因，它在社会历史中展开为曲折发展的过程。文化哲学或文化理论的核心问题就是价值问题。唯物史观认为，文化是在社会实践基础上产生的。广义的文化包括生产力的状况、经济的关系、社会政治组织、社会心理、各种意识形态等，所有这些都是人类在一定时间和空间中之所作，所有这些都是人的社会实践的结果，即人在自然物上面加人工的结果。在自然上面加人工，人就把理想形态的观念对象化，这就创造了价值。我们通常讲不同时代的文化、不同民族的文化，是不同的文化体系。这意味着它们包含有不同的价值观、不同的价值体系。按照"凡是现实的就是合理的，凡是合理的就是现实的"的观点，一种文化能够持续地发展，总有它的合理性，即它的价值体系总有它的合理地方。当然历史条件改变了，文化就要发生革命性的变革（这种变革正是价值体系的变革），这也是合理的。而此所谓"合理"，就是指价值体系及其演变是合乎规律的，这种规律是可以由理性来把握和解释的。

文化就是在社会实践基础上人的各种创造。在创造中，理性把现实可能性和人的需要结合起来，形成理想；并通过实践使理想化为现实，这样就创造了价值。正价值对人类都具有肯定意义，负价值则具有否定意义。这里讲肯定或否定的"意义"，就是评价物对人的意义如何，事物的功能和人的需要的联系如何，是否合乎人性自由发展的要求。这种评价的意义客观化，就是价值。作为文化的现象，人类的一切所作，都是有意义的；人造物以及与人的生活相联系的自然物,都是有意义的。它们或者有肯定意义即正价值,或者有否定意义即负价值。这样讲意义,不仅是指事物有它的可认知的结构(即不仅认知上可以理解),而且打上了人的印记,体现了人的创造能力。所以,对文化现象的理解,总是包含有理解者的态度和观点,而且还往往掺杂着理解者的个性色彩,如我觉得有趣,我觉得好看。对文化现象的这种理解,同对于单纯的自然现象的理解不同。对于自然物的理解或认知,如果离开和人的需要的关系,那就是对于事实以及它将发生的可能的认知,那不是评价问题。而对文化现象的理解总是评价。文化领域的评价,当然也有客观事实的根据(文化是客观存在的为我之物),同时它又包含有理解者的观点(观点是社会存在的反映)。客观事实以及作为会存在反映的观点,都是可以理解的。对文化的释义总是掺杂着情意的成分,总是以我的一定观点作为视界。我们运用的观点,在很大程度上取决于现实的社会历史条件和传统文化。传统文化和现实条件的结合决定着人们的观点,以此作为视界并运用历史唯物主义来考察文化现象的时候,可以作比较客观的分析。

(以上选自第三卷,第73—77页)

(三) 合理的价值体系

我这里用"合乎社会实践发展的客观要求"一词,以说明一切正价值的内容,这种客观要求就是把作为动力的目的因具体化。目的因内在于社会实践,是创造文化的动力,它赋予文化以意义、生命。在行动中,目的就是要求,它推动行动的展开,贯穿于行动的始终,目的的完成就是行动的结果。人类不同于动物,能认识到自己行动的未来结果,于是提出目的,以之作为动力和法则并使之贯彻于劳动实践始终,成为劳动实践的要求。这种要求可以从社会历史条件和人的需要两者的结合来把握或解释。但可以客观地解释并不等于合理。所谓合理,就是合乎社会发展和合乎人的本质力量的发展。人的这种合理的要求和目的得到贯彻，就是自由。可以说，自由的劳动就是人的总的目的，就是贯穿于全部人类文化史的目的因。自由的劳动是人与动物的本质区别，但自由又是历史的产物，是在历史中展开的，是在人的本质的发展中展开的。人本身以及人所创造的价值，就目的因来说，无非就是要求人的自由、实现人的自由，所以作为价值体系的最基本的东西，就是自由的劳动。各种不同的文化价值体系有差别，但一个价值体系是否包含有合理的东西，就看它对于自由劳动是否有贡献。自由的劳动作为文化史的总的目的因，可以说是价值体系的基石。

人类历史就是一部使劳动成为自由的劳动的历史。自由的劳动作为目的因，在人类历史过程中展开，经历了若干阶段，并有民族差异。人类通过有目的的活动创造文化，文化的价值体系就是在以自由劳动为目的因的实践基础上形成的。虽然不同时代、不同民族有不同价值观，但异中有同，遵循着共同的社会历史规律，都以自由劳动为目的因，其必然发展的方向是共产主义。

那么，我们所要建立的合理的价值体系应该是怎样的？社会主义和人道主义统一、大同团结和个性解放统一的价值体系的基本特征是什么？至少有以下几点可以注意：

第一，合理的价值体系应以自由的劳动作为目的因。一切创造价值的活动都在于实现人的自由，使个人成为自由的人格，社会成为自由的社会，这样的自由是人在劳动、社会实践中即改造世界和发展自己的活动中逐步展开的。自由劳动是一个历史过程，我们不能形而上学地对待自由这个目的因，自由是历史的产物。现在已经达到了这样的历史阶段，人类能够比较自觉地克服劳动的异化，克服对人的依靠和对物的依靠，从而来建构社会主义和人道主义相统一的价值体系。从社会历史的考察，我们应该得出这样的结论；从中国近代价值观的变革中，我们也应该得出这样的结论。

第二，合理的价值体系的原则就在于正确地解决天人之辨、理欲之辨和群己之辨。因此就要反对权威主义和独断论的天命论,要克服利己主义和相对主义的非决定论。经过逻辑和历史的统一的考察,可以得出结论,合理的价值体系包含以下几点:自然原则和人道原则的辩证统一;人的理智和情意、精神的和物质的生产能力全面的和比较多样化的发展;个性原则和集体精神互相促进,达到个性自由和大同团结统一的理想目标。

第三,价值是广义的理想的实现,一般地说,理想形态的观念就是现实的可能性与人的需要的统一,并被形象化地构思出来。人们用这种理想形态的观念作为标准,对事物进行评价,评价意义的客观化就是价值。所以价值体系就是理想体系。一个时代的合理的价值体系就是这个时代进步人类的最高理想,它是共同的社会理想,也是个人的人生理想。从今天来说,社会主义和人道主义的统一,大同团结和个性解放的统一就是当代进步人类的最高理想。进步人类或人民大众的真实利益是最基本的"好",合理的价值体系所要达到的就是基于人民大众的利益又合乎人性自由发展的真善美统一的理想境界。

(以上选自第三卷,第 77—102 页)

三、文化各领域的价值理想

我在前面从社会实践的观点出发来阐明人要求自由的本质,以及它如何通过评价和创作而展现于价值领域,并提出了合理的价值体系的基本原则与特征。在这基础上,我们进一步考察文化各领域(神话、哲学、科学、道德、艺术等)的价值与理想。

(一) 神话和智慧

人性的自由发展,也就是人的精神与肉体、理性与非理性(本能、情、意等)的全面发展。在人类文化史上,理性与非理性、科学与神话总是以不同比例结合在一起,遵循着由具体到抽象、由抽象再上升到具体的规律。与技艺相联系的原始神话是具体的、价值尚未分化的。后来,宗教作为神话体系、哲学作为科学的总和,尽管试图为文化提供最高的包罗一切的价值体系,却都陷入了权威主义。真正的哲学智慧是对宇宙人生的某种洞见,它和人性的自由发展密切相关;它是理性的,也是整个精神的,具有具体性和历史性的特点;它贯穿于科学、道德、艺术等领域,成为其内在的灵魂,而非凌驾于其上的教条。

在原始的时代,与原始的神话和巫术相联系,人类在文化上已经有了相当的成就,不仅劳动的技能有所发展,而且与此相联系,思维的能力也有一定的发展。从神话与巫术中所表现出来的原始思维有如下一些特点:首先,原始思维具有物我统一、天人交感的特性;其次,原始思维是想象与真实交织在一起的,神话是超现实的想象,是在想象中支配自然;最后,与后来的科学的理论思维有所不同,原始人的思维是具体的、感性直观的形象思维。这种直观的形象思维比起抽象理论思维来,在具体性这一点上有它的优越性;当然缺乏理论的抽象,缺乏分析,同时也不免失之于笼统,掺杂着虚幻的成分。原始的思维是结合形象和技术的活动来进行的,形象的联系不一定符合事实的联系,但有的时候某些象征确实能把握事物发展的趋势,也就把握了事物的全体。

进入文明时代之后,原始的"术"就演变成为由巫史所掌握的"术数",包括天文、历谱、五行、蓍龟、杂占、形法等。这些"术数"里面有技艺,包含有许多合理的东西的萌芽,但是也掺杂很多迷信的成分、幻想的成分。后来经验、技艺积累得多了,认识出现了飞跃,从中概括出了基本原理,这就由"术"进入"道"。哲学和科学的开始,就在于从"术数"中概括出一般原理,并以此解释世界。科学的理论思维在这里萌芽了,但仍然与神话相联系着,真实的和虚幻的仍互相掺杂着。最初的"道术"还是一体的,具体与抽象、科学与神话还是交织在一起的。随着科学技术的发展,神话渐渐失去了它以幻想为真实的迷信性质。应该把神话和迷信区别开来。科学的进步便是迷信的破除,但神话在人类的认识过程中,还在继续发挥着它的重要作用,对教育、艺术、理论思维仍然起着作用。

许多神话变成了童话,对儿童教育起着重要的作用,这是因为人的个体的发育在一定意义上重复着祖先的历史。儿童在游戏中,总是一边搬弄玩具,一边在想象,进行具体思维,而且自言自语,这是原始人的思维方式,思维离不开具体的动作和实物。它对儿童的心理发展是很重要的,人就是这样过来的,只有经过这样的阶段才有后来的科学思维。这样的思维充满着生动的想象和全神贯注的感情,它也用比喻,也用象征。神话对文学、艺术上的作用更为明显,许多文学作品就是以神话、传说作为素材的。神话在艺术概括中也始终起着很重要的作用。

科学与迷信是不可调和的,但科学与神话并非完全绝缘的,神话也并不等于迷信。神话是对世界的幻想的反映,幻想可以导致迷信,但也往往包含着真实的内容。神话是在想象中来支配自然力,这是人的能动性的表现,是促使人们去进行科学发明和科学发现的动力。如果一个人不会想象、幻想,也就不可能有科学发现、科学发明。科学的假说,经过逻辑的论证和实践的检验,可以被证明和证实,而成为定理。如果不承认这一点,科学的客观真理性就会被抹杀。不过假说的提出需要想象力,而在想象中总是把人的需要和人以为的现实的可能性结合起来,用形象把它构思出来,以之指导行动。这正是科学的想象与神话所共同具有的本质属性。从这个意义上说,科学假说与神话是同类的,但科学假说经过严密的逻辑论证,并通过设计实验加以证实,是可以转化为定理的;而神话却是幻想与真实交织在一起,合理的东西与迷信的东西的界限还没有分辨清楚,这个界限是需要进一步由证明与证实来解决的。但既然科学的发现与发明总需要想象,科学无论发展到怎样高的水平,都不会完全与神话绝缘的。

原始人通过神话巫术在感性直观的层次上把握世界,这种思维也是有结构的,并且它对现实作出解释的原则对后世的人也具有启示的价值。人类的科学认识经历了一个从具体到抽象,又从抽象上升为具体的运动过程,表现为螺旋式发展的运动,这是个规律。为了把握具体真理,达到一定阶段上的主观和客观、知和行的具体的、历史的统一,理论思维就需要不断回顾出发点,要不断回顾原始思维,从中吸取启示和力量。

随着科学与神话的分化、发展,一方面,原始宗教演变为民族宗教、世界宗教,而且各种宗教都构造了独特的神话体系,每个体系都体现了自己的神学而具有排他的性质;另一方面,哲学作为各种学术和意识形态的综合,形成了不同的概念体系,展开了论争。宗教和哲学,都具有为文化提供最高的囊括一切的价值体系的雄心。在封建时代,西方的基督教和中国的儒学各占支配地位,它们的价值体系都是权威主义的,都成了独断的教条。在近代西方,基督教受到了多方面的批判,英、法、德、俄等国在资产阶级革命时期都展开了反对神学的斗争。权威主义遭到了批判,它可能走向反面,走向怀疑论、相对主义和虚无主义。权威主义当然需要批判,但并不是说不要任何权威,权威与权威主义不是一回事。在任何的社会组合中,权威总是需要的。如家庭中,父母在一定意义上是孩子的权威。我们讲民主集中制,并不排斥权威,但权威应该是群众中的一员,不能凌驾于群众之上,搞权威主义。在资本主义条件下,人们自由竞争,人有了人的独立性,但这种人的独立性与对物的依赖相联系着,所以还是有一种外在力量在控制着人。人为积累资本而劳动,这样,人容易成为金钱的奴隶。人对物的这种依赖性说明人的劳动目的是外在的,人的劳动仍然是不自由的。人为在上者、权威劳动,当然不自由,人为金钱资本劳动,这也是不自由。人对物的依赖代替了人对人的依赖,旧的价值观崩溃了,却使人产生了新的孤独无依的感觉。资本主义使每个人都自由了,但也助长了尔虞我诈、钩心斗角的关系。在中国,产生个人崇拜的现象,是与中国进行革命时的小农经济状况以及长期的封建专制统治的影响分不开的。在这种情况下,产生向权威主义复归和产生个人崇拜的现象,可以说是难以避免的(当然,如果领导者清醒一些,就不至于那么泛滥成灾)。同时,在群众中有那么一种心理:因为旧的名教的价值体系破坏了,使人感到迷惘。拜金主义和实用主义的腐蚀作用,也令人厌恶,因此产生了"逃避自由"的现象,借社会主义之名来复活权威主义,从而造成了历史的倒退,使社会主义和人道主义统一的理想就遭到严重的破坏。这确实是个很大的历史教训,搞理论的人应该很好地总结这个教训。

上面所讲的精神、宗教等现象,既有社会的原因,同时也有人性中的根据。人作为主体是复杂的,主体的精神力量有理性,也有非理性;有意识,也有无意识。这里"非理性"一词是指情意、意志等精神力量,而不是指"反理性";"无意识"或潜意识是指没有进入意识领域的精神力量。

怎样来看待无意识和意识、非理性和理性之间的关系? 人的本能要求温饱、要求性爱,这无疑是人类的共同需要,这个领域确实是不能忽视的。但是人类已经受长期的文化的熏陶,这些本能的欲望也越来越成为人的需要,而与动物本能的欲望有所不同。在社会实践的基础上,人的理性发展起来,这是人区别于禽兽的本质。人的意识活动包括情感、欲望、意志等等越来越以理性作为主导,非理性的方面越来越具有理性的色彩、理性的精神。人的社会行为、交际方式,要求由实践理性、用法和道德准则来加以规范,人的感情越来越成为一种合理的情操,艺术创作要体现艺术理想,直觉越来越成为理性的直觉等等,这些都说明非理性的方面越来越多地渗透了理性精神。但这并不等于说理性可以代替非理性的东西,更不能由此导致理性专制主义;当然,反过来,如果放纵欲望,激发盲目的热情,也会造成很大的祸害。人的精神始终有着广阔的无意识领域，它与意识领域是相互联系和相互影响的。人是由动物进化而来的，而且成为人之后有了数百万年的历史，进入文明社会之后，人类还是遵循生物进化的规律（变异经过选择而遗传下来）。无意识的、本能的领域，有着生物进化的长久历史，是个很深广的领域。对无意识领域的研究我们现在还只是开始。对这一领域的研究和对意识领域一样，用的还是理性的观察和理性的分析，离开理性也无法研究非理性。所以应该辩证地来看待理性和非理性、意识和无意识的关系。

　　人的精神主体是很复杂的，可以说既有人性，也有兽性；人既是天使，又是魔鬼。不要以为魔性、兽性就完全是要不得的，它在一定条件下起了反抗传统的作用。历史上所有的革命的群众运动，都需要唤醒自发的非理性的力量，这种力量在一定条件下倒是真正合理的。下层社会不能照旧生活时便起来造反，不一定有高度的自觉性，而是依自发的感情、欲望而激发起来的。当然，群众的盲目的自发的运动可能被野心家利用而走入歧途，因而需要理性的指导。在社会存在异化的条件下，对权力的渴望和金钱的迷信，本身都包含有非理性的、盲目的成分，独裁者和守财奴都不是自由人，他们早已成为自己的情欲的奴隶。人类是越来越以自觉来代替盲目，以科学来代替迷信，这是一个历史的发展过程，不能放任非理性的东西泛滥，也不能把在一定历史条件下是理性的东西凝固化、绝对化，从而导致理性与非理性割裂开来。这就需要从整体上来把握人的精神力量，使人性得到全面的自由的发展。合乎人性的全面的、自由的发展的真理性的认识就是智慧。

　　一切的科学知识在用于指导实践时，都是认知与评价结合起来的，不是单纯的认知，其中也包含有评价。如果认知与评价不结合，知识就不能起到指导实践的作用。相对于实践的目的来说，科学知识是有工具价值的。人们现在从发展生产力的角度来讲科学知识的价值、效益，就是指它的工具的价值。但科学不仅仅是工具，其自身还有内在的价值。从一定意义上讲，学术就以学术本身为目的,是不计较功利的。科学给人以乐趣、智慧,这对于发展人的个性、能力具有极大的作用,这样就不是单纯地把科学看作只是知识,而且把它看作具有智慧。智慧就是合乎人性的自由发展的真理性的认识。科学知识是理论理性的成就,它作为工具当然有其功利性,但是人们为了功利而求知,知识对人是外在的,就会导致理性与情意的脱节、科学与人生的脱节,甚至会造成理性与非理性的对立。

在资本主义条件下,运用近代科学来发展生产力,求得利益,确实促使了科学的迅速发展,但同时也造成了科学与人生的脱节,理性与非理性的对立。要克服这种对立,就要使科学合乎人性的发展,就要使技术成为技艺,使理论富于智慧。所谓技术成为技艺,就是要使技术成为乐生要素,如同儿童的游戏,显得是无所为而为;但通过游戏活动学习了技能,锻炼了手和脑,培养了情操,这正是一种人性发展的需要,游戏中学的技能就具有类似于艺术的性质。

所谓理论富于智慧,就是说它具有哲理的性质,包含有对宇宙人生的某种洞见,并且理论取得了理想的形态,被灌注了爱心,充满了想象,因而和人性的自由发展密切相联系。这样的智慧是理性的,同时也是整个精神的,它有一种具体性的特点。人类的认识归根到底是要把握具体真理,要达到一定历史阶段上的主观和客观、理论和实践、知和行的具体的历史的统一,当达到这样的目标时,就仿佛向原始的具体状态的复归。当然原始思维的具体是很初级的,但就具体这点而言,人们确实要不断复归到原始思维。它们虽是原始的、朴素的,但由于是具体的,其中的智慧对后人很有启发作用。这是因为智慧是合乎人性发展的真理性的认识,具有具体性的特点。有些思想也只有在人类的幼年阶段上它才会产生,这种思想如同马克思所说,具有"永久的魅力"。一定历史阶段上达到具体的哲学虽然有历史局限性,但唯其具体,所以它富有生机,潜藏着许多还没有充分展开的合理的因素。

哲学是时代精神的精华，当然要不断地新陈代谢。人类要求自由的本质是历史地发展的，人们对宇宙人生的洞见也是历史地发展的。每一时代的智慧要与该时代的文化各领域保持巩固的联系，因此必须清除独断论，当然也要反对以"处世妙诀"为价值原则的实用主义。真正的智慧是理性自由活动以及理性与非理性协调发展的成果，它内在于科学、道德、艺术各领域，使得这些领域也具有智慧的性质，给人以哲理的境界。

（以上选自第三卷，第 103—129 页）

（二）真与人生理想

在价值领域，真理性的认识不仅具有工具性价值，更重要的是它和人性的自由发展密切相联系，为人们提供了人生理想（社会理想和个人理想），引导人们在实现理想的活动中改变世界和发展自己。

这里讲的是在真、善、美三者并列的意义上使用的作为价值范畴的"真"。从价值范畴讲，"真"指符合人们利益、合乎人性发展的真理性认识。事实命题的"真假"，通常只有认知意义，因而它不是价值范畴。事实与价值有区别，真假、好坏并非一回事。然而，在认识过程中，认知和评价又不可分割。人的认识不仅是对事实秩序的把握，而且也是对事物与人的需要之间关系的反映。人能利用知识为人类谋福利；同时，评价作为认识活动的组成部分，起着推动认识、提高觉悟的作用，这种作用不仅是理智的功能，它与情感、欲望、意愿等精神力量相互联系着。所以，理论理性（理智）不是"干燥的光"，它与情意互相促进，使理论认识取得理想形态而成为行动的动力和鼓舞人的力量。真理性认识符合人们的利益，合乎人性的发展，它便不是光溜溜的"真"，而且同时是好的、美的，于是"真"成为价值范畴。

真假与真妄互相联系着。学知识、求智慧旨在获得真理性认识，使主观与客观真实相符合，如实地而非虚妄地反映真实——包括现实的真实面貌和人生的真实意义。全部哲学和科学的任务就是要认识世界,认识自我,认识世界与自我之关系。科学是分门别类地研究物质世界和精神现象,哲学则从整体上考察物质和精神之间的关系。一切科学的理论都具有双重价值,一方面要求合乎人类利益,能够成为人们求利谋幸福的工具,另一方面在于锻炼思维能力、培养人的科学精神和理性力量。科学不仅是为人们谋福利的工具,而且还可以培养人的科学精神和理性力量,这正是人的德性的组成要素。哲学作为一种世界观,作为一般方法论,也是一种重要工具,它是人们认识世界和改造世界的武器。同时,世界观、方法论是人的思维能力、评价能力的表现,反过来可以促进人的本质力量的发展,对促进人的思维能力、培养人的德性是很重要的。所以,哲学对人具有内在的价值。无论哲学还是科学,作为智慧,既然是真理性的认识,如实地反映了真实,就具有符合人类利益,合乎人性发展的价值。

认识真理,包括认识世界和认识自己,都要以实践为基础,即以"得自现实之道还治现实"。在这个过程中,主体对自己的能力、本性逐渐有了认识,逐渐使自我由自在而自为,由低级而高级地发展着。人的知识经验源于实践,在实践基础上,认识活动化本然界为事实界,使自在之物化为为我之物,这就是知识经验。事实界有条理、秩序,主体根据有秩序的经验事实进行推理,把握现实可能性,便能预计未来。在这个认识世界过程中,主体对自我进行反思,对理论思维能力有了认识,对理论思维形式进行考察,这就有了逻辑学。人们根据科学理论提供的可能性,将其与人的需要结合起来形成理想,并运用想象力将理想具体化,以指导行动、改造世界。在这个认识世界、改造世界的过程中,人的精神整体——理性和非理性、意识和无意识得到表现,人的评价意识客观化为价值,从而在现实上打下了人的烙印,同时也提高了自己的能力、锻炼了自己的性情。这样,人类凭借其本质力量,化理想为现实,使可能的东西变为有价值的东西,创造了价值界,在评价经验与价值的创造活动中,人类实现了自我,培养、发展了自己的德性。

谈到德性、人格,真假便和真伪相连。当真理性认识化为理想,并得到实现,人凭着为我之物,同时也使自我之本质力量得到实现;也就是说,在客观规律与人性发展的要求相统一的活动中,人类实现了其价值。人的价值的实现表现为言行一致、表里如一的人格,用中国传统哲学的话来说,这样的人格不仅"知道",而且"有德",即有真实的德性,实现了人的理想。这样的人格是真诚、自由的个性,而决不是伪君子、假道学。真伪不等于真假,然而它们确实互相联系着。

真作为价值范畴,它是符合人类利益、合乎人性发展的真理性认识,这样,它便包含有功利与真理、人性与真理的关系问题。先讲利与理的关系。客观真理是客观规律的反映,它本来独立于人的利益。规律所提供的可能性及其认识,可以对人有利,也可以对人不利;当主体认识了规律,并运用它为人谋福利,这才有了价值。真理性认识的工具价值,从属于人们的趋利避害的目的,又转过来给行为以指导,起着权衡、指明方向与途径的作用。再讲性与理的关系。真理性认识不仅是为人类谋福利的工具,它作为价值,更主要的一方面在于其是符合人性发展的要求的。

符合进步人类的利益和合乎人性发展的真理,就其作为客观现实发展规律的反映而言,是不以人们的意志为转移的。但它既与人的本质需要相联系,体现人性由自在而自为的发展,因而又是主观精神的表现。作为价值范畴的真,与善、美不可分割,理性与情感、意志统一于人的精神。这种真理性认识即智慧,它既是客观存在的反映,又是主观精神的表现。智慧总要求取得理想形态,具有价值意义,真理性认识包括对自然、人生的认识,既包括局部的分门别类的科学认识,也包括整体的哲学认识。然而对于自然和人生,就它作为真理性认识来说,我们往往有所偏重。对于自然的分门别类研究,容易只注意其认知方面,忽略其评价方面。但我们不能由此得出结论:

自然科学的认识没有评价与价值的意义。一个真正有成就的数学家会觉得数学含有一种美,他能体会到数学对发展人的逻辑思维能力的作用,他也可能说,"数体现了宇宙的和谐",等等。这里,数学家注意的是作为智慧的数学真理,数学不仅反映了客观世界的秩序,而且包含着巨大精神力量,体现着人的主观精神。在这样的数学家那里,天人、物我达到统一,数的领域成了"安身立命"之地。数学是这样,其他自然科学也有这样的情况。至于人文科学,人们则往往注意和强调其评价方面,却忽视其认知方面。其实,社会历史、人的精神世界也是认识的对象,也具有其自然历程和客观规律。不过,社会现象离不开人的意识活动,人的意识活动都是精神力量的表现。人性的发展过程即人道。人道离不开天道,人性是在实践基础上,在与天道的交互作用中发展起来的。性与天道的交互作用是个自然的历史的过程。认识世界和认识自我都是要认识客观真理。而人总是根据对自身(社会和个人)的认识来提出人生理想,并力求在实践中间把理想化为现实。有关人性和人道的真理性认识,具有价值意义,同时也是客观的。人们正是根据这种对人性与人道的真理性认识来确立科学的人生理想,以求实现人的价值。

每个人的人生理想总是以一定的价值体系为背景。价值体系涉及天人、理欲、群己的关系问题,因而人生理想亦牵连到这些关系。从群己关系说,人生理想包含社会理想和个人理想。实现人生理想,也就是要以合乎人类利益、符合人性发展的真理性认识为理想,使理想化为现实,从而改变世界,同时发展自我,这就是人的自由,这就是人的自在而自为的实践过程。统一的实践过程包含着改变世界和发展自我两个环节。

实践是检验真理的唯一标准。在认知领域里比较简单,即被证实的是真,被否证的是假。作为价值范畴的"真",与人的利益有关,与人性发展相联系,作为真理标准的实践也就是改变世界和发展自我的统一的活动。在此,真理的检验问题变得比较复杂,人对社会历史的认识和评价、对自我的认识和评价往往是真假、好坏掺杂、科学与神话难分难解，要把真理与谬误分清楚，往往需要一个复杂、曲折的过程。作为价值范畴的"真"，与人性要求自由发展的本质内在地联系着，它的实现总是要通过人的有目的的活动，而人在有目的的活动中常常会产生错误，还得需要由实践来改正错误。

真理是个过程，认识自我、发展自我也是个过程。不论从个体发育还是从历史发展来看，"发展自我"都是个由自在而自为，由低级到高级的曲折前进的运动过程。从性与天道的交互作用来看，人类总是用天道来塑造人性与自我，转过来又使环境人化，在自然上打上个性的烙印。这种交互作用最初是自在、自发的，实际上，所有的人都是在改造环境中认识世界、发展自己的。"认识自我、认识世界"，"改变世界，发展自我"是哲学的主题。考察性与天道、认识自我与认识世界之间的关系，使之逐渐变得自觉起来，这就是哲学的智慧。

智慧即合乎人性发展的真理性认识，智慧是具体的。从对客观世界的认识来说，科学认识由具体到抽象，再上升到具体，达到主观与客观的具体、历史的统一，从而在一定领域内达到比较全面的具体真理，使理论取得理想形态，能够较有效地控制自然。这是个认识规律。哲学总是经历具体到抽象上升到具体的反复运动。哲学要求成为科学的具体真理，通过全面的互相联系的范畴体系来把握辩证运动，而且要诉诸人性、诉诸自我，把认识世界与认识自我、改变世界与发展自我统一起来，因此哲学智慧必须是具体的。所谓智慧，是对宇宙人生的某种洞见（insight），它与人性自由发展内在联系着。所以这种洞见仿佛是人的理性本身所固有的。智慧来自外在经验，但当主体获得智慧，因为它符合人性的发展，所以也可以说是一种"精神自得"。

（以上选自第三卷，第130—160页）

（三）善与道德理想

人生理想不论社会理想或个人理想，都要通过人们的社会行为来实现，这就要进一步考察行为主体在人际关系中的自由，即善与道德的问题。

广义的善就是"好"，人的行为的目的在于利益。满足人的物质的、精神的需要，就是利益。合理的利益，就是广义的善。道德意义上的善，是狭义的，是指涉及人伦关系的好的行为。这种道德行为上的善，其本质特征必然涉及利与义的关系。墨家下了个定义："义，利也。"（《墨子·经上》）道德内容是利益。这种利益实际上是指一定社会集团的利。墨家讲利，归结到感性上的、物质上的、生活上的满足。但是，"义，利也"，是说"志以天下为芬（分），而能能利之"（《墨子·经说上》）。义就是以利天下为自己的职分，并且能力求做到。所以讲的是"公利"而非私利。合乎一定社会集团的公利，就被这个社会集团的人称为义，称为道德。儒家下了另一个定义："义者，宜也。"义，即应当做的（"宜也"）。就是说，应当做的行为就是道德。讲"义，利也"是功利论的观点，讲"义者，宜也"是道义论的观点。我们认为"义"和"利"、道德和利益是应该统一的。任何社会都需要有一定的道德规范来维护社会的合理秩序，使群和己的利益，都能适当得到满足。道德行为的特点，是要把合理的人际关系建立在"爱"的基础上，建立在自愿自觉的基础上。

道德的主体是人，以道德的准则处理人与人之间的关系，一个一个的人都是主体，都是目的，所以要肯定人的尊严、人的价值，这就是人道（仁爱）原则。在道德领域要求利人和爱人是统一的（当然有的哲学家并不同意这种说法，如法家并不讲"爱"）。道德的行为要符合一定社会集团的功利，正确解决集体利益和个人利益之间的关系。道德行为要利人，但这种对人有利，要求出于爱心。中国传统讲道德，以仁义并举。仁出于人性，出于爱心，义是应当遵循的准则。就是说,人的道德行为,一方面出于人性的自然的要求,出于爱心;另一方面,又是必须遵循的当然之则,按照儒家或墨家的说法,仁与义二者不能割裂开。从总体上讲,道德既是反映社会关系的准则、规范,同时又是发自内心的要求。这两种要素缺一不可。

善与真的关系,按中国传统哲学的说法,也就是"义"和"理"的关系。正当的道德规范和社会规律,归根结底是统一的。道德规范在一定历史条件下形成,有其客观规律的根据,它才是合理的、正当的。不过,义和理的统一不能简单化,二者之间往往有矛盾。道德准则是当然之则,客观规律是必然之理。必然和当然有区别:必然之理提供的可能性,虽也可以选择,但其必然性、可能性都是不以人们的意志而转移的,谁也不能违背或破坏这个规律。但是道德规范、准则包含意志、愿望的成分。规范是人制定出来的,人以规范来要求自己,要求在行动中间贯彻。人把规范看成是应尽的义务,是应当做的。规范与规则一样,人制定规则,有其客观依据,但是因为规则是人制定的,就包含随人的意志安排的成分,所以人可以破坏、可以违背,但违背、破坏共同约定的规范要受处罚,如打球犯了规,就要受罚。人在行动中,应努力自觉地遵守规范。但规律和规则显然是不同的。

同时,道德规范的合理性,不仅在于有社会历史规律方面的依据,而且在于合乎人性发展的真实的要求。人性表现于情、欲,有种种矛盾,要用规范来加以调节,正确地加以处理,这样就可以使情欲不至过分,并使人性得到培养,人的要求得到正常发展。人的本质力量是多方面的,人性有理性,也有非理性;有意识成分,也有无意识成分。人的本质力量,随着社会历史的演变而演变着,所以不能把人性简单化地说成就是社会历史的产物,不能忽视人性中有一种比较持久的因素,尤其不能忽视人是一个个的人,即不能忽视人的个性。对人,当然我们要把他看成类的分子,即每个人是人类的一分子。但这是最低层次的说法,如果停留于此,那么人与动物就没有多大差别（狗和猫都可以看成是类的分子）。把人看作是群体的成员，这已是进一步了。人的本质在其现实性上是社会关系的总和，人是群体成员，是社会历史的产物，这是唯物史观的观点。强调这一点是必要的，但还不够。每个人是一个主体，有其个性，都有其自身目的。在价值领域，如果忽视人的个性，价值都是抽象的。所以讲到"善"，讲到"美"，讲到"智慧"这样的领域，每个人都是具有内在价值的主体。马克思所说的，超越于必然王国的彼岸，真正自由王国的开始，指的即是这个领域。在真正的自由王国里，每个人都有个性，都应受到尊重。马克思讲社会形态的演变，其发展的方向是要从对人的依赖性、对物的依赖性解脱出来，这样个性就能获得更自由、更全面的发展。这是人的最本质的要求，也就是人道原则。

道德规范的合理性、正当性，就在于一方面符合社会发展的规律，有客观规律的根据；另一方面，合乎人性的发展的要求。合乎人性发展的要求，其本质就在于把人看成是有个性的，把每个人看成目的。把这两方面结合起来，我们可以说，善是以真为前提，要有客观规律作依据，要以人性发展的真实要求为前提。当然，善转过来又成为求真的巨大动力。许多科学家、学者都是献身于自己的祖国，献身于人民的解放，献身于正义事业，以此作为自己的目标，所以就有巨大的道德力量来促使他们去追求真理，表现出百折不挠的毅力。

对社会历史规律的认识，对人性的发展要求的认识，还是在不断发展，不能用教条主义的态度来对待之。历史上的道德规范，总的来说，在最初往往是自发地形成的，然后获得某种程度的自觉，这样经历由自在到自为、自发到自觉的发展，在一定历史阶段上对维护社会伦理关系和对人性的发展起着积极的作用。这些作用也都是有条件的、相对的。不过相对之中有绝对。从发展的观点来看，总的趋势是趋向于人道主义和社会主义的统一、个性解放和大同团结统一的价值体系。

善以真为前提，道德规范就有其合理性。不能对道德采取相对主义、虚无主义的态度。不过，也不能用独断论的态度来对待道德。在价值领域，我们尤其需要一种兼容并包、自由争鸣的态度。善以真为前提，所以社会发展规律和人性自由发展的要求，比道德规范更有力。道德上的"恶"在一定历史条件下起积极作用，主要是两条：一条是在一定历史条件下，道德已过时了，成了束缚社会发展、束缚人性的东西，这时就需要对旧的东西进行反叛。这种反叛被流俗认为"恶"、视为"大逆不道"，其实是进步。另一条，在阶级对立以来，人的恶劣的情欲（贪欲和权势欲），就成了历史发展的杠杆。所以，对"恶"在历史上的作用，要具体分析。对善与恶、爱与憎、道德上的是非，都应辩证地来看。而在善的领域，切忌把"善"绝对化，固执一"善"，"善"可变成"恶"。其实"善"的领域很丰富多样，因为人们关系有多方面，所以道德也是多方面的，而且人的觉悟水平、认识水平有差别，所以道德也表现为多层次的。同时，每个人的德性有一个发育的过程，人并非天生就是好人，道德要培养，要把德性看成是培养发育的过程。而且只有在人格受到尊重的条件下，在有自尊也尊重别人的人际关系中，人的德性才可能得到健康的发展。所以，应该造成一种互相尊重、互相信任的环境，使每个人每一点道德的进步都得到鼓励，都受到尊重，这是很重要的。尽管人道是历史地发展着的，道德规范是历史地有条件的，但人只有在得到尊重的时候，德性才能够健康地发育。

道德理想是人生理想的重要方面，是关于善的伦理和品德的理想。伦理即指人和人之间（个人之间、群体和群体之间、个人和群体之间）应当有的关系，品德即指道德主体的品质。道德理想包括两方面：一方面是社会伦理，另一方面是每个人的品德。社会伦理应当有的关系，即"义"。义与利、义和仁爱不能分割。道德理想在总体上说，即是要求建立以人民利益为基础的正义和仁爱的伦理关系。养成具有正义和仁爱品德的人格。这是一般的或抽象的说法。历史发展到今天,就是以社会主义为正义、以人道主义为仁爱这样统一的理想。这可以说是全部人类道德生活和伦理思想历史发展的结果。

道德理想表现于人的行为中,便具体化为处理人和人关系的准则,即道德规范。道德规范是分开来说的道德理想,道德理想具体化,即是一条一条道德规范。所有道德规范,如果是正当的、合理的,总是有其客观条件和人性方面的根据,而且有现实的可能性,也合乎人的利益;为人所掌握是出于爱心,并或多或少形象化了,这样才能有效地规范行动,在行为中化为现实。道德理想分化为规范,每一规范又一定要取得理想形态。道德规范在规范行为的时候,不能是死板的教条和框框,要出于爱心来掌握它,生动地构想出来,灵活地贯彻于行动。用准则具体地规范自己的行动,要真正表现于自己的行动才行。规范一定要取得理想的形态,并且要有主体(人格)掌握它,并出于爱心力求见之于行为;也只有贯彻于行动时,才能说真正具体掌握了道德规范。人类一切有意识、有目的的活动都是根据现实的可能性和人的需要来确定目的,这个目的就作为法则贯彻于行动之中,并且按条件和运用手段来制定规则,以便使目的实现为结果。

用道德规范来规范自己的行为,这种行为就是道德行为,道德行为就是合乎规范的行为。道德行为不同于一般的求利益的行动,主要在于它的目的是巩固、改善人与人之间的伦理关系,这种行动是出于爱心和利人的活动,它以道德规范作为准则,不是像生产中那样的操作规程。真正自由的道德行为就是出于自觉自愿,具有自觉原则与自愿原则统一、意志和理智统一的特征。一方面,道德行为合乎规范是根据理性认识来的,是自觉的;另一方面,道德行为合乎规范要出于意志的自由选择,是自愿的。只有自愿地选择和自觉地遵循道德规范,才是在道德上真正自由的行为。这样的德行,才是以自身为目的,自身具有内在价值。这样的道德行为才是真正自律的,而不是他律的。

道德领域里讲理性认识就是这两点:一点是对道德规范的明察,这是教育的结果。明察有程度的不同,从唯物史观来说,就是要求从社会的规律和从人性发展的要求来认识道德规范的合理性。另一点是以明觉的心理状态遵循规范行事。这种心态也有程度不同,要从涵养上用工夫来提高。我们说人的觉悟水平高,就是指他有自觉性、有涵养。另一方面,道德行为必须出于自由意志。如果行为不是出于意志的自愿选择,而是出于外力的强迫,那就谈不上善或恶。意志有自愿选择的品格,这是道德责任的前提。一个人行善或作恶,是出于个人的自愿的选择,出于自主的决定,他对自己行为的后果,就具有道德的责任,因为造成善或恶的后果,其原因在于行动者自主的选择。规范和规律不同,就在于规范本身包含意愿的成分,这里有"应当"的问题,因此一定要出于意志自愿的选择。意志有双重的品格:一是自愿选择来作出决定;二是专一,即选择了以后在行动中一贯地坚持下去,表现为不畏困难、努力实现自己的道德责任。

真正自由的道德行为,应该是自愿和自觉原则的统一、理智和意志的统一,二者不可偏废。不过二者是有区别的:"自觉"是理智的品格,"自愿"是意志的品格。中国的伦理学的特点比较强调自觉,而容易陷入宿命论;西方伦理学说比较强调自愿,容易陷入唯意志论。二者都有片面性。

道德的主体,我们通常称之为实践精神,或用康德的话说,叫实践理性。实践理性也就是善良意志,或合乎理性的意志。人的有目的的活动,都要由意志来发动,来贯彻,如"善"就是自觉、自愿地遵循道德规范。出于爱心而为他人、为群体谋利益,要有善良意志作为动力。这种善良意志或实践精神通过行为使理想变为现实,形成合理的伦理关系,提高人的品德。意志当然不能离开理性,意志就是实践中的理性。中国古代哲学家讲"明"与"志"。"明"是明察,"志"是意志,二者是相互促进的,这种相互促进的过程,应看成是由低级到高级的发展的过程。

道德理想化为现实,包括两个方面:一方面是社会伦理关系,另一方面是有道德品德的人,即人的品德。道德理想化为现实,规范体现在人际关系之间,就成为伦理关系。用中国传统哲学的范畴讲,主要是"仁"和"义"的关系,也就是人与人之间公正的、正义的关系以及人与人之间爱和信任的关系。这种关系得到增进,得到发展,对社会组织就起了极大的巩固的作用,就具有道德凝聚力。道德凝聚力具体表现在三方面:第一,使群体有明确的正义目标,大家同心同德为这一目标努力奋斗,来维护这种社会组织。第二,使这个社会组织中间的个人与个人之间有一种爱和信任的关系,个人在集体中受到尊重,有一种幸福感。第三,形成道德风尚、社会舆论,渗透到社会生活的各个方面。

道德行为就其内容来说,在于巩固和发展合理的人际关系,使社会组织具有道德的凝聚力;它还有形式的方面,即文明的交际方式,亦即中国人讲的"礼"。道德的内容,合理的人际关系要用语言、动作、仪式等等表现出来,而用语言、动作、仪式来表现的方式,应是文明的,而不是没有文化的、落后的、愚昧的、封建的方式。中国过去讲"礼",以为礼有"节"和"文"的双重作用。一方面是节制,因为人们之间的欲望、爱好、意愿往往有矛盾,个人利益与集体利益之间也常有矛盾,这便需要有适当的节制;要用道德规范来作为权衡的标准,运用意志力量来对自己的情感、欲望有所节制,以便使自己的行为真正能起到巩固合理的人际关系的作用。另一方面是"文",即文饰、美化。"节"与"文"的学说是儒家的一个贡献。这种文明的交际方式,对于培养人的品德和建立合理的人际关系是必要的,应该通过教育,从小培养儿童、青年的文明习惯,使这种交际方式习以成性,道德规范取得现实的形态。

讲到道德、伦理领域,道德的约束和法律的制裁关系,确实是很重要的问题。法律规范和道德规范有区别，法律规范是国家颁布执行的。国家对敌人是暴力机关。在人民的国家，维护国家安全的法，也有其暴力的一面，用以对付敌人、对付破坏人民国家的罪犯。同时，法律对于国民也有强制性质，违背法令要受处罚。这就是法律的制裁。但是真正的人民的法律，应该贯彻道德的精神，体现人道的原则，对人民进行法制教育，要使人民自觉自愿地来遵守。而道德对人的约束力是内在的，它诉诸良心。当然，道德的约束是依靠社会舆论来鼓励和制止的。社会舆论对违背道德的行为要谴责，对有道德的人则给予荣誉。但舆论对行为的道德评价总是诉诸人的理性认识，通过教育的方法来唤醒人的良心。人如在道德上有所违背，则人自己内心就觉得惭愧、感到羞耻，这就是受到良心的责备；而遵循道德规范行事，则使人心安理得。所以，道德的评价不是法律上的赏或罚。以社会越是近代化、民主化，法制就越重要。但在民主社会中，法制一定要贯彻道德精神。近代社会人际关系越来越复杂，社会就更需要道德的凝聚力，所以进行道德教育、提高全民族的道德，这是非常重要的。

道德理想化为现实，一方面是建立合理的社会伦理关系，另一方面是培养个人的道德品质。社会伦理关系和个人品德是统一的，又是有区别的。我们讲"仁人义士"，"仁人"有仁爱的品德，"义士"有正义的品德；有这种品德，并不等于说他们在社会上处在爱和信任的关系、公正和正义的关系中，显然社会伦理关系和个人道德品质不是一回事。

我们讲理想人格要真、善、美统一，热爱真理、爱美，也是品德，但讲品德，总是首先在于"善"。一个真正有道德品质的人，是一个在道德上自由的人，他的道德行为一定是自觉自愿的。自觉，是说他对道德规范有理性认识，并且有明觉的心理状态，这就是"智"（知）。我们讲品德不能离开人的实践精神，实践精神是一种合理的意志。道德的主体有意志力，这首先表现在自愿地作道德选择上。动机总是有善、有恶，善的动机之间也可能有矛盾,通过动机的斗争(有时是很剧烈的,如母亲送子出征),经过权衡作出选择,要靠意志力。其次,意志力也表现在行动中。人格应是坚定的、有操守的,能够凭意志力把道德原则始终如一地贯彻在自己的行动中。意志的独立和坚定是实践精神或合理的意志的本质特征,也就是一个有道德的人的性格特征。看一个人是不是具有某种品德,不是根据他自己所说,而是要看他的行动,看他的动机与效果是不是统一,是不是自觉自愿地选择了道德规范,是不是在行动中一贯地坚持下去,能够克服困难、克服障碍贯彻下去。就道德规范化为人的品德而言,也要注意其历史性。在一定的历史阶段,在一定的社会组织之间,有一些共同的道德原则和规范,要求大家共同遵守。

道德品质在不同人的身上以及同一个人的不同阶段上,可以有层次的差别,所以人的品德和他所处的道德境界可以有高下之分。人的"善"的品质是一个发育过程。人的道德境界有差别:有的人道德境界比较低,有的人道德境界比较高,这是要承认的。不过,如爱国主义、勤劳这些品德,尽管有层次上的差别,但都是道德,而且经过实践和教育,都可以提高,这样,实践精神也就可以由比较低的境界发展到比较高的境界。

我们从人道原则与自然原则的统一、从性与天道交互作用的观点来看,也认为品德与智慧、道德境界与哲理境界是可以达到统一的。我们根据科学的世界观(智慧)来提出人道主义和社会主义的统一的社会理想,也是道德理想;它为实践精神所把握,贯彻于道德的行为,通过实践精神自觉自愿的活动,习以成性,最后可以达到自然,而出于德性自然的道德行为,又使现实世界成为合乎规范(具有道德秩序)的。这样,品德、道德境界与现实的社会伦理、社会的道德秩序是统一的,不仅是社会秩序,而且与社会相联系的自然界,也因为人的活动,当然也因为移情的作用,而具有某种道德色彩。这种道德色彩,又往往与艺术的境界相联系着。许多艺术作品表现了人和自然统一、人道原则和自然原则统一的境界,是富于道德色彩的,所以艺术也具有陶冶性情、培养品德的作用。

(以上选自第三卷,第 161—192 页)

(四) 美与审美理想

人生理想的实现通过人的活动,使人的本质力量对象化、形象化,使人能够从人化的自然中直观自身的力量,这就是审美活动的自由。

"美"的范畴有不同的意义。平常讲美德就是善的品德,讲美味就是味觉上的快感。感性上的快感,像身体的舒适、味道的鲜美之类,不一定有美学上的意义。用康德的话说,美感是一种自由的快感,因此就牵涉到美感和快感的关系问题。仅仅是感官上的快感,诸如肉体的舒适、官能的享受,这种快感往往有所待,即有待于一定的条件,这种快感是相对的。人们的听觉、视觉确实有共同之处,存在着共同的审美经验。目之于色有同美,这还是符合日常经验的。审美经验要诉之于感性直观,这是大家都承认的;这种直观给人以愉快,这也是大家都承认的。问题在于这种审美经验中间的愉快是一种什么性质的愉快,它的特点在哪里? 康德强调这种愉快是自由的快感,说它是自由的是指这种审美经验中的快感没有任何利害关系。一个关于美的判断如果夹杂着利害感,康德认为就要产生偏爱,不是纯粹的鉴赏判断。美感的特点就是超利害关系,是无所为而为的。康德这个说法有它的道理,确实,美感是自由的快感。譬如庖丁解牛,解完牛后踌躇满志,这是一种审美活动的自由,这种愉快确实是自由的。但是解牛本来是为了满足人的物质需要,这个活动本身是功利性的,只是庖丁能做到因其固然、合乎天理,动作与舞蹈一样有节奏,到了这种程度,解牛本身才成为自由的愉快。在这种活动中,人的本质力量对象化、形象化了,人在这样的活动中直观到自己的本质力量,这种活动以及艺术对人的德性的培养发展有着重要的作用。因此我们可以说,艺术不仅就它的起源来说是具有功利性质的,而且艺术及审美经验对于培养人的性格和精神素质有着重要作用,"为人生而艺术"的口号是正确的。艺术有它的内在价值,美感经验对人的自由发展有重要意义。

从总体上看,美是以真和善为前提,美和真与善之间有着相互促进作用。就价值领域来讲,利是最基本的好,利可以归结为快乐、喜悦。人从事物质生产,求得物质利益,以满足自身需要,这始终是个必然王国。在这个领域里,人可以按照规律来获得物质利益,这是人必须遵循规律的领域。在这个基础上,精神的价值,智慧、道德和艺术发展起来了,人于是就有理想的价值领域,这就是理想化为现实的领域。由此,人就发展了自由的智慧,真理性的认识,用来发展自身,改变世界;发展了自由的德行,自愿选择和自觉遵循道德准则,用来规范行为;也发展了自由的美感,在人化的自然中直观人的本质力量,在主客观的统一中享受自由的愉快。这种真、善、美的领域统一于理想化为现实的精神自由,在这里真、善、美决不是完全割裂的,而是有所区别。

在审美领域,美和丑是相对的。"美"是美感的内容,美感就是在形象中直观到人的本质力量,体验到人的自由发展的愉快;"丑"是"美"的对立面,也是某种直观形象,和人要求自由的本质相违背或不一致。但是比之真和伪与善和恶,美和丑的界限更加具有相对性。丑在审美经验中不是完全消极的角色,它对美起陪衬、对比的作用。有的美特别是艺术美要有丑的陪衬、对比,才能显得比较具体、突出。

审美理想是人生理想的重要方面,它是关于人的本质力量的形象化的理想。人的本质力量有多方面,而且是历史地发展着的,是共性和个性的统一。审美理想通过人的鉴赏和艺术创作活动具体化,成为包括着意境、典型性格等的艺术形象。当然,人们的欣赏自然美也是审美活动,也构成意境,不过我们将更多地讨论艺术理想。

艺术欣赏的对象总是人化的自然，而艺术作品则是人化自然的最重要部分。在艺术作品中人和人的生活本质反映在艺术的典型形象之中，使审美理想具体化，成为现实的事物。这种理想不是抽象的概念，也不同于规则和规范，而是体现于生动的形象，渗透了人的感情。一个艺术形象譬如诗的意境，它是如叶燮《原诗》所讲的由理、事、情三者组成。一篇诗总是有情有景，情景交融就表现了理想。我们可以把事和景叫作造型因素，把情叫作表情因素，一篇诗、一幅画、一座雕像总是有造型因素和表情因素，两种因素结合起来就表现了艺术理想。艺术是这两种因素的结合，这两种因素是不能分割的，不过在不同的艺术中可以有所侧重。

讲到艺术，可以说艺术美是艺术理想的现实。艺术理想和真善不能分割，因而它就要求有真实性，和道德评价相联系着。就艺术的真实性来说，艺术理想有两个方面的物质前提：一个方面，艺术理想的源泉是社会生活以及人本身；另一方面，艺术理想要成为现实，一定要取得物质外壳，一定要有物质媒介来把它表现出来。从形式方面来看，艺术对声音、形体和色彩这些自然属性有一种依赖关系。画总是要有色彩、形体，音乐总是要有声音，如果音乐不讲和声、节奏，就不可能有音乐美。从内容方面来看，不论是写景还是抒情都要求有真实性，艺术理想要反映生活的本质。如果没有真实性，那就没有艺术。当然，这不是要概念化，也不是以琐碎的情节为真实。真实性是指人的生活的本质，人的本质力量。有这样的真实性就能给人意境、给人性格，让生活逻辑通过艺术表现出来。艺术理想不等于生活中现成的东西，艺术家凭借理性的直觉，抓住了现实生活中萌芽状态的东西、现实生活中的可能性，加以典型化、理想化，这样，艺术可以使人看到生活的本质，看到它的发展趋势。艺术当然不是科学，但是它给人提供真理性的认识，提供智慧。艺术理想不仅要具有真实性，而且还要体现一定社会集团的要求和道德理想。在艺术创作中间选择形象、抒写感情,通常总是同时作了道德评价的。道德理想与艺术理想的结合,是优秀艺术作品的内在要求。

艺术理想由艺术想象或者说形象思维形成,形象思维不同于理论思维。理论思维或抽象思维用概念、范畴来把握现实,它要尽可能地客观,排除主观情意的干扰;而艺术想象却是每一步都需要形象直觉和感情的灌注,每一步都需要情和景即表情因素和造型因素的结合。要通过情、景来体现艺术理想,就会有它的一些特点。首先是像古代陆机、刘勰所讲的要做到有无动静的统一。这里说艺术想象既要有形象又要超脱形象,既要有感情又要超脱感情,要能入能出,善入善出,这样,情景结合才能体现理想。当然,理论思维也要求像荀子所说的"虚壹而静",但是形象思维因为密切结合着形象,而且形象又灌注了感情,就越发要求每一步都要有形象直觉但又要超脱形象。因此精神就要像《文心雕龙》所讲的"澡雪精神,澄心凝思",思维要善于把握有无动静的统一。

艺术创作作为一种精神生产特别要求个性化。精神生产都是从现实吸取理想,又化理想为现实。但是艺术理想的特点是要表现个性,艺术作品要富于个性色彩。在艺术领域,艺术家要把生活和理想、构思和创作统一于一个人。剧本作家、作曲家和表演艺术家三者可以分开,但是写剧本的人、作曲的人、唱歌的人、演戏的人,每个人还是一个完整的创作过程。表演艺术家尽管只扮演一个角色,但本身还是一个完整的创作过程;一个演员不但要把角色演活,而且还要表现自己的特色,不然我们总觉得这个演员比较差。在艺术创作过程中内容和形式、构思和创作统一于一身,表现出个性,因此艺术理想的现实都是个性化的。

艺术创作中构思和表现、形式和内容是统一的。思维形成理想,把它用语言表达出来,表达得好就是"密则无际",构思和表现是一贯的。当然,概念思维也是言意统一的,但是理论思维主要用语言、符号(如数学符号),而艺术不仅仅用语言。作为第二信号系统的语言主要是用来表示概念，那么语言艺术怎么用语言来表现形象？这就需要艺术技巧，而且诗歌、小说、戏剧和曲艺所用的技巧都不同。这些艺术技巧都需要培养，也需要有天赋。除了语言艺术，艺术部门还有音乐、绘画、雕塑和园林等门类，这些艺术门类在各自的领域内都要求一定的技巧和表现手段。每一种艺术都需要使用特定的物质媒介来使它的内容取得形式。艺术创作这种精神生产本来是从劳动发展而来的，所以一定要懂得技巧，不懂得艺术表现的技巧就不可能进行形象思维，也就不可能把握艺术内容和表现艺术理想。所以形式问题很重要。当然内容和形式关系还是以内容为主，言和意还是以意为主。就艺术领域来说，内在结构或者如黑格尔所说表现了本质的形式，这是必需的。每一种艺术的内在结构如何掌握，这是一个很重要的问题。所以陆机、刘勰都讲"意匠"，艺术家要有"意匠"，就是以意即理想作为图样来加工艺术形象。形象思维把构思和表现统一起来，如果在运用内在形式结构方面缺乏技巧，就不可能成为艺术家。

　　艺术形象要体现艺术理想，必须形成一个有机整体，这就需要依靠想象力，而通常的联想很可能是偶然的、散漫的，没有形成整体。形象结合的方式到底有哪些？中国人早就提出用赋、比、兴，这就是形象结合的三种方式，形象结合还有对照和补充等方法。这种形象思维如果把它和理论思维作一个比较，实际上体现着时空形式和类、故、理的范畴。不是用概念、范畴，而是用形象结合的方式来表现理想，其中时空形式和类、故、理的范畴也起着作用。这说明形象思维和逻辑思维有它们相通的地方，逻辑思维遵循着概念的辩证法，形象思维也有辩证法，如上文讲的有无动静的统一、内容形式的统一、构思表现的统一，以实现个性化；利用赋、比、兴以及形象对照和补充作为形象结合的方式，通过这些方式来反映形象的矛盾运动，反映现实生活的本质和人的本质力量的矛盾运动。形象思维是凭理性的直觉、艺术的想象来把握具体,给人暗示、启发,用形象来揭示生活的趋势,也就是揭示现实的可能性。

艺术理想一定是表现了的,艺术理想表现在艺术作品之中,就取得意境和典型性格这样的形象。因为艺术是通过造型因素和表情因素结合而表现理想,这两种因素不可分割,但可以有所侧重。因此,理想的表现就有偏重抒情的意境和偏重造型的典型性格。艺术意境就是审美理想的个性化,典型性格也是如此。这些个性化的感性形象,就是性和天道、人和自然交互作用的桥梁,是人的本质力量的对象化和形象化。这种自然的美化或现实的美化有许多途径,而且是多层次的,但总是或多或少的是感性形象的个性化。

审美活动的自由就是在人化的自然中间直观人的本质力量,这种人和自然、性和天道的交互作用要以感性形象作为中介。这种感性形象一定是个性化的,是个性自由的体现。个性是人这种精神主体有别于其他物质的东西的本质特征,离开了精神主体,就谈不上自由的个性。在自然界中,个性被看作类的分子、群体的细胞,这严格说来都不是个性。只有人的精神才真正是个性的,或要求成为个性的。人的个性表现在他的活动、事业和交往关系中,这些活动、事业和交往关系都是以感性形象作为中介的。人的精神要求使感性形象个性化,具有艺术的性质,只有这样,精神主体才能感到真正自由的愉快,如庖丁解牛的踌躇满志,就是技艺成为艺术。劳动领域是如此,别的领域也是如此。如果真正深入把握了科学理论,就会感到理论的美,就能在理论活动中感受到审美的自由。科学上的发明、理论上的创造,也要生动的想象。而且真正有所发明、有所创造的时候,总是伴随着激动人心的灵感,这时精神处于最自由的状态,会感到个性得到了最充分的表现。人的德性要求既自觉又自愿,真正达到乐于从事,像孟子所说的"乐则生矣;生则恶可以已也"(《孟子·离娄上》),到了这种地步,就会感到人的德性有艺术的性质,这就像心理学家马斯洛讲的"高峰体验"。随便在哪个领域,真正达到高峰体验,它的活动就会具有审美的自由。

　　艺术品中的个性区别于现实中的个性。艺术作品要写个性,是一回事,现实社会的人要求美的个性,这又是一回事。艺术以个性化的形象来揭示生活的逻辑,有助于人的个性的自由发展。艺术尽管可以虚构、夸张,可以写梦、幻景和鬼神,但是归根结底艺术不能违背生活的逻辑。一切真正的艺术作品都是既个性化,又符合生活的逻辑。一个时代是否能产生伟大艺术,当然要取决于多种条件。艺术体现"道",体现生活的逻辑,这是对的,但是不要作狭隘理解;"金刚怒目"的传统比"羚羊挂角"的传统更重要。

(以上选自第三卷,第 193—229 页)

四、理想人格的培养和走向自由王国

　　在分别考察了文化各领域的价值与理想之后,我们就可以综合起来讨论人类到达真善美统一的自由境界的道路。

(一) 培养平民化的自由人格

　　人类在创造有真善美价值的文化,改变现实世界面貌的同时,也发展了自我,培养了以真善美统一为理想的自由人格,使理论(智慧)化为德性。

　　这里讲的自由人格是指平民化的自由人格,是近代人对培养新人的要求,与古代人要使人成为圣贤、成为英雄不同。近代人的理想人格不是高不可攀的,而是普通人通过努力都可以达到的。我们所要培养的新人是一种平民化的自由人格,并不要求培养全智全能的圣人,也不承认有终极意义的觉悟和绝对意义的自由。不能把人神化,人都是普普通通的人,人有缺点、会犯错误,但是要求走向自由、要求自由劳动是人的本质。人总是要求走向真、善、美统一的理想境界,这种境界不是遥远的形而上学的领域。理想、自由是过程,自由人格正是在过程中间展开的。每个人都有个性,要"各因其性情之所近"地来培养。教育就是要使得人的能力得到充分自由的发展,因此培养的方式、途径不可能划一。每个人才能不同,有的人喜动脑筋,有的人手很巧,有的人有音乐天才,有的人有数学头脑,应该因材施教。尽管同一时代的人有共同的理想,但具体化到了个人,各个人的理想是千差万别的。但差别之中有一般,我们总结历史的经验教训,如对中国近代关于培养新人的学说进行总结,应能得出若干一般性结论。

我们从前面已经提出来的合理的价值体系的原则来看问题,人类要求在自由劳动的基础上达到自然原则和人道原则的统一,知、意、情的全面发展,个性自由和大同团结相结合——根据这些基本原则,我们来总结经验教训,可以引导出一些关于培养平民化自由人格的基本看法,提出培养平民化自由人格的基本途径。总起来说,在自然和人、对象和主体的交互作用中,实践和教育结合,世界观的培养和德育、智育、美育结合,集体帮助和个人主观努力结合,以求个性全面的发展,是培养平民化的自由人格的基本途径。

实践和教育相结合是培养自由人格的根本途径。实践是人和自然、主体和环境的交互作用,通过这种交互作用,环境(自然和社会)给予人天道、人道,主体就接受了"道"来发展自己的性格。主体这样做时并不是被动的,主体在改造环境中把人性对象化了,人就由自在而自为。这就是在实践中受教育。真正的教育每一步都是创造,人在实践中接受教育,但他是主动的。教育的目的是"为了人",就是在于提高人的价值,使人获得自由。教育的活动要"由于人",即出于人的主动,出于受教育者的积极的创造性活动。所以,人在实践中接受教育,要强调人的尊严、人的主体性,这就是人道原则。人道原则和自然原则统一,这样就培养了人的才能、智慧、德性,使人的价值得到实现。一切价值的创造都要出于自然而归于自然。

真正贯彻人道原则和自然原则的统一，就是要求人性有比较全面的多样化的发展，因此在教育上就要把智育、德育、美育还有体育有机地结合起来，不要偏废，这样来培养、塑造全面发展的自由的人。这里最关键的，是要使人们真正具体地掌握科学的世界观和人生观，这是教育的核心问题。但要注意，这个提法中的世界观教育不等于德育。过去有一种提法：德育、智育、体育，好像世界观教育就是德育，甚至只是指政治思想教育，这是根本错误的。世界观教育不能够离开智育、德育、美育和体育，要把它们结合起来统一地来贯彻世界观教育。

教育，不论是学校教育、社会教育还是家庭教育，总是在一定的社会关系中进行的。什么样的社会关系最有利于培养人？这就要求人们中间有一种爱和信任的关系。个性只有在受到尊重、信任的条件下，才能得到健康的发展。如果受到歧视、压制，使人感到不能掌握自己的命运，那么人的积极性就不能够充分发挥，个性也就不能够正常发育。有一个观点很重要，那就是，教育一定要使受教育者不是被动接受，而是一种主动的富于创造性的劳动，个性得到信任、尊重，这样才能正常地发育、成长。人格的培养既需要客观的社会条件和集体的帮助，也需各人的主观努力。从个人这方面来说，不能等待客观条件，而应该积极主动地发挥自己的能动作用，在实践中间锻炼自己，培养自己。每个人不管客观条件如何，都应该立志做一个自由人，应该有这种志向、抱负，而且把这种抱负和对祖国、对人民的高度的责任感统一起来。

（以上选自第三卷，第 245—252 页）

（二）化理论为德性

上述培养自由人格的基本途径，归结到最核心的一点，就是要化理论为德性。我这里所说的理论是指哲学理论、指智慧，就是关于宇宙和人生的某种见解、某种真理性的认识,它和人的自由发展是密切相关的。把这种具有真理性的世界观和人生观化为德性,那就是如中国传统哲学讲的,这种理论为主体所把握和表达。不仅是"知道之言"而且是"有德之言"。用哲学世界观来培养人格,就是要由"知道"进而"有德"。

我们现在讲自由人格是平民化的,是多数人可以达到的。这样的人格也体现类的本质和历史的联系,但是首先要求成为自由的个性。自由的个性就不仅是类的分子,不仅是社会联系中的细胞,而且他有独特的一贯性、坚定性,这种独特的性质使他和同类的其他分子相区别,在纷繁的社会联系中间保持着其独立性。"我"在我所创造的价值领域里或我所享受的精神境界中是一个主宰者。"我"主宰着这个领域,这些创造物、价值是我的精神的创造,是我的精神的表现。这样,"我"作为自由的个性具有本体论的意义,这不是说"我"成了同物质一样的本体。唯物论者认为精神是物质派生的,物质总是按照必然的规律运动,只有一种特定的物质形态才产生精神,精神发展到一定阶段才有自由,但真正的自由是个性的。形质神用,存在决定意识的观点始终是正确的,这是本体论的根本原理。但是在价值界,精神有独特的一贯性、坚定性,成为自由的个性,主宰着这个领域。自由的个性通过评价、创作表现其价值,在这里正是精神为体、价值为用,所以我们说自由的个性具有本体论意义。艺术作品是艺术个性的表现,德行的主体是一个个自由的个性,理论创造如果真正是自由的,那总是个性的自由的表现。

自由的个性有其独特的一贯性、坚定性,甚至可说具有本体论的意义。那么这种一贯性、坚定性是怎么培养成的呢?精神并不是生来就成形的,它也并不是一旦形成某种性格就不可改变的,精神具有很大的可塑性。但是真实的性格要求坚定性、一贯性,并具有独特性。独特性不等于封闭,坚定性不等于顽固不化,一贯性正是在教育、培养中形成的;经过教育、锻炼来形成真正自由的个性，这就是"理论化为德性"的过程。"理论化为德性"要通过怎样一个过程？理论首先要成为理想，并进一步形成信念，才可能真正成为人的德性。理想人格的培养，归根到底是要用科学的世界观理论来指导人生，通过理想、信念的环节而变成德性。

首先，理论要指导人生，就要取得理想的形态，它不能是一种单纯的概念结构；为了使理论取得理想形态，就要使理智、意志和情感三者统一起来。一定的理性认识和自愿的选择相结合，才能使人确定生活道路。这样提出的理想不是一个空洞的概念，而必须有生动的感性形象把它充实起来，把理想的进程圆满而周到地想象出来，才具有激发感情的力量。理性、意志、情感在这里是不可分割的，三者统一起来，理想才会在人的灵魂里生根。

其次，要进一步使理想成为信念，就必须付诸实践。实践就会碰到这样那样的困难，如物质的与精神的、外在的与内在的、明显的与隐蔽的等等，要使生活的目的实现，一定要和困难作斗争。斗争一定要有意志力，而正是在斗争中，人才能锻炼意志的力量，使意志坚强起来。同时，要是理想成为信念，也要提高认识，加强修养，使自己的精神处于一种明觉的"常惺惺"状态，这就是过去人所讲的"涵养"。对情欲有所节制，有错误及时作自我批评，使心灵解脱束缚，始终能自由思考。这样，使明觉的心态与专一的意志力在实践中结合起来，就能逐渐使理想成为信念。而当人有了信念的时候，他就有一种自得之感。

最后，乐于从事，习之既久，习惯就可以成为自然，真正形成自己的德性，这就是"习成而性与成"。只有习之既久、习惯成了自然，感到天道和性是统一的，天道仿佛就是我的理性所固有的，这才真正成为德性。就像王夫之所说的"我者德之主，性情之所持也"，德性的主体就是我，是性情所依持的体，我就有了本体论意义。所以黄宗羲的话是对的："心无本体，工夫所至，即是本体。""心"本来是"用"而不是"体"，但是精神随着功夫而展开，在性和天道的交互作用中成为德性的主体,成为性情所依持者,那么它在千变万化中间有一个独特的坚定性、一贯性,这种个性化的自由的精神就有了本体论的意义。这就是"化理论为德性",世界观、人生观的理论,通过理想、信念而成为德性的过程,大体就是如此。

具有本体论意义的自由的个性是知、意、情统一,真、善、美统一的全面发展的人格。个性如果不全面发展,那就不是自由发展。作为劳动的技艺,要真正成为乐生的要素,那一定是真、善、美,知、意、情统一的。理论化为理想、化为信念、成为人的德性,那也一定成为知、意、情统一,真、善、美统一的品格。这是理想的境界,是在自在而自为的螺旋式发展过程中展开的。今天我们的理想是要求个性全面发展,但今天的社会确实还存在使人性片面甚至于异化的一些条件。个性要全面发展,同时要求社会制度能够实现人道主义和社会主义统一,就是说,要有这样的制度使人摆脱对人的依赖和对物的依赖。争取这样的社会条件和争取个性的全面发展是统一的。

(以上选自第三卷,第252—259页)

(三)自由王国及其实现过程

认识世界和认识自我是统一的,改变世界和实现自我、发展自我也是统一的。人在化理想为现实的活动中培养自己成为自由的人格,同时也改变了世界的面貌,使之成为人化的自然,成为适应于自由个性发展的环境。人类的全部历史就是走向自由的历程。

要求自由是人的本质,是人活动的总目标,这就牵涉到目标和活动的关系问题。人类的活动构成人类的历史,它的总目标就是要达到自由人生活的自由世界。这是一个自由王国。目标对于活动,通常被认为是超越的,是活动所要达到的极限。目标对于人的有目的的活动来说都是目的因。人的活动以目的因为动力,达到目的取得结果,活动就告完成。从这个意义上讲，目标对活动是超越的。但是目的和手段可以互相转化，手段价值和内在价值互相联系又互相转化，目的因可以由超越的而成为内在的。人类要实现由必然王国向自由王国的飞跃，就须以自由王国作为总目标。这个目标是超越的，马克思所说人类的全部历史所要达到的极限就是自由王国，即由必然王国向自由王国的飞跃；但是它又是内在的，自由王国就是在人类的社会史中间展开的，人类由必然王国向自由王国发展的过程，表现为螺旋式的前进运动。自由王国可以说是终极原因，这是就其是超越性的极限来说，它是人类所追求的未来的目标；但是终极原因（the ultimate cause）又是相对的，它展开为过程，因而是内在的。就其内在于过程来说，自由王国又是人的活动的内在原因（the immanent cause）。从这个观点看，终极原因就化为人的活动的自因和相互作用。终极原因实际上就是人的活动的自因，即以自身为原因以及过程中间的相互作用。从本然界、事实界总体来说，真正的终极原因就是物质自己运动，物质自己运动是体用不二。对分化的物质形态和个体化的现实来说，体用不二就是自因和相互作用，一切事物是因缘凑合而产生的结果。

就价值界来说，虽然物质自己运动的必然王国仍然是基础和前提，但是自由个性具有了本体论的意义，自由王国就是在各个个性为自因和相互作用中展开的，所以自由的目标和走向自由之路是统一的。当然，历史并不是直线上升的，自由目标的达到可分为不同的阶段和方面，走向自由之路是曲折的，从总体上看，它表现为螺旋式的前进运动。以下，我们根据合理的价值体系的原则来对自由王国以及走向自由王国之路作一些考察，勾画一下它的大致轮廓。

从群己之辨即集体和个性统一的原则来说，社会将成为自由人格的联合体。自由王国就是李大钊讲的个性解放和大同团结统一的社会，它是自由人格的联合体，是共产主义的理想目标，是人类在克服了劳动的异化，扬弃了对人的依赖关系和对物的依赖关系以后而达到的结果。从超越的、终极的意义上说,这样的社会是历史上无数的志士仁人为之奋斗而献身的终极理想。这是我们未来的目标。但是从内在于活动过程的意义来说,人类的每一个重大的进步都可以说有助于个性解放,并促使社会组织成为友好团结的组织,人际关系成为平等、互助的关系。我们讲的"自由个性的联合体"这一共产主义的理想,并不是永远达不到的极限;它是我们的理想、未来的目标,但是它同时也是普通人在革命实践和日常生活中可以体验到的现实的可能性和出于人性的要求的结合。个性自由和大同团结统一的理想其实并不遥远,它正是进步人类的经验概括和要求。

人类的历史首先是劳动的历史,真正要实现个性自由和大同团结的统一,关键在于劳动的组织。只有一定的劳动组织使劳动力和劳动资料相结合,才能进行现实的生产。这种劳动组织起初在自然经济条件下有人的依赖关系的特征,那就是从氏族的脐带关系演变而来的家长制、宗法制、封建等级制等等;而后在商品经济条件下进行工业生产,发展了以物的依赖性为基础的人的独立性;最后,既扬弃了对人的依赖关系,又扬弃了对物的依赖关系,劳动组织才真正成为自由人格的联合体,在这种劳动组织基础上建立起来的社会,才真正是自由王国。人类只有合群,进行劳动,才能取得生活资料,并使人的生产能力不断地发展。群体是人发展个性的必要条件,人不能离开人群的组织。群体有它的历史发展,在它和自然经济相联系的阶段,它具有氏族纽带、宗法联系,这时候的"群"可以说是"类"的组合。近代推翻封建制度之后,"群"在近代工业生产中成为集体。这种集体生产对物的依赖关系最初也是必要的,也有它历史的理由,但是它也使劳动者成为片面的,使个性不能自由地发展,所以人类要求进一步摆脱对物的依赖性。只有到了共产主义,人类才真正有了个性的自由发展,社会也成了自由个性的联合体。这种联合体,就是马克思讲的"自由王国",当然也是类的组合,也是集体;但在联合体中间,自由个性的能力得到全面发展,"群"是个性的自由联合,我们说它是"伦类"、是集体,但它们并不是和个性对立的,不是妨碍个性自由发展的力量。当然,人必须生产,生产越来越发展,人的需要越来越增长,这始终是必然王国。在这一领域,联合起来的生产者,运用科学的手段,以最适合人性的方式来进行人和自然之间的物质变换,这样,人能依据必然规律来进行生产,就是一种自由。而在这个基础上,人以本身为目的来发展自己的创造才能,发展自己多方面的素质,发展具有真、善、美价值的文化,这样,社会就成为"每个人自由发展是所有人自由发展的条件"的联合体。

从合理的价值体系使人获得全面发展的原则来看,自由王国和人类走向自由之路,就是要使人的本质力量和人创造的文化获得全面的发展。自由王国就是文化和人的本质力量全面发展,达到真、善、美统一的理想境界。全面发展就是李大钊所说的"物心两面的改造,灵肉一致的改造",物质和精神都得到改造和发展。自由作为理想的实现,它凝聚于文化和人性,文化是人的本质力量的表现,而人的本质力量就是在文化的创造和熏陶中间发展起来的。文化的全面发展和人的本质力量的全面发展是互相联系着的。从文化来说,物质的改造和精神的改造不可分;从人的本质力量说,人的精神的自由发展也不能够脱离劳动实践的基础,"劳心"和"劳力"是互相促进的。文化和人的本质力量要获得健康发展,总是要求把群众文化和精英文化统一起来,使理想和现实相结合。

文化和人的本质力量的全面发展要求理性和非理性、意识和无意识的全面发展,这也就是知、意、情,真、善、美的全面发展。人的活动是有意识的活动,人的良知总是力求以理性为主导,使人的活动成为理性的,这就使人和动物区别开来了。但是,实际上意识中有无意识、理性中有非理性,情、意和本能这些非理性的力量往往自发地起作用,并非理性所能完全控制的。

人类文化的创造既要靠理性的力量,也要靠非理性的力量,靠情感、意志、本能、欲望等,包括一些无意识、潜意识的东西。人性并不是那么纯粹的,人性中掺杂有兽性、魔性,所以任何文化都不是那么单纯的,往往精华和糟粕、积极成分和消极成分难分难解。所以,文化的创造、对于文化的继承,都有理性和非理性、意识和无意识的力量在起着作用。人对自己的创造物并不是都理解它的意义的,人对自己的创造物往往并不是凭理性就可以加以支配的。随着时代、条件的变迁,对于自己创造的文化需要作新的解释。随着社会的进步,理性总越来越起着主导的作用,那种非理性、无意识的力量还需要靠理性来得到正确的诠释;而且随着人的本质力量的发展,人的情欲、直觉和本能会越来越具有理性的色彩,所以不能得出非理性主义的结论。但是,也不能引到理性专制主义去,理性专制主义(如正统派儒学的理学唯心主义)可以造成"以理杀人"。应该使理性和非理性,知、情、意协调起来,使文化越来越成为真、善、美全面发展的文化,使人的本质力量越来越成为知、意、情全面发展的德性。

从天人之辨、从合理的价值体系的自然和人道统一的原则来说,人类的自由王国是自然的人化和人道的自然化。自由王国就是要达到人道原则和自然原则的统一、人和自然的统一。在自然演化的过程中间产生了精神,人类在自由劳动基础上创造文化、创造价值,精神就发展成为自由个性。达到我和自然统一的境界。这种统一可以从两方面看,一方面,自然界作为本然的现实它无所谓价值,无所谓仁与不仁、美与不美,价值是相对于人而言的,是相对人的"为我之物"的功能。现实有成为价值的可能性,但可能性还不等于价值。可能性是离开人的意识而存在的,从本然的意义上讲,"天人不相预";但正因为"天人不相预",人们就可以通过斗争改造自然、创造价值,使自然人化,形成由人主宰着的价值界,使人生活的环境成为真、善、美统一的领域。从另外一方面看,与自然的人化相联系,人道也在自然化。人道源于人性,人性作为自然(人的天性)本来也无所谓仁与不仁、美与不美,但是人性中包含着由遗传而来的本能和长期社会实践中形成的潜在能力,这种本能和潜能使得人们可以利用现实的可能性来创造价值,促使人性展现为人道。这里我们用了两个有区别的词,本然的现实提供一种现实的可能性(possibility),而人的本能和潜能则是 potentiality,这二者的结合,使人的潜在能力得到发挥,利用现实的可能性来创造价值,于是人性就展现为人道。人道总是出于自然而归于自然,只有这样,人道才真正成为人的德性的表现。作为人的德性的表现,人道是自然化的。自由王国既是自然的人化,又是人道的自然化。

劳动使人从动物界分化出来,使人类和自然对立起来;而通过斗争,克服异化,达到了人和自然在一定条件下的统一。这就是创造价值、获得自由,就是现实的可能性和人的潜能在一定的条件下结合,使理想得以实现。在这个过程中,潜能成为现实的力量。人的自由的创造都是人的潜能成为现实力量而达到自然人化和人道自然化的结果。"我"成为自由个性,总是以得自现实之道还治现实之身。这时候,逻辑范畴就成为思维的方法,价值原则就成为人的德性,智慧就成为现实力量,达到天人统一的自由境界。在价值中,自由个性是"体",价值的自由创造是"用"。价值界相对于个性来说,当然是千差万别的,但是相对于自由个性的联合体来说,价值界是人性全面发展的产物,是自然的人化和人道自然化的结果。因此也有它的客观性和共性,并不是个人主观的幻觉。

"天下同归而殊途,一致而百虑"是哲学发展的规律、智慧发展的规律,也是自由王国的特征。

上面我们从价值原则来谈人类走向自由王国的一般问题,我们最密切关心的还是中国自己的历史前途的问题。对这个特殊问题,我们仍然从价值原则来加以考察,分成三点来说。

第一,中国应该使社会成为能够自我调节、自我改善的机体。我们的理想是要使中国达到个性解放和大同团结统一、人道主义和社会主义统一的目标,也就是使中国成为自由人格的联合体那样的社会。忽视了个性解放来谈社会主义,在一个小农国家里面,那就必然成为以集权主义的方式来推行农业社会主义的空想,就必然既无个性解放又无社会主义。社会主义变成一种农业社会主义,完全变形了。现代化建设是一个巨大的系统工程,进行经济改革和提高生产力,促进政治民主化和实行法治,发展文化教育和提高人民素质,这些方面都是互相制约和互相作用的,是不可偏废的。要用系统论和辩证法的观点来考虑我们建设中的问题。权力迷信和拜金主义相结合,这是旧社会遗留下来的最大祸害,是自由原则的大敌。真正要克服这种异化力量,应该把各方面的改革有机地配合起来,使社会逐步地发展成为能够自我调节、自我改善的富有活力的机体。

第二,从文化和人的本质力量要求全面发展的原则来说,中国应该真正地百家争鸣,并且对民族文化传统要进行再认识。中国要建设新的文化,那就必须对自己传统的文化有全面系统的研究评价,也必须对外国的文化有全面系统的了解研究。这就需要许多人来做工作,有许多方面问题要研究,必然会产生许多不同的学派、不同的意见。我们现在面临的是一个世界性的"百家争鸣"局面。对传统文化、对西方文化以及诸文化怎样彼此结合或冲突,将会有怎样的前途,大家见仁见智,会提出许多不同意见。这只有通过百家争鸣来自由地讨论解决。当然还会有曲折,常常有人不喜欢自由讨论,但是总的趋势不会改变。正是通过自由讨论、百家争鸣,才能对自己的传统文化进行再认识。要建设新文化,总是要对传统文化进行批判、改造、发展。这是一个过程,认识、批判和改造是逐步深入的。我们将来的目标是要达到文化和人的本质力量的全面发展。为奔向这个目标,我们应看到,传统文化有需要中断的,也有需要继承的。人类文化要达到文化和人的本质力量的全面发展这一目标，不是凭空能建立起来的，还是要继承和发扬优秀的传统。要达到比较全面的发展，需要文化、学术上的自由争鸣，需要有宽容的精神，要善于看到各种文化的特点。自己的传统文化尽管有缺点，还是有值得吸取的地方。总起来看，中国文化在总体上有一种兼容并包的精神，有一种雄伟的气势。这些特点往往既是优点又包含着缺点，所以吸取西方文化的特长来补我们的不足，也是很重要的。这样，我们的新文化就可以在中西会通中达到更全面的发展，这种发展是需要通过百家争鸣、百花齐放的。

第三，从天人之辨，从人类要趋向人和自然统一这样一个理想境界来看，应该发扬中国传统的智慧，发展哲学革命。中国朴素辩证法的深远的哲学传统是富于智慧的，这种智慧把人和自然、存在和本质、认识世界和认识自我，了解为动态的对立统一的过程，这是最基本的一点。在思维方式上，运用类、故、理的范畴，注重相反相成、体用不二、理一分殊；而在自由理论上，我们对中国哲学史上各种价值学说的考察，已从中概括出合理的价值体系的原则，那就是自然和人道统一的原则、人的全面发展的原则、群体和个性统一的原则。中国传统哲学的这些富于智慧的思想，在近代有了西方的哲学作为参照，它的民族特点越来越鲜明起来。当然，今天我们对此的认识还是很不够的。中国近代哲学革命已经取得了重大的成就，如果我们能够更好地会通中西，发展哲学革命，包括对思维方式和价值理论的探讨作出总结，进而对认识世界和认识自己的学说作出新的概括，中国人的智慧将会达到一个新的发展阶段。

（以上选自第三卷，第 260—278 页）

思考题

1. 冯契是如何阐述人的本质及其与自由的关系？

2. 什么是合理的价值体系的基本原则和特征?

3. 如何理解冯契的平民化自由人格理论及其实现?

阅读链接

1.《论真、善、美》《论真、善、美的理想》,《冯契文集》(增订版)第八卷。《功利与精神价值》,《冯契文集》(增订版)第九卷;《论社会伦理关系和道德品质》,《冯契文集》(增订版)第十一卷。

2.《先秦儒家和道家关于人的自由和美的理论》《中国近代美学关于意境理论的探索》,《冯契文集》(增订版)第八卷。

附录　冯契年表

（选自《冯契文集》增订版第 10 卷，晋荣东有所订正和增删）

1915 年　1 岁

11 月 4 日（阴历九月廿七日）生于浙江省诸暨县金王乡施高坞村（现诸暨市东和乡冯蔡村施家坞自然村）一个农民家庭，取名宝麟。

1922 年　8 岁

在翊忠初级小学读书，考试成绩一直居全班第一，受教师夸奖，认为有培养前途。父亲因此决心借债让儿子读书成才。

1928 年　14 岁

高小毕业，考进浙江省立第一中学第一部（初中），成绩优异，得到国文老师、后来任杭州初级中学校长的唐世芳先生赏识，长期给予关怀与帮助。

1931 年　17 岁

初中毕业，考进浙江省立高级中学（2 年后改名浙江省立杭州高级中学）。数学成绩特别突出，自学能力强，课外难题能顺利解答，并有创见。教师认为他数学可以免修。

1935 年　21 岁

1 月,杭高春季班毕业。名列浙江省 1934 年度第一学期高中毕业会考个人第一。

夏天,先是报考南开大学文学院(获特种奖学金),被录取。后又报考清华大学哲学系(清寒公费生),名列当年全校入学考试第二名(第一名当年未曾报到入学)。最后决定进清华哲学系。当时的考虑据先生自述是"要救国,就要有理论,最根本的理论是哲学,我对数学、科学、文学、哲学都爱好,学哲学大概是最能满足我广泛的兴趣"。

到校不久,就去拜望冯友兰先生。冯先生向他介绍哲学系情况,说清华哲学系有个特点,特别重视逻辑学和逻辑分析方法,建议他一年级就选金岳霖先生的逻辑课,他照办了。

12 月 9 日北平学生为反对《何梅协定》,反对华北特殊化,举行抗日救国示威游行,即"一二·九"运动。他积极参加"一二·九""一二·一六"两次大游行。

1936 年　22 岁

1 月,参加"平津学生南下扩大宣传团",沿平汉铁路线南下,向民众宣传抗日救国。宣传队下乡十多天,到高碑店,被国民党武装强迫解散,遣送返校。

2 月初,成立"中华民族解放先锋队"(简称"民先"),参加南下扩大宣传团的成员都转为民先队的基本队员。

2 月 29 日晚至 3 月 1 日凌晨,清华进步学生反抗军警搜查清华园,在抢救蒋南翔的斗争中遭毒打并被军警拘捕。

5 月,参加中国左翼作家联盟(简称"左联")北方部清华园小组(后扩大改组成清华文学会）。当时同在"左联"的清华学生有王瑶、魏蓁一（韦君宜）、赵牪（赵俪生）等。主要工作有：办文艺刊物《新地》，任编辑，既负责校对又负责送书店出售，出版第三期后被禁。

在这期间，写了几篇小说，其中有《拖油瓶》《哥哥》等。还写了些诗和散文，发表在《清华周刊》和《清华副刊》上，笔名提曼、艾提曼、洛丹。

9月，升入大二，选了冯友兰先生的"中国哲学史"课，全年大考名列第一。

1937年　23岁

7月7日，卢沟桥事变，全民抗战开始。

10月间，接到学校通知，迁校到长沙，与北大、南开合并成立长沙临时大学，文学院设在南岳衡山。

11月，到南岳报到入学。开学不久，参加战地服务团，离校去北方参加抗战工作。

1938年　24岁

春，从汾西过封锁线奔赴延安，化名陆旦。

7月，进延安鲁迅艺术学院文学系学习，学名艾提。周扬时任该系主任，教员有何其芳、沙汀等。

11月17日，在鲁艺与何其芳等一同加入中国共产党。两天后，与鲁艺部分师生随八路军120师到前线实习，计划为3个月。先到山西岚县，后进发冀中，通过平汉铁路后，面对敌机盘旋轰炸，与部队夜以继日地穿插回旋。读《论持久战》，为其理论的彻底性和严密性所折服。

1939年　25岁

2月中旬，在120师实习的鲁艺同学十多人联名打报告，要求按原计划回延安学习,师部不同意。因他在师部宣传科工作,报告由他提交,并据理力争,被批评为"对抗组织",受到"停止组织生活"的处分。

4 月末,与沙汀、何其芳等部分鲁艺师生离开 120 师;7 月 1 日,回到延安。向学校党组织申诉,要求恢复组织生活,受到严厉批评。

9 月初,离开延安,经重庆前往昆明。

11 月,到达昆明,回西南联大复学,为哲学系 3 年级学生。

读了《新民主主义论》,认为这是对百余年来政治思想上的古今中西之争的历史性总结。

1940 年　26 岁

大四,先后选读汤用彤先生的"印度哲学史""魏晋玄学""欧洲大陆理性主义"等课程。对汤先生一个人能开设世界三大哲学传统的课程,而且都是高质量的,很是敬佩。

1941 年　27 岁

大学毕业,考取清华大学研究院文科研究所哲学部研究生。

复学后虽未接上组织关系,仍积极参加地下党领导的进步学生组织,作宣传联络工作,并在大中学校组织读书会。皖南事变后,进步组织的公开活动被迫停止。

下决心埋头读书,为自己开了两个书单:西方从古希腊到维也纳学派,中国从先秦到"五四",按历史顺序选读各家主要著作。

1942 年　28 岁

金岳霖先生为他一个人单独开课。每星期六到金先生那儿读书,先是Hume,后是 Bradley,边读边讨论,还把金先生正在写的《知识论》手稿一章一章带回去读,送回时提出问题进行讨论。

1943 年　29 岁

开始写毕业论文,同时协助冯友兰先生处理"中国哲学会"的具体事务,主要是《哲学评论》杂志和《中国哲学丛书·甲集》的编辑工作。

白色恐怖缓和后,陆续介绍地下党员和进步同学到云南各地中学任教,建立和发展党的工作据点;在大中学生中组织或指导读书会,秘密学习革命理论;为乡下学校代购文具、进步书籍等。

1944 年　30 岁

完成研究生毕业论文《智慧》,该文后发表于 1947 年出版的《哲学评论》10 卷 5 期,具名冯宝麔。9 月起(至 1946 年 6 月)受聘云南大学,任文史系讲师,讲授哲学、逻辑学。

1945 年　31 岁

前往陆良、圭山等地,到少数民族地区宣传抗日民主,筹建革命根据地;"一二·一"民主运动爆发后,签署罢教宣言,抗议当局虐杀师生。

1946 年　32 岁

7 月,在昆明与清华同学赵芳瑛结婚。8 月,离昆明前往上海。9 月(至1949 年 6 月),受聘同济大学,任文法学院哲学系讲师,讲授哲学、逻辑学及中国哲学史。

从这一年起至上海解放,常为《时与文》《展望》等杂志撰文,具名冯契(契与锲通,取"锲而不舍,金石可镂"意),从此以之作为正式名字。12 月,参加中共外围组织"上海大学教师联谊会"(简称"大教联"),因而与刘佛年、陈旭麓相识。

1949 年　35 岁

7月起(至1951年6月),任上海纺织工学院教授,讲授"辩证唯物主义与历史唯物主义"等课程。同时在复旦大学兼课。

是年,"上海大学教授联谊会"改组为"高教联",后又筹组上海市教育工会,任"高教联"及"上海市教育工会"宣传部长。

1950 年　36 岁

受陈旭麓邀约,在大夏大学兼课。任上海市教育工作者工会文教部部长。

1951 年　37 岁

3月,任上海市大学教师土改工作队总队长。

全国高校进行院系调整,在大夏大学原址组建华东师范大学。11月,正式受聘任华东师大教授。

1955 年　41 岁

《谈谈革命的乐观主义精神》一书由上海人民出版社出版。

1956 年　42 岁

3月15日,在华东师大重新加入中国共产党。

10月16日在《文汇报》发表《匹夫不可夺志也》,受到批判和处分。

是年,在全国第二次高师会议上提出"理论不仅要化为方法,还要化为内在的德性"的主张。

1957 年　43 岁

年初,把通俗理论读物《怎样认识世界》清样寄给金岳霖先生过目。3月,此书由中国青年出版社出版。毛泽东在阅读批注此书后,于 1960 年写信嘱秘书林克找若干本送与周围青年同志。

5月,去北京参加在北大召开的"中国哲学史工作会议",在会上提出用逻辑与历史相一致的原则研究中国哲学史的主张与构思,并提出"哲学是哲学史的总结,哲学史是哲学的展开"的观点。

又趁此机会去看望金岳霖先生,征求对《怎样认识世界》一书的意见,金先生鼓励他顺着辩证唯物主义的路子前进。

1958 年　44 岁

2月9日,与政教系师生一起,出发去余姚大岚乡(四明山革命老区)劳动锻炼,为期1年,于1959年1月5日返校。5月,《学而思小札》由上海人民出版社出版。

1959 年　45 岁

8月,起兼任上海社会科学院哲学研究所副所长,至 1966 年。

10月,遵照中共中央书记处指示精神,中央文教小组布置编写 6 本马克思主义哲学教科书。12月,李培南主持上海本的编写,冯契提出了以认识论为主线的理论体系,并拟定各章理论要点和主要内容,交编写组成员分工执笔,最后由他修改定稿。

1960 年　46 岁

3月,上海本《马克思主义哲学读本》完成初稿,送往北京。10月底,根据审稿意见完成二稿,但因理论性学术性强,不宜作为高校教材,未能正式出版使用。

12月11日,上海自然辩证法研究会与上海市科学技术协会联合举办学术报告会,出席作报告,题为"自然辩证法和科学技术的关系"。

1961年 47岁

9月,担任主编之一的《辩证唯物主义和历史唯物主义》(试用本)由上海人民出版社出版(另两位主编为孙叔平、郑奇芳)。

1966年 52岁

6月,"文化大革命"开始,被诬为"反动学术权威",在上海社会科学院遭"揪斗"。不久,移到华东师大审查批斗。社科院及师大红卫兵多次来抄家,数百万字的手稿,更多的写作准备资料,连同青年时期的习作、亲友来往信件、日记等都被抄去,从此下落不明。

1976年 62岁

11月3日,在致友人信中写道:"四人帮"被粉碎,再次证明我们这个党是有希望的……我正在计划,花5年时间,把一本"逻辑问题"写出来,这就算对一生的哲学工作做个总结,留给后人一点东西。

1977年 63岁

9月18日,致老友信中说:"我手头的工作还是在审阅哲学史的稿子,准备国庆节交给出版社。下月起打算给这里的哲学教师讲点课,着手我的'逻辑问题'的准备工作。"

1978 年　64 岁

2 月,上海市哲学学会恢复活动,出席会议并讲话。开始给哲学系教师讲列宁《哲学笔记》中的辩证逻辑问题,每两周一次。

4 月 26 日,致信老友:我最近给自己搞了一点规划,就是想用 10 年左右的时间,在逻辑和认识论、中国哲学的逻辑发展、美学(如可能再搞点文学)这些方面写出 100 万字来。

7 月,应于光远邀约去北京为"自然辩证法讲习会"讲《哲学笔记》。是年,招收中国哲学史硕士研究生,开始给研究生讲"中国古代哲学的逻辑发展",每两周一次。

这一年起(至 1984 年)兼任上海社会科学院副院长。

1979 年　65 岁

4 月,去济南出席"全国哲学规划会议",在此次会上及随后举行的上海市哲学学会年会上的发言,经人整理后发表在《上海师范大学学报》(哲学社会科学版) 1979 年第 4 期,题为《冯契教授谈我国哲学研究的任务和发展趋势》。

10 月,出席在太原举行的"中国哲学史讨论会与中国哲学史学会成立大会"。在会上发言,题为《对历史上的哲学思想要具体分析》,发表于《哲学研究》1979 年第 11 期。

1980 年　66 岁

6 月,与孙叔平、郑奇芳共同主编的《辩证唯物主义与历史唯物主义》修订本由上海人民出版社再版发行。

12 月,国务院设立学位委员会,被聘为哲学评议组成员。

是年,在上海社科院和华东师大招收了第一届辩证逻辑专业的硕士研究生。从 9 月起至 1981 年 6 月给研究生讲授"逻辑思维的辩证法"。

1981 年　67 岁

1 月 20 日,上海市美学学会成立,任顾问,会长为蒋孔阳。暑假中在上海"美学教师进修班"讲《论真善美的理想》,载《学术月刊》1982 年第 2 期。

12 月 6 日,在写给友人的信中说:我不满足于只做个哲学史家。如果天假以年,还是想把《论真、善、美》一书写出来。而且,从这样的观点来回头看哲学史,也就会给哲学史以更新面貌。

12 月,经国务院批准为首批有权授予博士学位的中国哲学史指导教师。

1982 年　68 岁

5 月,去南京参加"中国哲学史学会华东分会年会"和孙叔平《中国哲学史稿》审稿会议。在年会上发言,题为《中国传统哲学的特点》。

8 月,去昆明参加"辩证逻辑讨论会"。作了一个报告,大部分时间用于访友,还去西南联大旧址看了看。在致友人信中说:"这一星期使我重温了许多旧事,仿佛又回到了青年时代。"

11 月,去衡阳参加"王船山学术讨论会",作题为《船山哲学的历史地位》的发言。又去湘潭大学及湖南省社联作报告,讲题是《关于中国近代哲学的问题》。

11 月 25 日,华东师大党委发文撤销 1974 年 12 月 4 日给予他党内严重警告处分的决定。指出:他的政治历史是清楚的,1956 年 10 月 16 日发表在《文汇报》上的文章基本观点是正确的,"文化大革命"中对他的审查和处分是错误的。

1983 年　69 岁

7 月,去长春参加所主编的《中国近代哲学史》编写会议,作长篇发言。

10 月,《中国古代哲学的逻辑发展》上册由上海人民出版社出版。

11 月,先后出席在上海举行的"中国逻辑史讨论会"与在西安举行的"中国哲学范畴讨论会",根据两次发言整理成《论中国古代的科学方法和逻辑范畴》一文,载人民出版社 1985 年出版的《中国哲学范畴集》。

12 月,在上海社联举行的"毛泽东同志诞生九十周年纪念会"上发言,题为《必须坚持能动的革命的反映论》。

1984 年　70 岁

6 月 16 日,在上海社联第三届委员会上,被选为副主席。

10 月,《中国古代哲学的逻辑发展》中册由上海人民出版社出版。

11 月,参加在宁波召开的"国际黄宗羲学术讨论会"并发言,题为《黄宗羲与近代历史主义方法》,载《浙江学刊》1987 年第 1 期。

发表《批判继承中国古代哲学遗产与建设社会主义精神文明》一文,载 1984 年《中国哲学年鉴》。

1985 年　71 岁

1 月 1 日,与友人书:我还有 3 本书要整理(《中国近代哲学的革命进程》《逻辑思维的辩证法》《论人的自由和真善美》),约 100 万字左右,大概要花 5 年时间。

3 月,华东师大哲学研究所成立,下设中国哲学史、认识论与辩证逻辑、伦理学、社会学等研究室,任名誉所长。

发表《金岳霖先生在认识论上的贡献》,载《哲学研究》1985 年第 2 期。

3月起,在政教系博士生和青年教师讨论班上讲金岳霖先生的《知识论》,至1986年3月,共7讲。

4月,《中国古代哲学的逻辑发展》下册由上海人民出版社出版。

8月,出席在庐山召开的《中国近代哲学史》审稿会议,作了5次讲话,会议统一了指导思想,制订了修订稿提纲。接着出席由华东师大和九江市联合发起在庐山召开的"中国哲学史讨论会",会议的主题之一是审定《中国古代哲学的逻辑发展》(上、中、下册),应邀参加的十多位专家学者,认为这部著作具有较高的马克思主义理论水平,建议国家教委列入高等学校文科教材。

12月,去北京参加"金岳霖学术讨论会",在会上发言,题为《论以得自现实之道还治现实》,载《学术月刊》1986年第3期。

1986年　72岁

年初,收到中国社科院周礼全转来金岳霖先生遗著《罗素哲学》打印稿。4月起在华东师大青年教师与博士生讨论班上讨论学习,后稍加整理,交上海人民出版社于1988年出版。

2月至6月,参加集体编写的《中国近代哲学史》统稿工作。

10月19—24日,参加在宁波举行的"国际黄宗羲学术讨论会"。会议期间去余姚谒黄宗羲墓。

11月,华东师大政教系哲学专业扩建成立哲学系,任名誉系主任。

1987年　73岁

6月8日,参加在华东师大召开的"国际王国维学术研讨会",在会上发言,题为《王国维的哲学思想与治学方法》,载《河北学刊》1987年第6期。

6月10—20日,华东师大哲学系主办"中西哲学讲习会",在会上讲《中

国近代哲学发展的三大规律和二大成果》,载《社会科学报》1987 年第
57 期。

10 月 21 日,出席在华东师大召开的首届"中国科学思想史研讨会",在
会上发言,论述《中国古代哲学与科学的交接点》,载《社会科学报》1987 年
12 月 17 日第 81 期。

10 月 26 日,致信老友:下一阶段,我还有 3 种著作要整理:一是《逻辑
思维的辩证法》,1980 年已写成一本讲义,尚须加工;二是《论人的自由和真
善美》,我这一年打算结合研究生教学写成一本讲义;三是把《怎样认识世
界》的小册子扩充为一本专著。

12 月,在上海市哲学学会等单位发起的"哲学与社会主义再认识学术
讨论会"上发言,认为"我们正面临一个世界性的百家争鸣,哲学的若干问
题也要从改革的眼光来看"(见《社会科学报》第 82 期)。

是年,开始为博士生讨论班开讲"人的自由与真善美",讲课记录稿分
别于 1988 年、1989 年打印装订成上、下两册。

1988 年　74 岁

5 月,因从教近 50 年来在教学和科研上的突出贡献,被授予 1987 年上
海市劳动模范称号。

7 月,担任主编的《马克思主义原理教程》由上海人民出版社出版。

12 月 26 日,"上海中西哲学与文化交流研究中心"举行成立大会,被推
举为主席,王元化为名誉主席。

是年起任上海市哲学学会会长。

1989 年　75 岁

4 月 5 日,出席在绍兴举行的王阳明墓碑揭幕仪式及在余姚举行的"国

际阳明学研讨会"。在会上发言,题为《王阳明在中国哲学史上的地位》,载《浙江学刊》1989 年第 4 期。会议期间把邓艾民遗著《朱熹王守仁哲学研究》以夫人左启华教授的名义代为分赠出席人员(包括日本及美国友人)。

担任主编的《中国近代哲学史》上、下册分别于 5 月及 7 月由上海人民出版社出版。

7 月,因故未能出席在美国夏威夷召开的第六届东西方哲学家会议。

8 月,专著《中国近代哲学的革命进程》由上海人民出版社出版,以一己之力书写了中国哲学从先秦到 1949 年的历史发展。

11 月初,邮寄《中国近代哲学的革命进程》一书给恩师唐世芳先生,以此祝贺老师九十寿诞。唐老先生来信说:"接到近著,很高兴看到你学识日益精进,为中国哲学史研究作出了贡献。"

12 月 18 日,出席在复旦大学举行的"儒家思想与未来社会国际学术讨论会"。在会上发言,题为《儒家思想与近代中国的自由学说》,载《时代与思潮》第 3 辑《中西文化交汇》及复旦大学编《儒家思想与未来社会》一书。

1990 年　76 岁

发表《智慧的民族特性——从中国传统哲学的特点看中国传统文化》一文,载《同济大学学报》(人文·社会科学版)1990 年第 1 期。

4 月 25—28 日,台湾达摩禅苑创办人张尚德教授应上海市哲学学会和上海中西哲学与文化交流研究中心邀请来沪访问讲学。参加接待,28 日在欢送会上代表学会及中心致辞并赠送礼品。

12 月,去北京参加"冯友兰哲学思想国际研讨会"。此次会议原为庆祝冯先生 95 周年华诞而开。冯先生于 11 月 26 日去世。12 月 3 日,去北京医院向遗体告别。会议于 12 月 4 日开幕,在会上发言,题为《"新理学"的理性精神》,载《学术月刊》1991 年 2 月号。

是年,开始在青年教师与博士生讨论班上开讲《认识世界与认识自己》,在第一章第一节首次明确提出《认识世界和认识自己》是主干,《逻辑思维的辩证法》和《人的自由和真善美》是两个分支,其中《逻辑思维的辩证法》讲"化理论为方法",《人的自由和真善美》讲"化理论为德性"。讲课记录稿分别于1992年和1994年打印装订成上、下两册。

1991 年 77 岁

1月30日,致信友人:大约还需要5年时间,才能把手头在整理的几部著作完成。我打算把这几种著作统称为《智慧书》,计"内篇"3种,"外篇"(文集)1种,共约百余万字。

2月,挪威卑尔根大学哲学教授希尔贝克(Gunnar Skirbekk)来华东师大访问。16日(农历年初二),在家接待希氏夫妇,共进晚餐。

2月底至3月初,美国比较哲学协会主席、夏威夷大学教授安乐哲(Roger T. Ames)来沪访问讲学。3月2日(农历元宵节),在家接待艾姆斯教授。

5月,担任主编的《中国历代哲学文选》上、下册由上海古籍出版社出版。其台湾版于1993年4月由洪叶文化事业有限公司作为《哲学丛书》在台北出版。

6月,《中国哲学通史简编》由上海三联书店出版。本书系《中国古代哲学的逻辑发展》及《中国近代哲学的革命进程》两部专著的缩本,缩编者为陈卫平。

9月3日,"中国左翼作家联盟"会址纪念馆姚辛同志等来录音录像。纪念馆于1990年3月2日成立。为了做好史料征集工作,约谈个人生平、加入"左联"经过及文学创作情况。为此,撰写谈话稿《回忆在清华大学参加"左联"》。

10 月 23 日,出席在上海举行的"秦汉思想文化和华夏民族传统国际学术讨论会"并发言,题为《秦汉哲学的特点与民族传统》,载《哲学研究》1992年第 9 期。

1992 年　78 岁

4 月 7—17 日,应香港中文大学新亚书院邀请,作为"龚雪因先生访问学人"去讲学,讲题为《中国传统哲学的特点》。

为陈卫平著《第一页与胚胎——明清之际的中西文化比较》作序。题为《对数百年中西文化比较的思考》,书于 1992 年 4 月出版,"序"发表于《哲学研究》1992 年第 4 期。

为翟廷缙著《孟子思想评析与探源》作序,书于 1992 年 5 月出版。

为陈旭麓遗著《近代中国社会的新陈代谢》作序。书于 1992 年 7 月出版。

9 月,为季甄馥、高振农编著的《中国近代哲学史史料学简编》作序。书于 1992 年 12 月由华东师大出版社出版。

10 月,担任主编的《哲学大辞典》由上海辞书出版社出版。

为高振农著《佛教文化与近代中国》作序。书于 1992 年 11 月出版。

1993 年　79 岁

3 月 31 日,参加华东师大举办的"刘佛年教授 80 华诞庆祝会",并在会上发言。

8 月,出席在北京举行的"国际中国哲学会第 8 届年会"。在会上发言,题为《"通古今之变"与回顾二十世纪中国哲学》,载《中国哲学史季刊》1993 年第 4 期。

同月,为纪念汤用彤先生诞辰一百周年而写《忆在昆明从汤用彤先生受教的日子》一文,载《学术月刊》1993 年第 8 期,并收入《国故知新——汤用彤先生诞辰百周年纪念论文集》,北京大学出版社 1993 年 8 月出版。

10 月 22 日,出席华东师大哲学系博士生硕士生讨论会,议题为"走向 21 世纪的中国哲学"。在会上发言,指出:哲学要走向世界,固然要向其他民族学习,但决不能否定民族特色,越具有民族性的东西才越具有世界性。(见 1993 年 11 月 10 日华东师大校报)

12 月 20 日,参加"上海学术界纪念毛泽东诞辰 100 周年座谈会"。在会上发言,题为《毛泽东与中国哲学》。

12 月,写成《智慧的探索——〈智慧说三篇〉导论》一文。17 日及 31 日给博士生上课,讲《导论》,并进行讨论。

1994 年　80 岁

3 月,编完论文集《智慧的探索》,书于 1994 年 10 月由华东师大出版社出版。

为纪念金岳霖先生诞辰一百周年,写《忆金岳霖先生以及他对超名言之域问题的探讨》一文,发表于《学术月刊》1994 年第 2 期。

5 月起,在哲学系青年教师与博士生讨论班上讲金岳霖先生的《论道》,至 12 月分 8 次讲完五章。

11 月 18 日,上海社联、华东师大及上海社科院共同召开"庆贺冯契教授八十华诞暨世纪之交中国哲学学术研讨会"。在祝寿会上致答词,并对世纪之交的中国哲学发表了自己的观点,载《社联通讯》1995 年第 2 期。

1995 年　81 岁

1 月 2 日,致老友董易信:近年来每天工作时间越来越短,读书也越来越少,已不可能像青年人那样吸取养料,只希望能尽快把《智慧说三篇》整理出来,然后再把以前发表过的东西系统地清理一下,看是不是还有些值得保留的东西。

2月28日,晨起感到气急,起床后腿软无法站立,急送华东医院,中午进食时,食物吸入气管,窒息导致休克,虽经全力抢救,但仍于3月1日零时去世。

3月5日《文汇报》发表冯契逝世消息。3月9日,在龙华殡仪馆隆重举行追悼会。

是月,华东师大哲学系、哲学研究所成立由丁祯彦、陈卫平、童世骏与冯棉等组成的"冯契先生遗著编辑整理工作小组",着手遗稿整理工作。

责任编辑:方国根　崔秀军

封面设计:汪　阳

图书在版编目(CIP)数据

冯契"智慧说"要义/冯契著;华东师范大学哲学系"'智慧说'引论"教学
团队编选. —北京:人民出版社,2025.2

ISBN 978 - 7 - 01 - 026423 - 3

Ⅰ.①冯… Ⅱ.①冯…②华… Ⅲ.①冯契(1915—1995)-哲学思想-研究
Ⅳ.①B261

中国国家版本馆 CIP 数据核字(2024)第 060632 号

冯契"智慧说"要义

FENGQI ZHIHUISHUO YAOYI

冯 契　著　华东师范大学哲学系"'智慧说'引论"教学团队　编选

人民出版社 出版发行

(100706　北京市东城区隆福寺街 99 号)

河北环京美印刷有限公司印刷　新华书店经销

2025 年 2 月第 1 版　2025 年 2 月北京第 1 次印刷
开本:710 毫米×1000 毫米 1/16　印张:16.75
字数:227 千字

ISBN 978 - 7 - 01 - 026423 - 3　定价:68.00 元

邮购地址 100706　北京市东城区隆福寺街 99 号
人民东方图书销售中心　电话 (010)65250042　65289539